時光塔

年谱图录

约翰·阿丁顿·西蒙兹

Illustrative Chronology

of

John Addington

Symonds

周春生 著

上海交通大学出版社
SHANGHAI JIAO TONG UNIVERSITY PRESS

内容提要

 本书以年谱图录的形式既简约又生动形象地展示19世纪英国诗人历史学家约翰·阿丁顿·西蒙兹充满纠结又不断超越自我的心路历程。本书主要呈现:第一,西蒙兹出身名门,善结文人雅士,形成颇具品味的私人文化圈;第二,有文人风骨的西蒙兹一生为学,笔耕不辍,著作宏富,尤其在文艺复兴史研究领域留给学界诸多传世作品如《但丁研究导论》《意大利文艺复兴》《米开朗基罗传》等;第三,西蒙兹又是19世纪西方的前卫文人,他通过《希腊伦理问题》《近代伦理问题》等著述探讨性倒错问题;第四,西蒙兹喜好旅游,浪迹名胜,享尽自然和历史文化的风情。本书既是西蒙兹研究的学术参考文献,又是一部面向广大读者、引人入胜的传记作品。

图书在版编目(CIP)数据

 约翰·阿丁顿·西蒙兹年谱图录 / 周春生著.
上海:上海交通大学出版社, 2025.7. -- ISBN 978-7
-313-32634-8

 Ⅰ. K835.615.81-64

 中国国家版本馆CIP数据核字第2025CN0081号

约翰·阿丁顿·西蒙兹年谱图录
YUEHAN·ADINGDUN·XIMENGZI NIANPU TULU

著　　者:周春生
出版发行:上海交通大学出版社　　　　　　　　　　　地　　址:上海市番禺路951号
邮政编码:200030　　　　　　　　　　　　　　　　　电　　话:021-64071208
印　　制:上海文浩包装科技有限公司　　　　　　　　经　　销:全国新华书店
开　　本:710mm×1000mm　1/16　　　　　　　　 印　　张:24.75
字　　数:390千字
版　　次:2025年7月第1版　　　　　　　　　　　　印　　次:2025年7月第1次印刷
书　　号:ISBN 978-7-313-32634-8
定　　价:198.00元

西蒙兹像（笔者藏）^①

———————————

① J. A. Symonds, *Renaissance in Italy*, Vol. IV, Smith, Elder, & Co., 1881, Frontispiece.《意大利文艺复兴》第 1 版第 1 卷出版时没有作者画像，第 4 卷才附上。

约翰·阿丁顿·西蒙兹（John Addington Symonds, 1840–1893）是一位英国诗人历史学家，其人生充满别样情调：西蒙兹出身名门望族；他有性倒错的人生纠结；他善结文人雅士，好云游四方；他才华横溢，有数百万字著作；他被称作文艺复兴史研究的巨擘；他倡导用文化来升华性格和超越自我⋯⋯

佛罗伦萨鸢尾花（通常又称百合花）市徽（笔者藏）。[①] 西蒙兹的人生情趣与意大利、与佛罗伦萨、与百合花有着千丝万缕的联系

① 在历史上，佛罗伦萨市徽图像与美第奇家族族徽有一定的关系。美第奇家族族徽由 6 颗药丸组成，其中最上方的一颗镶有鸢尾花图饰。关于美第奇家族族徽上鸢尾花图饰有各种解读。有一种说法：美第奇家族的凯瑟琳（Catherine）嫁到法国后，鸢尾花在法国受到众人喜爱，逐渐成为国花。在花卉门类中，鸢尾花与百合花有别。但鸢尾花法语为 Fleur-de-lis，其语源学意义牵涉到百合花要素。所以在早期，人们一般不对百合花与鸢尾花做严格的区别。在文化习俗上，也常常以百合花之名来解读美第奇家族族徽上的那朵鸢尾花图饰和佛罗伦萨市徽、市花，例如约翰逊（Johnson）《阿诺河畔的百合花》（Virginia W. Johnson, *The Lily of the Arno or Florence, Past and Present*, Estes and Lauriat, 1891）封面就用此图来表达百合花的意思。这种文化习俗沿用至今。当然，从严格科学的角度讲，两朵花卉不能混淆通称。

前言
FOREWORD

一、年谱要旨

1893 年 4 月 19 日，在意大利罗马城的英国人墓地多了一块不起眼的墓碑，墓碑上刻着约翰·阿丁顿·西蒙兹的名字。后人对这个名字的记忆心态一言难尽。西蒙兹去世后的一段时间内出现不少怀念之文和生平著述之编撰，《不列颠百科全书》第 10 版（*Encyclopaedia Britannica*, 10th Edition）还专门编辑"西蒙兹"词条。但随着岁月的流逝，学界对西蒙兹的记忆逐渐淡去，评价也一般。《剑桥英国文学史》将西蒙兹称作"次要的诗人"（lesser poet）；历史学界亦不屑一顾西蒙兹那种散文式的语句和论述。从 20 世纪 60 年代起，在各种现代思潮流行的同时，人们对西蒙兹的关注度和评价悄然起了变化：加拿大心理学家格罗斯库特（P. Grosskurth）率先打破沉默并发表新视野下的《西蒙兹传》；同年代，记录西蒙兹人生各个侧面的厚厚 3 卷本《西蒙兹书信集》面世；1984 年，《西蒙兹回忆录》终于打破近一个世纪的尘封与读者见面；到了 21 世纪初，霍普斯金大学开始建设西蒙兹研究的信息工程；同性恋研究学者里克特·诺顿（Rictor Norton）则设立西蒙兹研究的专门网页；还有一些不定期召开的西蒙兹专题研讨会；等等。更有意思的是，21 世纪的中国学界出版了全世界首部 29 卷本《约翰·阿丁顿·西蒙兹文集》[①]。就中国大陆的西蒙兹研究起步而言，这与学界文艺复兴史研究热潮持续升温不无关系，因为正是西蒙兹这位诗人历史学家为学界留下 7 卷本《意大利文艺复兴》等相关著述。

---

① 周春生编：《约翰·阿丁顿·西蒙兹文集》，上海三联书店，2023。

不可否认，在不少关注西蒙兹的学人和读者眼里闪着同性恋猎奇的目光。客观地讲，这种猎奇无可厚非，因为西蒙兹确为有性倒错生理或心理因素之文人。在这位充满矛盾纠结的文化名人面前，21世纪学人再次做全面研究时又该做何种评判的选择呢？无疑，今天我们编撰年谱时更想还原西蒙兹如何在文化创作中寻找自我、超越自我的心路历程。当年，西蒙兹在牛津剧场、克利夫顿学院等公众场合向听众宣讲文艺复兴史和古希腊诗歌史等，我们今天无法再亲耳聆听那些文化课程了。我们编年谱就是隔空、隔世去聆听西蒙兹的文化回声。就好像我们需要以同样的心情去欣赏米开朗基罗（Michelangelo）的《神圣家族》、莎士比亚（Shakespeare）的《哈姆雷特》、普鲁斯特（Proust）的《追忆似水年华》、柴可夫斯基（Tchaikovsky）的《第六交响曲》，如此等等。不过，西蒙兹的同性恋生理或心理事实是不能回避的。相反，只有客观面对这些性倒错事例，一个丰满的文人形象才能更为读者接受、赏识。年谱会给读者呈现不少这方面的事例。

西蒙兹留给世人最宝贵的遗产是其各种文化创作成果，如《意大利文艺复兴》等，年谱理应更多地顾及西蒙兹学术方面的事项。读者通过学术年谱的点点滴滴不难体验到西蒙兹的学术成长之路——一种笔耕年代为了某种使命而近乎折磨的创作历程。要知道，西蒙兹这位以学术为天职的学者是患有严重视力障碍、肺结核等顽疾的病人！就文艺复兴研究而言，年谱涉及的西蒙兹学术成果及其他学者的相关成果不失为这方面的入门指引，值得学人细细翻阅品鉴。当然，西蒙兹的文化遗产远远不止意大利文艺复兴的范围，其个人的知识深度和学术研究宽度更是难以估量，相信读者能通过阅读年谱接受一次实实在在的文化洗礼。

二、年谱之"简"

西蒙兹属于19世纪的文人，且善交朋友。年谱中会出现许多与西蒙兹有密切交往的文人名单，如美国诗人惠特曼（Whitman），英国诗人丁尼生（Tennyson）、戈斯（Gosse）、斯温伯恩（Swinburne），英国思想家西季威克（Henry Sidgwick）、格林（T. H. Green），等等。这些在年谱中均做了适度的介绍和图示（与西蒙兹往来者众多，年谱择要甄选。如果想了解更多的人物，可参见年谱附录"西蒙兹与亲友通信名录"）。通过西蒙兹与他们交往的事例，我们能分享到 19 世纪文人的丰富内心世界，并浏览西蒙兹年代英国文化史乃至西方文化史绚丽画卷的某个片断。有些与西蒙兹算不上深交但又不能跳过的人物［如诗人布坎南（Buchanan）等］亦酌情选入，因为这些人物在西蒙兹生平和文化园圃中占有一席之地。不过年谱不想贪图场面宏大，似乎处处要浓妆重彩。为了使读者能够通过阅读年谱大致了解西蒙兹的人生经历，如何对西蒙兹生平事迹中的关键事项（如惠特曼对西蒙兹人生观之终极启示、两人的通信往来等）加以提示并略做铺陈，这成了本年谱的一大特色。那种面面俱到的"长编""全编"之类，可能对专门家有用，但对广大读者而言会显得枯燥乏味。确切地讲，本年谱是简之不能再简的"简编"，其"简"的程度是每年只选 10 项以内的事例，有的事例仅一句话甚至几个字一笔带过。不过一个人每年有这些数目的事例值得去回忆，这已经很可观了。因此本年谱虽简，但尽量体现西蒙兹人生的几条线索，它们分别是：① 上好家境；② 文人情趣和交往；③ 性倒错纠结；④ 闲情旅游；⑤ 文化创作和自我境界提升；等等。为了使本年谱更简洁并更具视觉亲和感，笔者从学术研究的整体性上做了通盘的考虑。笔者《西蒙兹文化观研究》一书已经比较全面地论述了西蒙兹生平及其著述中的主要内容和观点。因此在设计编撰西蒙兹年谱时删去那些学究性的评述，即使评论也尽可能用年谱主人公在各种场合下的话语亲陈，或引用同时代人的评语，从而为读者留出独自想象和领悟的空间。再说年谱的特点本当以呈现为主。

三、"图录"释义

本书冠名"图录"就是想让图像资料来传递信息，讲解故事。这样，年谱在选择西蒙兹人生主要事项时就有另一个限定，即以图像资料为先。因此，某些相同类型的事项或并不重要的事项就在删除之列。即使同样重要亦以有无图像支撑为取舍标准，而图像选入的标准则以体现西蒙兹生平要事为主，例如同样是游记图像，年谱所选游瑞士、意大利的图像要多于游其他国度的图像；而游威尼斯的图像又多于游意大利其他城市的图像，这些都是为了顾及西蒙兹本人和其家人对瑞士、意大利、威尼斯的特殊情感。上述考虑总体上是为了适应读图时代的学习、欣赏需求，尤其是视觉想象和思考留给读者的空间可能更大些、更有意蕴些，甚至更能切入主人公的内心世界。其中西蒙兹的旅游情节与图像关系特别密切，年谱予以充分的考虑。此次选入的图像（包括书籍图像）尽可能是第一次与中国读者见面。拙著《约翰·阿丁顿·西蒙兹文献导读藏录》（以下简称《藏录》）中曾有不少书籍图像资料，原则上本次年谱图像如与《藏录》重复便不再选入，并简单注明"另见《藏录》"字样（"另见《藏录》"是为专门学者做进一步研究提供方便，一般读者可以忽略不计），同时选用新图像代之。至于个别重复者，由于清晰度抑或篇幅、抑或需要重新说明之故而做了调整补入。本年谱主要利用笔者多年所藏之西蒙兹传记文献（包括西蒙兹自己的回忆录）和西蒙兹一生所撰写的各种著述出版物加以择要叙事，集中勾勒西蒙兹性倒错人生纠结、不间断文化创作、寻觅超越自我途径的事例。每帧图像均有出处说明，以便有需求的读者能按图索骥、寻找源头。事实上，将这些出处合在一起不失为西蒙兹研究和19世纪文化史研究之学术案头资料，有心的读者一定会发现其中的价值。鉴于上述情况，本年谱可视作拙著《西蒙兹文化观研究》《约翰·阿丁顿·西蒙兹文献导读藏录》的学术补充。另外，由于年谱所选图像资料均为本人私藏，难免有各种因书籍年代久远而产生的图像不惬意之处。这也从另一个侧面反映出笔者做西蒙兹年谱的私下学术积累状况。笔者欣慰的是自己的不少私藏来历不凡，有特殊的价值。现将其精选印出供读者欣赏，并与大家一起分享那些图像再见天日的喜悦之情。个别图像资料超出了目前笔者收藏的范围，故暂时以网络资料代之，留待将来增补。至于究竟选多少图像的问题，笔者有一个浪漫的设想，即以能否拍成一部1小时左右人物传记片为限。

四、年代设定

本年谱的起讫年份为1834年与1898年，其中1834年为西蒙兹父母成婚之年，而1898年则是西蒙兹的代表作《意大利文艺复兴》新版问世的年份。以后虽然有《西蒙兹书信集》和些许西蒙兹著述整理出版，但西蒙兹的主要著述和重要版本基本出齐。另外，西蒙兹毕竟是19世纪的文人，因此选

一个 19 世纪的恰当年份结束年谱比较合理。就西蒙兹的人生历程而言，1872
年是一个分水岭。该年西蒙兹发表了人生第一部学术著作；同年，其最为敬
仰的美国诗人惠特曼复函西蒙兹，给了他不少鼓励。在西蒙兹的心目中，惠
特曼给予的各种启示仅次于《圣经》。以后，西蒙兹笔耕不辍，学术研究硕果
累累，其文化遗产的意蕴历久弥新。鉴于此，本年谱以 1872 年为界分"上
篇"和"下篇"两个部分，并对 1872 年后的事例做更多的铺陈。

五、资料来源

主要资料来源是西蒙兹自己留下的大量著述、文化成果和其亲朋好友的
相关记载。除此之外，书信是年谱的重要一手材料。在这方面，尤其看重许
勒尔（Schueller）、彼得斯（Peters）所编 3 卷本《西蒙兹书信集》[①] 提供的材
料，并参考其中的年谱选项。为了更好地呈现这位 19 世纪英国诗人历史学
家的形象，年谱还大量使用有助于说明问题的 19 世纪文献资料，例如《不
列颠百科全书》就用第 9 版和第 10 版，艺术图像则尽量使用 19 世纪画家的
创作，如此等等。资料大都采用笔者所藏之文献，极个别取自网络资源。

六、阅读提示

（1）年谱中所有外文引用内容，凡不标明中译者均为笔者所译。

（2）年谱中出现的"同年"字样表示无法确切认定事项发生的某月某
日，故以"同年"标识。

（3）年谱每帧图像后都有一个注释，表明图像出处。所有注释里的英文
出处均保留原文，以方便专门学者查找。

（4）年谱不少图像的注释后还会有一个"附记"，"附记"表示笔者藏书
的来历、特征和其他花絮，或表示年谱事项的补充说明，抑或表示某些和年
谱有关的笔者个人经历，等等。"附记"意在给年谱增添些必要的史料说明
和私下的学术情趣。

[①] *The Letters of John Addington Symonds*, Eds. Herbert M. Schueller and Robert L. Peters,
Wayne State University Press, Vol. I, 1967; Vol. II, 1968; Vol. III, 1969.

（5）本年谱主要文献均在正文前做了简要形式的说明（见"部分文献简称"），如"Babington"代表"Babington, P. L., *Bibliography of the Writings of John Addington Symonds*, John Castle, 1925"，等等。故在行文的多数场合以简要形式加注出处，其他注释因特殊需要而予以详注。西蒙兹的主要著作均在"参考文献"中有详细出版信息，故年谱不少地方亦以简略的书名呈现。

（6）年谱经常提及"书名页"一词，在19世纪很长一段时间内没有"版权"（copyright）用词，只有书名、作者、出版社和出版年份的提示。在19世纪的具体版权司法实践中，作者的各种权利逐渐有了各种保障。因此，书名页不只是普普通通的书名、出版社、年份的提示，它实际上就是司法维权的凭证。至于打上"All right reserved"字样的页码，笔者姑且用"版权页"表示。当然这里的"版权页"与20世纪乃至今天标准的版权页设计仍不能同日而语。

部分文献简称 ①

1. Babington（Babington, P. L., *Bibliography of the Writings of John Addington Symonds*, John Castle, 1925.）

2. Brown, *John Addington Symonds*（Brown, H. F., *John Addington Symonds: A Biography*, 2 Vols, John C. Nimmo, 1895.）

3. Brown, *A Biography*（Brown, H. F., *John Addington Symonds: A Biography*, John Murray, 1903.）

4. Brooks, *A Biographical Study*（Brooks, Van W., *John Addington Symonds: A Biographical Study*, Grant Richards Ltd., 1914.）

5. EB9、EB10（*Encyclopaedia Britannica*, 9th and 10th Editions.）

6. Grosskurth, *A Biography*（Grosskurth, P., *A Biography of John Addington Symonds*, Longmans, Green Co., 1964; *The Woeful Victorian: A Biography of John Addington Symonds*, Holt, Rinehart and Winston, 1964.）

7. Harrison, *Symonds*（Harrison, F., *John Addington Symonds*, Macmillan and Co., 1896.）

8. *Letters and Papers*（*Letters and Papers of John Addington Symonds*, Ed. Horatio F. Brown, John Murray, 1923.）

9. *The Letters I*; *The Letters II*; *The Letters III*（*The Letters of John Addington Symonds*, Eds. Herbert M. Schueller and Robert L. Peters, Wayne State

① 考虑到年谱的简约特点，一些英文文献的具体流传情况未做详细评述，具体可参见《藏录》相关条目的说明。至于《藏录》中有遗漏的内容则在本年谱中予以相应补充说明。

University Press, Vol. I, 1967; Vol. II, 1968; Vol. III, 1969.）

10. *The Memoirs*（英国版：*The Memoirs of John Addington Symonds*, Ed. and intro. Phyllis Grosskurth, Hutchinson, & Co. Ltd, 1984；美国版：*The Memoirs of John Addington Symonds: The Secret Homosexual Life of a Leading Nineteenth-Century Man of Letters*, Ed. and intro. Phyllis Grosskurth, Random House, Inc., 1984。两个版本页码一致，通用。）

11. *The Memoirs, A Critical Edition*（Regis, A. K., *The Memoirs of John Addington Symonds: A Critical Edition*, Palgrave Macmillan, 2017.）

12. 《藏录》（周春生：《约翰·阿丁顿·西蒙兹文献导读藏录》，上海三联书店，2023。即《约翰·阿丁顿·西蒙兹文集》第29卷，上海三联书店2023年版。）

目录
CONTENTS

上篇

在人生纠结中迈入学术殿堂

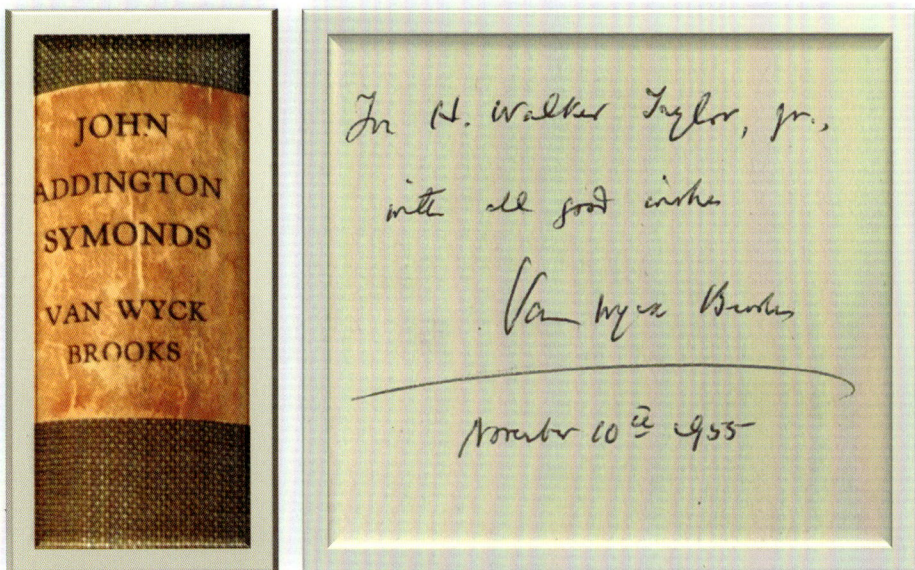

左：布鲁克斯（Brooks）《西蒙兹生平研究》①书脊上方的书名标签截影；右：布鲁克斯的赠词签名。现为笔者续藏。布鲁克斯的这本传记重点突出，脉络清楚，不愧为著名作家的大手笔。按照布鲁克斯的观点，到他提笔写西蒙兹时，学术界对这位文人的思想、人生境界、学术水准、时代文化影响等的认识评估都嫌不足，人们未必清楚西蒙兹内心中粗糙（vague）、冲动（impressionable）、混杂（chaotic）、激情（ardent）的一面，或者说人们对那个充满诗情、充满创造性的西蒙兹还不甚了解。②布鲁克斯试图打开西蒙兹隐匿的世界，同时肯定西蒙兹的积极人生态度，认为西蒙兹是英国最早对科学表示乐观态度的文人之一。③总之，布鲁克斯的传记试图从各个侧面去展示西蒙兹的人生成长历程

---

① Van W. Brooks, *John Addington Symonds: A Biographical Study*, Grant Richards Ltd., 1914.
② Brooks, *A Biographical Study*, pp. VII–IX, 32–33.
③ Brooks, *A Biographical Study*, p. 231.

1834 年

● 西蒙兹家族是 19 世纪英国的名门望族。根据西蒙兹所撰族谱[1]的记叙，这一名声不凡的家族历史可以追溯到 11 世纪的诺曼征服时期。

西蒙兹家族族徽谱系（笔者藏）[2]

---

[1] J. A. Symonds, *On the English Family of Symonds*, privately printed, 1894. 这部家族史后来被布朗（Brown）的《西蒙兹传》（H. F. Brown, *John Addington Symonds: A Biography*, John C. Nimmo, 1895）收作附录，并增加系列族徽图案一页。此家族史的史料价值极其珍贵。该附录到布朗《西蒙兹传》第 2 版时被删掉了，不知是何原因。虽然第 2 版增加了一个索引，但删掉家族史和一些照片（第 2 版时只剩 1 张），这多少有些遗憾。关于这部家族史的情况另见年谱 "1894 年" 条。

[2] Brown, *John Addington Symonds*, Vol. 2, p. 384.

● 西蒙兹的藏书票亦有家族族徽的图案。

西蒙兹所藏法国文学家佩罗（Perrault）《民间故事集》上的西蒙兹藏书票
（笔者藏）。藏书票中间的图案就是西蒙兹家族的族徽。藏书票中置入家
族族徽是西方藏书票制作的惯常手法之一。这本卷首贴有西蒙兹藏书票的
《民间故事集》现由笔者续藏

● 西蒙兹母方亦是殷实大户人家。

西蒙兹外祖母詹姆斯·赛克斯（James Sykes, Maria Henrietta Abdy）夫人像（笔者藏）。[1] 詹姆斯·赛克斯夫人生卒年不详

---

[1] *The Letters I*, pp. 192−193.

· 19 世纪 30 年代初，西蒙兹家迁居布里斯托尔城。布里斯托尔城是英国西南部重要的港口城市，也是人文荟萃之地。在这里诞生诸多知名文人和政商界人士。[1]

从布里斯托尔港口远眺城市景象（笔者藏）[2]

[1] 参见上文提及的《布里斯托尔名人传》（ A. B. Freeman, *Bristol Worthies and Notable Residents in the District*, Burleigh Ltd, 2 Vols, First series, 1907; Second series, 1909 ）。另可参见赫顿（Hutton）《布里斯托尔名人传》（ S. Hutton, *Bristol and Its Famous Associations*, J. W. Arrowsmith, 1907 ），书中有评介本年谱主人公西蒙兹的内容。

[2] Hutton, *Bristol and Its Famous Associations*, p. 25.

19世纪布里斯托尔城平面图（笔者藏）。[1] 图像显示城市已经很具规模

历史上留存的两枚布里斯托尔城的公司印章正反面（上左为正，上右为反）图像
（笔者藏）。[2] 从印章中可以见出布里斯托尔作为海港城市的经济生活特点

---

① EB9, Vol. IV, "Bristol".
② EB9, Vol. IV, "Bristol".

位于布里斯托尔城国王街的老图书馆（笔者藏）①

19世纪布里斯托尔城新建的公共图书馆总馆（笔者藏）②

① Hutton, *Bristol and Its Famous Associations*, p. 349.
② Hutton, *Bristol and Its Famous Associations*, p. 228.

● 1834 年，约翰·阿丁顿·西蒙兹博士（Dr. John Addington Symonds, 1807-1871）[1]和哈丽雅特·赛克斯（Harriet Sykes, 1809-1844）在布里斯托尔这座有着深厚历史文化底蕴的城市结为伉俪。

《布里斯托尔名人传》插图——西蒙兹博士像（笔者藏）[2]［附记：查找网络资料后发现，网络版着色图像（见下图）与本藏黑白图像的凝视角度正好相反，现均采纳以示对照。另外，无论本藏抑或网络图像，它们是否都截自艺术家爱德华兹（Ernest Edwards, 1837-1903）为西蒙兹的父亲拍摄的坐像（见年谱"1867 年"条），有待考证］

---

[1] 西蒙兹祖孙三代同名同姓，学界通常用"西蒙兹博士"（Dr. Symonds 或 Symonds, M. D.）称呼西蒙兹的父亲，以区别于同名同姓且未攻读过博士学位的儿子。

[2] A. B. Freeman, *Bristol Worthies and Notable Residents in the District*, Burleigh Ltd, 2 Vols, First series, 1907, plate II.

西蒙兹博士像（现藏英国国家肖像馆）[1]

西蒙兹博士于 1807 年 4 月 10 日出生。西蒙兹家族有从医的传统，到了西蒙兹的曾祖辈已颇有医道名声。西蒙兹博士的父亲（即西蒙兹的祖父）是牛津大学的药典学者，也是牛津的开业医生。西蒙兹祖父又是虔诚的清教徒，其拉丁文造诣和古典修养极高。西蒙兹博士 18 岁进入爱丁堡大学，1828 年毕业，后随父行医，1831 年迁居布里斯托尔城，1832 年成为一所综合性医院的医生，之后还在布里斯托尔医学院任教，1834 年被任命为布里斯托尔医学院法医学讲师，1853 年成为皇家医学院院士，曾任英国医学会副主席。西蒙兹博士有一兄弟，即西蒙兹的叔叔弗雷德里克·西蒙兹博士（Dr. Frederick Symonds, ?–1881），也是牛津城的开业医生。[2] 身为名医的西蒙兹的父亲亦

---

① 源自 https://www.npg.org.uk/collections/search/portrait/mw159916/John-Addington-Symonds。
② *The Letters I*, p. 53.

显示出很高的文人素养，喜欢音乐与艺术，生前发表多种著述如《美的原理》等（详见年谱附录）。西蒙兹博士与当时诸多文化名流有交往，其中包括纽曼（Francis Newman, 1805–1897），莫里斯（Frederick Maurice, 1805–1872）及丁尼生（Alfred Lord Tennyson, 1809–1892）等。这些名流身上充满文化批判和文化创造精神。西蒙兹博士本人亦是充满个性、善于听从个人良知行事的医生。[1]顺便提及，西蒙兹博士太太的形象记录无处找寻，实为憾事。

西蒙兹博士（左）；西蒙兹（中）；西蒙兹妹妹夏洛特（右）
（笔者藏）[2]

---

[1] Freeman, *Bristol Worthies and Notable Residents in the District*, First series, p. 72.

[2] *The Letters I*, pp. 192–193.

● 同年：西蒙兹姐姐伊迪丝·哈丽雅特·西蒙兹（Edith Harriet Symonds，1834-1912）出生。[1]伊迪丝后嫁给银行家凯夫（Charles Daniel Cave，1832-1922）爵士。

伊迪丝像（笔者藏）[2]

---

[1] 其出生年份说法不一，《西蒙兹书信集》(The Letters I, p. 50, Note) 亦对其出生日期存疑。也有资料如维基姓氏族谱网站（https://www.wikitree.com）显示伊迪丝 1835 年 6 月 10 日受洗，按此说法，应该是这个日子前出生。
[2] The Memoirs, p. 81.

凯夫爵士像 ①

---

① 源自 https://www.wikitree.com。

1837 年

● 同年：西蒙兹姐姐玛丽·伊莎贝拉·西蒙兹（Mary Isabella Symonds, 1837-1883）出生。玛丽后嫁给斯特雷奇（Edward Strachey, 1812-1901）爵士。斯特雷奇爵士善于宗教和哲学方面的思考，并留有这方面的著述。

上左：玛丽像；[1] 上右：晚年斯特雷奇爵士在居室像（笔者藏）[2]

---

① *The Memoirs*, p. 81.
② *The Letters I*, pp. 192-193.

斯特雷奇与玛丽居住的别墅南门，由斯特雷奇绘（笔者藏）①

---

① *The Letters I*, pp. 192−193.

1838 年

- 同年：据《西蒙兹回忆录》记载，那一年有双胞胎降生，[1]但没有给出后文。笔者备案在此。

---

[1] *The Memoirs*, p. 38.

1839 年

● 同年：西蒙兹哥哥约翰·阿布迪·斯蒂芬森·西蒙兹（John Abdy Stephenson Symonds）降生，不久夭折。[1] 这种不断有婴孩离世的情状给西蒙兹母亲留下不小的心理阴影。

● 同年：西蒙兹博士在医学协会的会议上发表了医学领域的回顾性演讲，回顾内容主要为解剖学和生理学、病理解剖学、诊断等方面的进展。

---

[1] *The Letters I*, p. 664.

1840 年

- 10 月 5 日，约翰·阿丁顿·西蒙兹出生在英国布里斯托尔城伯克利广场（Berkeley Square）7 号。

西蒙兹年代的布里斯托尔城城区景致（笔者藏）①

---

① S. Hutton, *Bristol and Its Famous Associations*, J. W. Arrowsmith, 1907, Frontispiece.

今日布里斯托尔市伯克利广场一景①

1842 年

• 西蒙兹妹妹夏洛特·西蒙兹（Charlotte Byron Symonds, 1842-1929）出生。夏洛特后嫁给哲学家格林（Thomas Hill Green, 1836-1882，关于格林另见年谱"1859 年"条、"1860 年"条、"1871 年"条等）。粗略统计，西蒙兹写给夏洛特的信件有几百封之多，为西蒙兹与家人亲戚通信最多者。西蒙兹与夏洛特之间的信函十分珍贵。例如，西蒙兹就读哈罗公学与任职马格达伦学院时经常与妹妹通信。这些信件成为了解那个时代西蒙兹学校生活和内心世界的重要史料。

西蒙兹妹妹夏洛特像（笔者藏）。[1] 夏洛特像
另见年谱"1834 年"条

---

[1] Grosskurth, *A Biography*, p. 38.

1844 年

● 同年：西蒙兹母亲赛克斯去世。西蒙兹对已故母亲没有特别的印象，能回忆起的事例寥寥无几。印象一：有一次西蒙兹与母亲一起坐着父亲的马车，结果发生了脱缰的惊悚场面，母亲受惊时脸色苍白；印象二：母亲的葬礼。[①]《西蒙兹传》作者格罗斯库特认为这种从小缺失母爱的情况与西蒙兹往后性格的形成不无关系。[②] 母亲去世后，大姨玛丽·安·赛克斯（Mary Ann Sykes）继续照料西蒙兹。大姨是一位性格强势的女性，喜欢将自己的想法强加给孩子们。[③] 她终身未嫁。大姨的具体生卒年不详，大概在 19 世纪末去世。[④]

玛丽·安·赛克斯像（笔者藏）[⑤]

[①] 西蒙兹在自己的回忆录里能记起的就这两件事情，参见 *The Memoirs*, p. 33。
[②] Grosskurth, *A Biography*, p. 7.
[③] Grosskurth, *A Biography*, p. 7.
[④] *The Letters I*, p. 53.
[⑤] *The Letters I*, pp. 192−193.

1845 年

● 同年：5 岁的西蒙兹给父亲写了人生的第一封信件。信的开头说，"我很不喜欢洗澡，因为水会涌进鼻子和嘴里……"[1]一种童年调皮的情状跃然纸上。西蒙兹从小受到良好的家庭教育。退休后的祖父教西蒙兹习拉丁文，还经常教导西蒙兹要有古罗马塞涅卡式的斯多葛派沉思，要养成独立思考和行事的品质。这些对西蒙兹父子的影响都很大。[2]西蒙兹的父亲也十分重视家教，十分在意道德与美的培育。西蒙兹博士还用各种手段让年幼的西蒙兹接受人文熏陶，诸如早晚散步时经常一起诵读雪莱（Shelley）、济慈（Keats）、丁尼生等名人的诗歌作品等。[3]西蒙兹后来还在回忆录里谈及父亲将工作当作天职以及充满道德氛围的家庭环境等印象。[4]

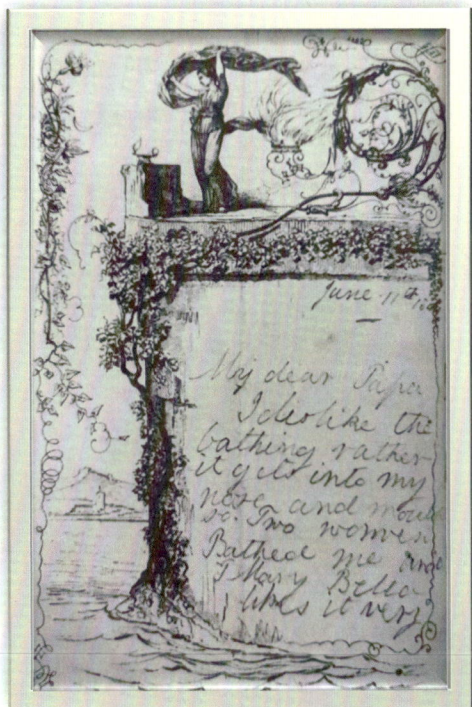

西蒙兹 5 岁信函手笔（笔者藏）[5]

[1] The Letters I, p. 49.

[2] Brooks, A Biographical Study, p. 4. 西蒙兹女儿玛格丽特也在回忆录性质的书稿中提及此事，见 M. Symonds, Out of the Past, John Murray, 1925, p. 7.

[3] Grosskurth, A Biography, p. 28.

[4] The Memoirs, pp. 66–67.

[5] The Letters I, p. 49.

1847 年

● 1 月，据西蒙兹的回忆，[1] 某个夜晚，西蒙兹恍恍惚惚地听到盲人院的阴沉布道声，于是尖叫起来。这时西蒙兹博士从客厅走进西蒙兹的房间来安慰孩子，手里还拿着几期《名利场》的书页。[2]

---

[1] Brown, *A Biography*, p. 8.

[2] 从 1847 年 1 月起，英国作家萨克雷（William Makepeace Thackeray）在《笨拙》（*Punch*）杂志上连续刊载其小说《名利场》，一直持续到第二年的 7 月。故西蒙兹的父亲手里拿着的不是整本小说《名利场》，而是刚刊行的前几章。

1848 年

● 同年：父亲让西蒙兹去一所由牧师奈特（Rev. William Knight）开设的私人学校学习。西蒙兹与奈特牧师接触后感觉他并不是一位理想的教师。但有一点是西蒙兹受益颇多的，即西蒙兹跟着奈特读了荷马（Homer）《伊利亚特》希腊文原著的大部分内容。[1] 这段时期，西蒙兹的性倒错生理或心理倾向开始萌生。根据西蒙兹的回忆，他儿童时期会时常在入睡前出现半梦半醒的奇幻景象，即西蒙兹被一群裸体的水手按在地板上。[2] 而童年时期的西蒙兹对女性并没有什么感情上的滋滋情谊，即使与几个姐妹之间也没有很默契的情谊。[3]

---

[1] *The Memoirs*, p. 59; Brown, *A Biography*, pp. 31–32.

[2] *The Memoirs*, p. 62.

[3] *The Memoirs*, p. 41.

1850 年

● 9 月，西蒙兹博士《我们的学院及其研究》^①出版。西蒙兹博士此报告的核心观点就是恳请每一位学子和市民来关注这所学院，并为复兴学院而尽力。同时希望大家来学院参加学习，提升科学和文学艺术的素养。

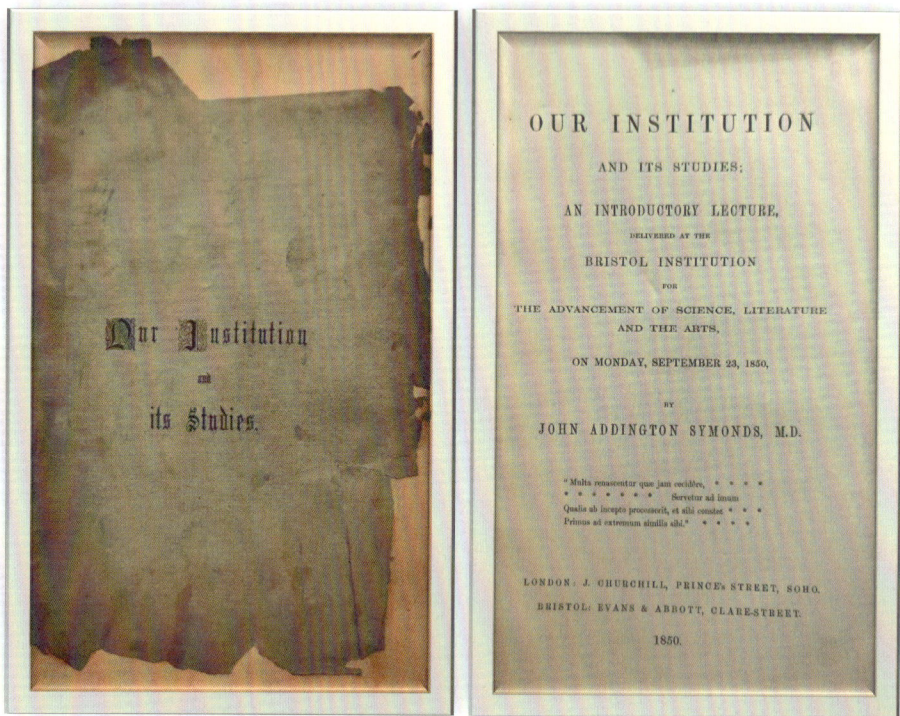

左：《我们的学院及其研究》一书封面；右：该书书名页（笔者藏）。这是当时布里斯托尔城"科学、文学与艺术学院"的系列报告之一。西蒙兹博士的报告连书名页在内共 44 页，书后附有其时报告者和报告阅读者的名单等。该书原为报告阅读者的私藏，现为笔者续藏。该报告后被收入由里德（Stuart J. Reid）编辑的《雷德帕斯文集》（*Redpath Tracts*）第 96 卷，该文集没有具体的出版年份，见下图（附记：本藏已很破旧，坊间绝迹）

① J. A. Symonds, M. D., *Our Institution and its Studies; An Introductory Lecture, Delivered at the Bristol Institution for the Advancement of Science, Literature and the Arts, on Monday, September 23, 1850*, J. Churchill, 1850.

REDPATH TRACTS

ESSAYS AND SHORT TREATISES

1800-1900

COLLECTED BY

STUART J. REID

AUTHOR OF 'LIFE AND TIMES OF SYDNEY SMITH'
'LORD JOHN RUSSELL' ETC.

VOL. XCVI.

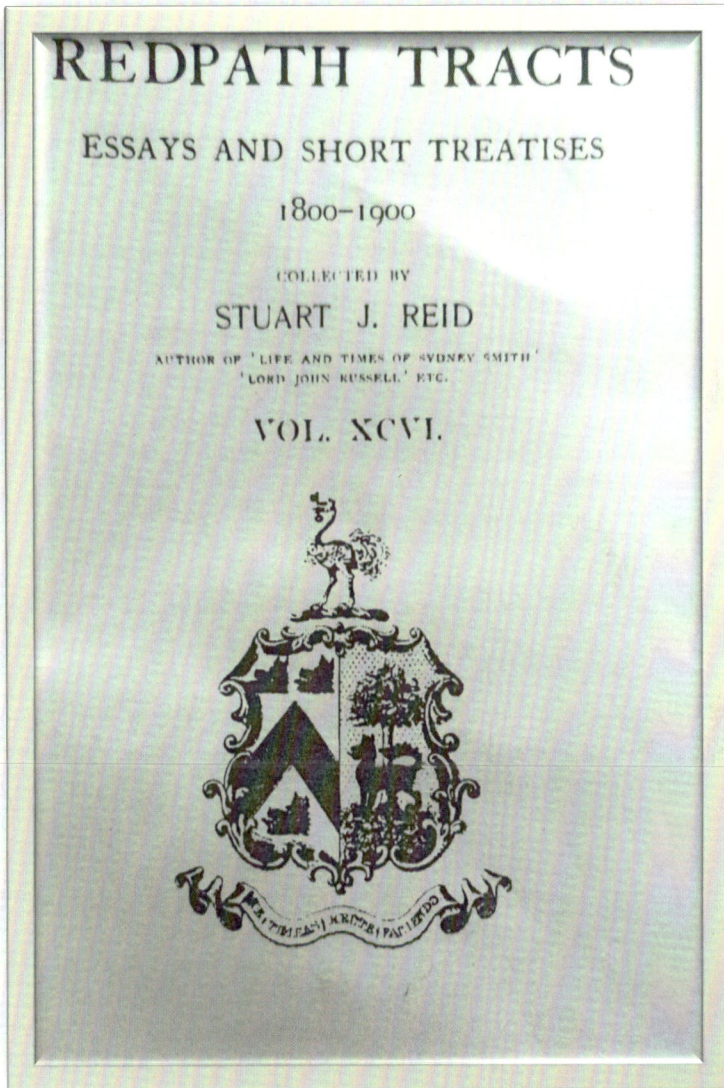

《雷德帕斯文集》封面（笔者藏）

1851 年

• 6 月，全家移居克利夫顿（Clifton）。克利夫顿是西蒙兹求学、打下人生基本烙印之处，同时也是西蒙兹开始显露人生纠结之地。

从阿什顿低地（Ashton Downs）远眺克利夫顿（笔者藏）。[1] 克利夫顿是布里斯托尔城附近的一个城镇

---

① *The Letters I*, pp. 192-193.

西蒙兹家的住处，即克利夫顿山庄别墅（Clifton Hill House）（笔者藏）[1]

西蒙兹家克利夫顿山庄别墅客厅（笔者藏）[2]

---

[1] Grosskurth, *A Biography*, p. 39. 克利夫顿山庄紧靠近代的克利夫顿大学，现为克利夫顿大学女子宿舍之一。

[2] Grosskurth, *A Biography*, p. 39.

● 同年：西蒙兹博士《睡眠与梦》[1]出版。这部著作由 2 篇讲稿组成，第 1 篇讲稿主要介绍并研究人类的不同睡眠状况及睡眠的作用等；第 2 篇讲稿着重分析梦。在讲稿结尾处西蒙兹博士指出，无论是梦还是文学艺术都包含对完美及理想世界的追怀，只不过带着些"微弱的阴影"（faint shadow）。就像在梦里，"完美是片断化的，这种片断化的美意味着有些不协调的混合，个中道德完美也顾不得可有可否，爱不是脱离那些私我合体（alloy of selfishness）的东西，希望中不免混杂着忧虑"。[2]

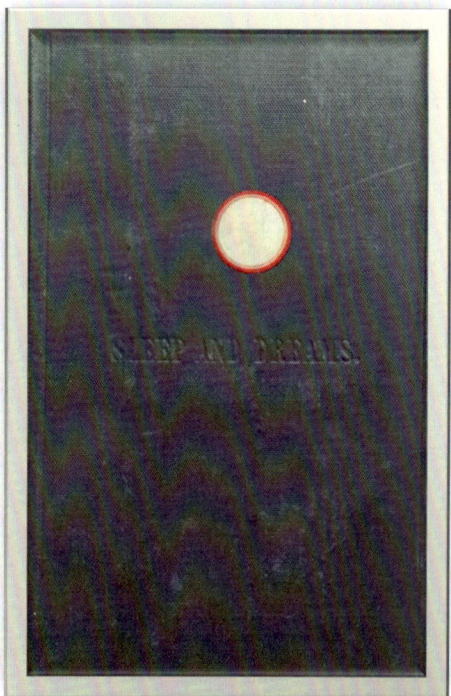

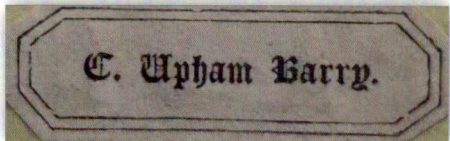

上：《睡眠与梦》封面；下：该书原藏者票章。现为笔者续藏［附记：原藏者为巴里（C. A. Barry），他手头有不少珍藏，例如曾藏有 19 世纪英国著名画家透纳（Turner）的名画《弗吕埃伦，来自卢塞恩湖》（*Fluelen, from the Lake of Lucerne*），此画现藏美国克利夫兰艺术博物馆］

---

[1] J. A. Symonds, M. D., *Sleep and Dreams; two lectures delivered at the Bristol Library and Philosophical Institution*, John Murray, 1851.

[2] Symonds, M. D., *Sleep and Dreams*, p. 90.

1853 年

- 同年：维戈尔（Vigor）创作了西蒙兹肖像油画——13 岁时的西蒙兹像。[1]

13 岁时的西蒙兹像（笔者藏）

---

① *The Memoirs*, p. 80.

- 同年：西蒙兹博士成为皇家医学院院士。
- 同年：吉拉德（Sophie Girard）小姐来到西蒙兹的家庭，照料西蒙兹及其姐妹。正是这位吉拉德小姐教会了西蒙兹许多关于生活的知识，还教西蒙兹学些简单的德语。她留给西蒙兹的印象很好。直到 19 世纪 60 年代吉拉德小姐才离开西蒙兹的家庭。巧得很，后来西蒙兹于 1893 年 4 月 19 日去世，第二天，即 4 月 20 日，吉拉德小姐突然离世。[1]

吉拉德小姐像（笔者藏）[2]

---

[1] *The Letters I*, p. 58.
[2] *The Letters I*, pp. 192−193.

1854 年

● 5月，西蒙兹就读哈罗公学。哈罗公学弥漫着贵族文化气息，但学校的氛围令西蒙兹失望。在那里，西蒙兹还遇见颇有文才但又有性倒错纠结的校长沃恩（C. J. Vaughan, 1816–1897）博士，并初试人生的难题——"沃恩事件"（详见后文）。

就读哈罗公学时期的西蒙兹像（笔者藏）[1]

---

[1] *The Memoirs*, pp. 80–81.

哈罗公学校园一景（笔者藏）①

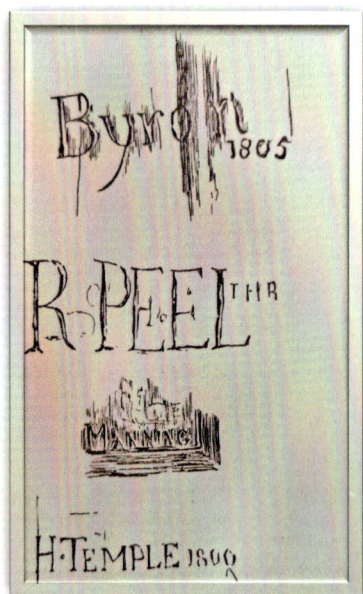

当年哈罗公学第4教室内的名人姓氏图汇，其中有大诗人拜伦（Byron）、首相皮尔（Robert Peel）等，这些彰显了学校深厚的文化传统底蕴（笔者藏）②

---

① J. G. C. Minchin, *Old Harrow Days*, Methuen & Co., 1898, Title page.

② Minchin, *Old Harrow Days*, p. 278.

哈罗公学的宿舍内景（笔者藏）[1]

哈罗公学草坪上的板球活动（笔者藏）。[2] 以上图景散发出哈罗公学的贵族文化气息

① *The Letters I*, pp. 192-193.
② Minchin, *Old Harrow Days*, p. 144.

在哈罗公学时期，西蒙兹的肺、视力①等均出现了些问题，加上思家病，他在学校显得腼腆。上好的家教又让西蒙兹不愿与环境一般见识，像个"老男孩"（old boys）。②但西蒙兹并非沉默寡言者，与要好朋友在一起时十分健谈。西蒙兹与童年时期的朋友古斯塔夫斯·博赞基特（Gustavus Bosanquet，1840-1932）就经常玩有趣的游戏，交换各自心中的理想世界。少年时代的西蒙兹对柏拉图的著作和思想情有独钟。西蒙兹在自己的著作中不时提及此事，例如他曾言在哈罗公学时，他经常读柏拉图的《申辩篇》《斐多篇》《会饮篇》等，并做了相应的研究工作，这些对其未来产生了决定性的影响。③《西蒙兹回忆录》用"痛苦"（painful）一词来形容他在哈罗公学的生活，也就是学校在表现同学感情方面粗糙的环境与西蒙兹所受的道德教育、文化理想之间存在着巨大的反差。④哈罗公学在道德环境方面十分混乱。根据西蒙兹的回忆，那时哈罗公学中凡长相好看的男生都要另取一个女性化的名字，等等。⑤西蒙兹自己在与博赞基特的通信中也认为哈罗公学在身心两个方面都没有起到引领作用，反而使自己消沉了下去。⑥

在一件同性恋事件面前，西蒙兹感到道德上的震惊。事情是这样的：当时哈罗公学的校长沃恩（1844—1859年任校长）与学生普雷特（Pretor）有私下的同性恋交往。普雷特是西蒙兹的朋友，并且向西蒙兹透露校长与其交往的信件内容。西蒙兹在回忆录中提及此事时透露出十分矛盾的心理，即沃恩的所作所为如果是有罪的，那么自己无意识深处所萌生的那些情感又如何

---

① 西蒙兹的视力等病况引起医生古尔德（Gould）的关注，他在医学著作《传记性诊断：视力对健康的影响篇》（George M. Gould, *Biographic Clinics: Essays Concerning the Influence of Visual Function Pathologic and Physiologic upon the Health of Patients*, Volume III, P. Blakiston's Son & Co., 1903）中用专文"约翰·阿丁顿·西蒙兹的生命悲剧"（The Life Tragedy of John Addington Symonds）来详细描述视力问题对西蒙兹生活造成的严重后果。其中，古尔德用西蒙兹的日记等自述性语句告诉世人，西蒙兹的视力曾达到看不清外物的程度，并伴随其他病况如遗传性肺病等。这些也是西蒙兹经常外出旅行的重要原因之一。详见《传记性诊断：视力对健康的影响篇》第77—96页。

② *The Letters I*, p. 31.

③ Brown, *A Biography*, pp. 62-63.

④ *The Memoirs*, Chapter 5.

⑤ *The Memoirs*, p. 94.

⑥ Grosskurth, *A Biography*, p. 29.

释怀呢？不能放纵自我的道德、心理压力还是驱使西蒙兹将此事告知其父。[①]西蒙兹博士向沃恩施压，令其辞职，否则就向外界透露此事。后来沃恩屈服了，不得已辞去校长职务。不过西蒙兹的父亲与沃恩有私下的君子之约，即西蒙兹的父亲不外传此事。根据有关史料记载，后来西蒙兹的父亲信守诺言，即在沃恩辞职后没有向外界透露任何信息，时人亦不知情。这样，沃恩辞职后去教会担任多种教职，1894年还被选为卡迪夫大学的学院院长。而英国教育史上的沃恩也一直有著名教育家的声誉。[②]沃恩的同性恋隐私到20世纪70年代才逐渐为世人知晓。今天，学人需要对沃恩这样一位19世纪兼具文才和教育才能的宗教人士，对他留下的丰富布道文著述，尤其对他纠结的人生做更深入的研究评析。

在西蒙兹的年代，沃恩的学识、人生履历、社会影响力均非等闲之辈可比。如果我们像关注西蒙兹那样去费心关注沃恩的生平，由此得到的各种启示肯定不会少。再回望其时哈罗公学的情状，校长沃恩是最清楚学校问题的人。为了使公学的教育具有新的风貌，在担任校长期间他力图做一些教育和制度方面的改革。在校友的心目中，沃恩是哈罗公学最值得记起的两位校长之一。尤其是沃恩对学生的关爱之情和得体的教导令人难忘。[③]沃恩除担任校长外，还是一位安立甘教会的牧师，写了不少布道文并出版存世，称得上这方面的知名学者。其中在哈罗公学礼拜堂的布道文占有相当的比重，其内容广泛，涉及信仰、生活、学习的各个方面，如"对童年时期弱点的论述"（the faults of childhood）等。文艺复兴以降，由于布道文有许多口语化的倾向且涉及面广、贴近生活、亲切动人，故其社会影响力日增。布道者还在行文中加入许多自己的想法，因此布道文成为作者人生观的特殊表达方式。例如，沃恩在布道文中穿插许多《圣经》故事，他通过宣讲这些故事来传达自己在宗教、道德和个人信念等方面的感想。沃恩的其他布道文著述还有《家庭祷告布道文》[④]等。此《家庭祷告布道文》是沃恩为整个年度每星期家庭祷告所用而撰写的，也是一部很具沃恩个人观念、信仰色彩的宗教和文学作品

---

① *The Memoirs*, pp. 97, 112.

② *The Letters I*, p. 62, Note 4.

③ Minchin, *Old Harrow Days*, pp. 80, 100, 105.

④ C. J. Vaughan, *The Family Prayer and Sermon Book*, 2 Volumes, Strahan and Company, 1880.

（笔者有珍贵私藏本 2 卷）。

　　如果用西蒙兹自责的语气来概括，不妨认为"沃恩事件"是对西蒙兹的一种"毒化"（poisoned）（西蒙兹语），[①] 即把西蒙兹无意识中的同性恋情结唤醒了。此后西蒙兹将经历长期的同性恋苦楚并进行同性恋问题的艰涩探索。

西蒙兹就读哈罗公学时期的校长沃恩博士像（笔者藏）[②]

---

①　*The Memoirs*, p. 282.
②　Grosskurth, *A Biography*, p. 54.

两幅不同着装的沃恩博士像——左：西装革履像；[1] 右：着僧袍像（笔者藏）。[2] 两种形象体现着沃恩博士的两种身份、两种精神

———————————

① *The Memoirs*, pp. 80−81.
② *The Letters I*, pp. 192−193.

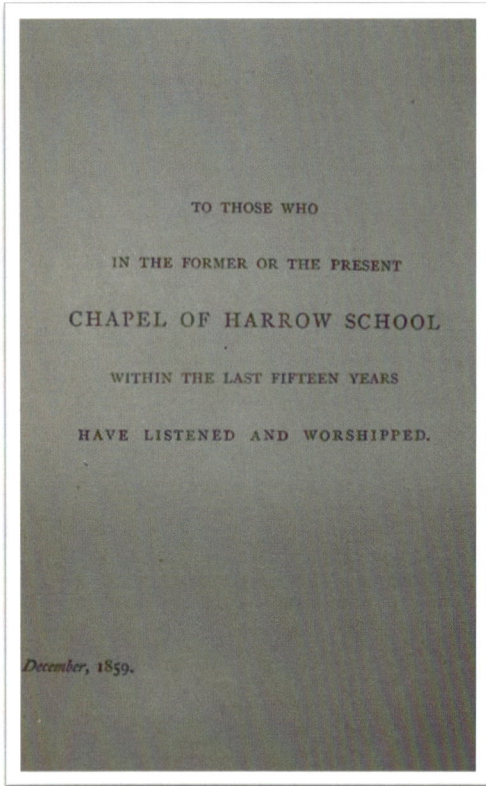

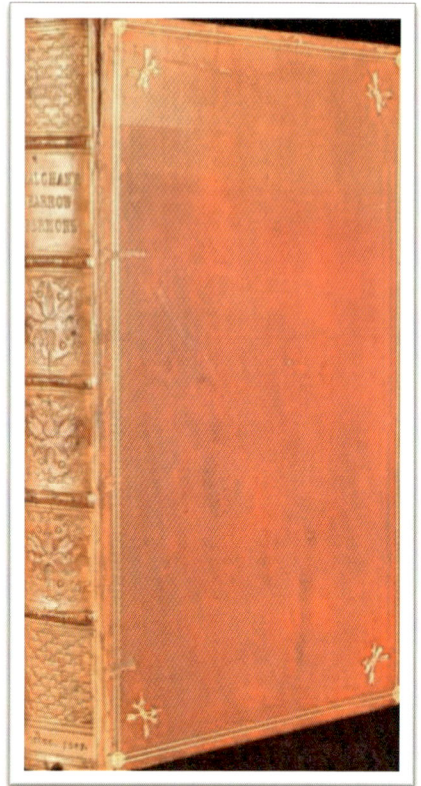

左：沃恩《回忆哈罗的星期日》[1]书前的献词——"献给 15 年来前来聆听、礼拜的哈罗公学曾经和现在仍在求学中的人们"；右：沃恩《哈罗公学礼拜堂布道文》[2]一书书脊、封面（笔者藏）。《哈罗公学礼拜堂布道文》曾是一位"受到沃恩关照"（under his care）的学生的私藏本，后数度易手，现为笔者续藏（附记：本藏《哈罗公学礼拜堂布道文》购于英国专售珍本图书的 Rooke Books 书店，此"John Murray, 1847"本十分稀有）

---

① C. J. Vaughan, *Memorials of Harrow Sundays*, Macmillan and Co., 1863.
② C. J. Vaughan, *Sermons Preached in the Chapel of Harrow School*, John Murray, 1847.

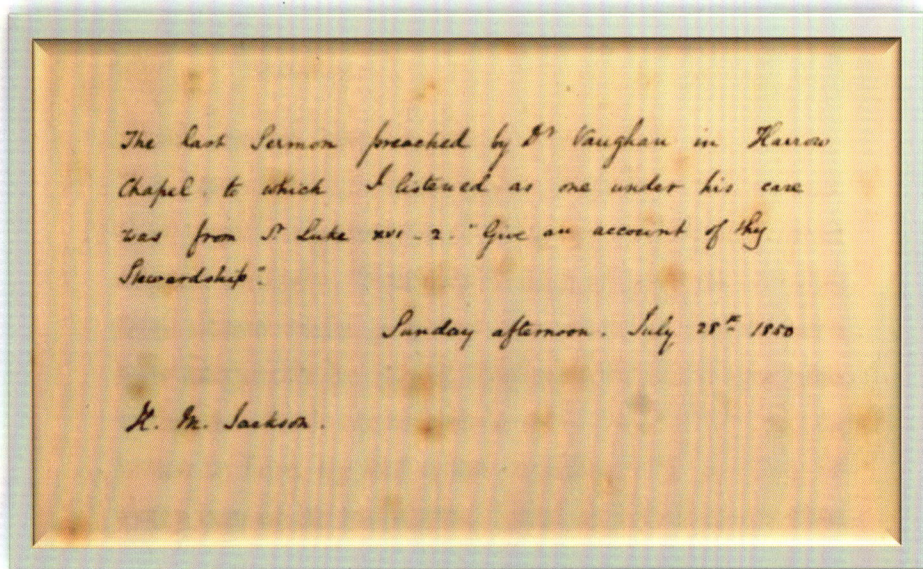

The last Sermon preached by Dr Vaughan in Harrow Chapel, to which I listened as one under his care was from St Luke xvi-2. "Give an account of thy Stewardship".

Sunday afternoon. July 28th 1850

H. M. Jackson.

一位"受到沃恩关照"（under his care）的哈罗公学学生在《哈罗公学礼拜堂布道文》一书背后空白处的优美手书——"the last sermon preached by Dr. Vaughan in Harrow Chapel to which I listened as one under his care was from St Luke xvi-2 'Give an account of thy Stewardship', Sunday Afternoon, July 28th 1850, H. M. Jackson"（笔者藏）。译成中文为："我作为一名受到沃恩博士关照的人聆听了他上一次在哈罗公学礼拜堂的布道文，说的是《圣经·路加福音》第16章第2节'把你管家经手的账目说清楚'，1850年7月28日，H. M. 杰克逊。"此手书的作者H. M. 杰克逊（Henry Marther Jackson）于1831年出生，是家族的第2代准男爵（Baronet）。杰克逊先西蒙兹在哈罗公学接受教育，1853年获得牛津三一学院古典艺术学士学位。毕竟校友情深，在往后的岁月里杰克逊很留意西蒙兹的研究成果，他藏有西蒙兹的《意大利希腊游记》（参见年谱"1874年"条）等书籍。杰克逊毕业后担任过法官等职并涉足政坛，是英国议会下院的考文垂的议员。杰克逊于1881年去世，其墓志铭就是由曾经的哈罗公学校长沃恩博士书写的。那篇墓志铭文辞优美，叙事真实。[①]以上杰克逊的点滴事迹可以让读者多一个视角去了解沃恩其人、哈罗公学、哈罗校友等情况

---

① Minchin, *Old Harrow Days*, p. 284.

1855 年

● 10 月，在与妹妹夏洛特的两次通信中，西蒙兹既有谈及老师粗暴对待自己拉丁文功课的内容，[1] 又有关于演讲课上受表扬、超越竞争对手时那种难以抑制的内心激动的描述，总之，百味杂陈。[2]

西蒙兹妹妹夏洛特读信函像（笔者藏）[3]

---

① *The Letters I*, p. 63.
② *The Letters I*, p. 67.
③ *The Letters I*, pp. 192–193.

1856 年

- 同年：西蒙兹结识巴特勒夫妇。巴特勒夫人（Josephine Butler, 1828–1906）是 19 世纪英国著名的女权主义者，她于 1852 年嫁给牛津大学古典学导师乔治·巴特勒（George Butler, 1819–1890）。

约瑟芬·巴特勒像（笔者藏）①

---

① *The Letters I*, pp. 192–193.

牛津大学古典学导师乔治·巴特勒像（笔者藏）[1]

---

① *The Letters I*, pp. 192–193.

1857 年

- 同年：西蒙兹博士《美的原理》^① 出版。西蒙兹的父亲曾将此著作赠予儿子的友人斯蒂芬斯，并亲笔题写赠词。

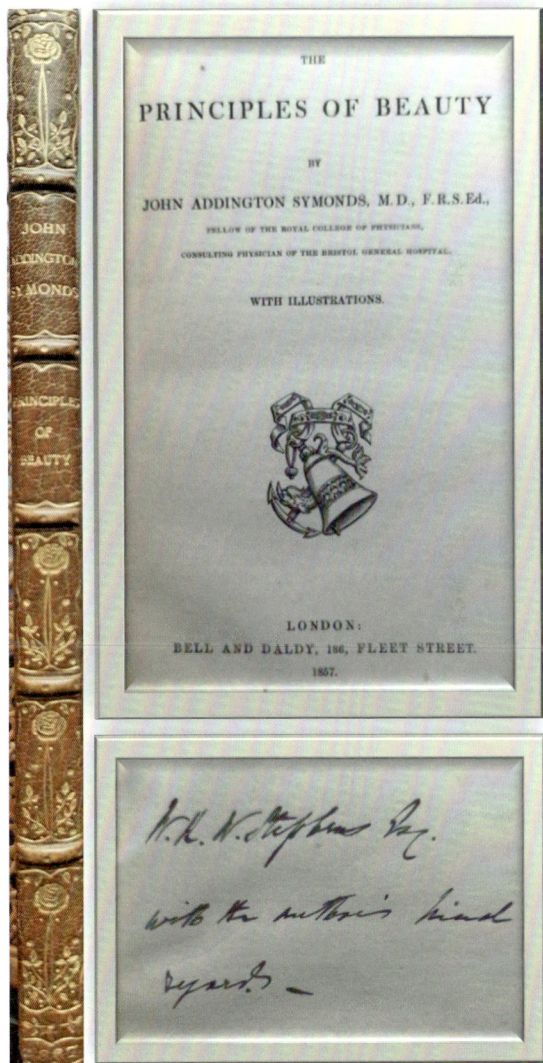

左：《美的原理》书脊；右上：书名页；右下：西蒙兹博士的题词"笔者诚挚问候您斯蒂芬斯先生"（W. R. W. Stephens, Esq. with the author's kind regards）（附记：此书原为斯蒂芬斯的私藏，现为笔者续藏。另见《藏录》第 213 页）

---

① John Addington Symonds, M. D., *Principles of Beauty*, Bell and Daldy, 1857.

本书是西蒙兹博士演讲稿的汇集。它聚焦美的问题，并通过详细的分析告诉学人如何去认识美。作为英国学者，西蒙兹博士不喜欢概念性地定义美，而乐意去探讨美究竟涉及哪些因素。按照西蒙兹博士的观点，美涉及外在的形式和内在的情感两个方面，具体涉及感觉、意识、道德、艺术理想等因素。西蒙兹博士十分赞赏用和谐的视角去审视美。西蒙兹博士的人文观在《美的原理》一书中得到充分体现。除本书外，西蒙兹博士还在其他著述中倡导诗与医学的紧密关系，①其文人情趣可见一斑。

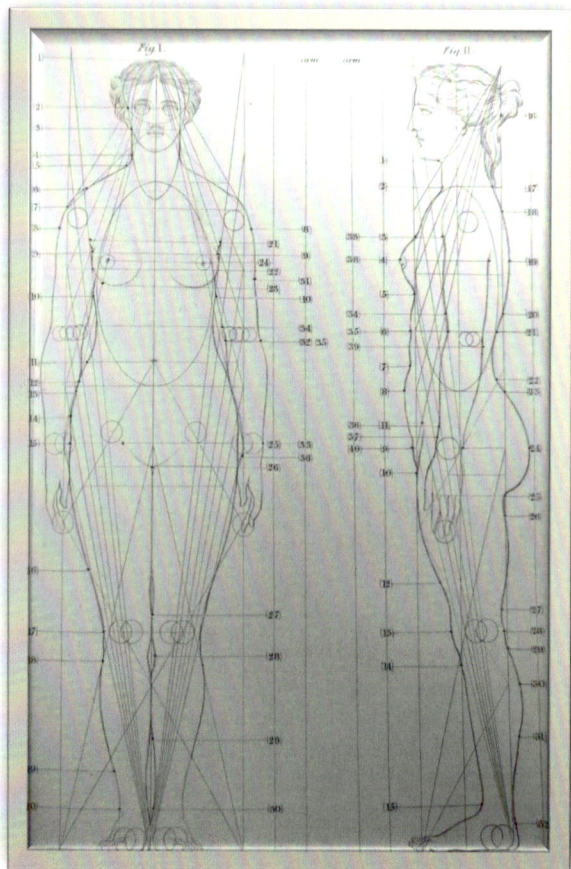

《美的原理》附页——"人体比例图"（笔者藏）②

---

① Grosskurth, *A Biography*, p. 6.
② Symonds, M. D., *Principles of Beauty*, plate V.

1858 年

- 1858 年春，西蒙兹就读牛津大学巴利奥学院。

1868 年重建前的牛津大学巴利奥学院（笔者藏）[1]

巴利奥学院图书馆和教堂一景（笔者藏）[2]

---

[1]　E. Abbott and L. Campbell, *The Life and Letters of Benjamin Jowett, M. A.*, Vol. I, John Murray, 1897, p. 376.
[2]　*The Letters I*, pp. 192-193.

西蒙兹在巴利奥学院就读时的导师是院长本杰明·乔伊特（Benjamin Jowett, 1817–1893）。乔伊特在希腊文化研究方面造诣颇深，是柏拉图全集的英译者。乔伊特信奉柏拉图的哲学理想，并以此为切入口分析人生社会的变化。正是在其任内出现了唯美主义思潮。在乔伊特的心目中，诗意性是一个人保持宗教情怀的必备因素。他曾写信给一位学者，指出你我最大的不同就是你没有给宗教情怀留下一个空间，而你所丢失的正是那么点诗意。[1] 由此见出其美感与信仰境界。西蒙兹曾凭借父亲的亲笔信前去拜见乔伊特。[2] 在乔伊特这位将学术视为天职的学者身上留有理性、刻苦、宁静的气息。西蒙兹在其一生中坚守着导师培育的理性、努力等品行，尤其不忘理性的适度。也正是在乔伊特的劝导下，后来西蒙兹逐渐放弃律师职业，转而全身心投入文化创作事业。

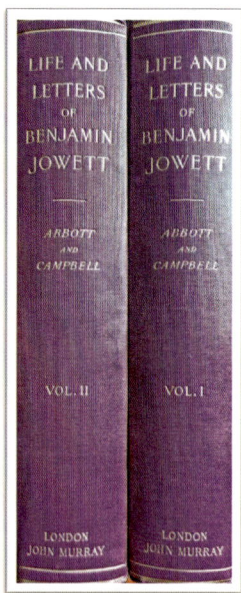

《乔伊特生平与信函》两卷书影（笔者藏）[3]

---

[1] Abbott and Campbell, *The Life and Letters of Benjamin Jowett, M. A.*, Vol. I, p. 86.

[2] Grosskurth, *A Biography*, pp. 49–50.

[3] E. Abbott and L. Campbell, *The Life and Letters of Benjamin Jowett, M. A.*, 2 Vols, John Murray, 1897.

1854 年的乔伊特像（笔者藏）[1]

---

① Abbott and Campbell, *The Life and Letters of Benjamin Jowett, M. A.*, Vol. I, Frontispiece.

1893 年时的乔伊特像（笔者藏）。[1] 本年谱主人公西蒙兹 1893 年
4 月 19 日去世后，乔伊特为西蒙兹的墓碑题写碑文。同年 10 月
1 日乔伊特谢世

---

[1] E. Abbott and L. Campbell, *The Life and Letters of Benjamin Jowett, M. A.*, Vol. II, John Murray, 1897, p. 408.

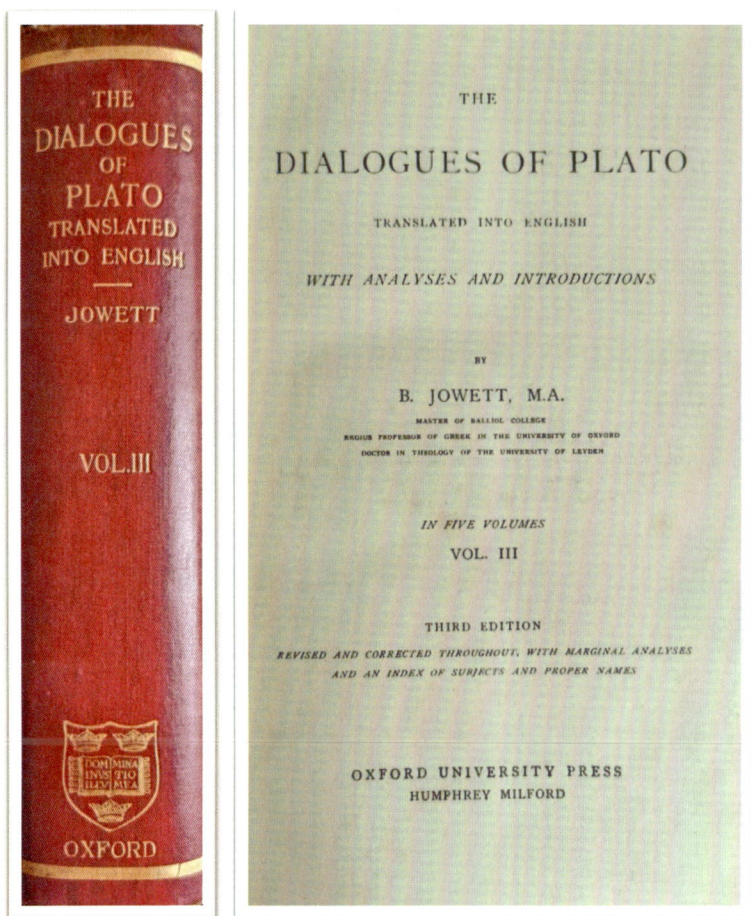

左：乔伊特所译 5 卷本《柏拉图对话集》的第 3 卷即柏拉图《理想国》的书脊；右：该书书名页（笔者藏）（附记：笔者于 20 世纪 90 年代以人民币 100 元购于上海外文旧书店）

● 4月，与伙伴、裁缝之子戴尔（Willie Dyer）产生爱意互动。

西蒙兹到巴利奥学院求学后，发生了同性恋的举动。那是发生在1858年春天的事情：某日，西蒙兹在教堂唱诗班遇见了一位令其神魂颠倒的男生戴尔，两人通信约见。那时的西蒙兹还经常从牛津回克利夫顿，为的是与戴尔缠绵互依。在西蒙兹看来，从这一刻起自己的真正生命开始了。有些诗文可推断为西蒙兹怀恋这份爱意而作。西蒙兹的散文诗《克利夫顿与一个小伙的爱》（Clifton and a Lad's Love）就是其中写得十分动情的一篇，散文诗最后留有这样一首诗歌：

> 远去的你呵，比死亡还要遥远，
> 为了你，我赋诗情歌，
> 就怕等不及迎候，
> 尽管生命与爱根植在你的心田。
>
> 我们的脉搏、心脏一起跳动；
> 它们跳动着，尽管人不在一起；
> 我们还年轻，那充沛的活力
> 将分离者的血气灌涌。
>
> 我们漫步在心心相依的田野和街区，
> 我们倾听着同一曲旋律激昂；
> 没有音乐可以从一个灵魂跳到另一灵魂，
> 我们的节拍则合在一起。
>
> 只有夜晚的视界
> 我似乎与你一起遥望黎明；
> 你有暴风骤雨的气运
> 让我在大地上处处感受着你。[1]

---

[1] J. A. Symonds, *In the Key of Blue and Other Prose Essays*, Elkin Mathews & John Lane, 1893, p. 175. 这里需要做一个说明：西蒙兹写作这篇散文诗最迟不会晚于1862年，（转下页）

而 32 年后西蒙兹写回忆录念及此事时仍握笔颤抖。① 此事瞒不过其父。后来西蒙兹向父亲袒露与戴尔的同性恋情感。当然免不了训诫。西蒙兹的父亲虽然在思想、道德上比较开明，但涉及同性恋问题还是有各种顾虑，其中还考虑到戴尔是裁缝之子，与西蒙兹的家庭不是同一个阶层，两人的爱恋之事对西蒙兹家族、西蒙兹的前途这一方面的影响太大。另外，其中还提到沃恩事件的教训、西蒙兹家族从来没有丑闻缠绕等。这些说辞让西蒙兹的内心感到难受、难堪。② 在那一刻西蒙兹多么希冀如果社会没有阶级的分层该多好，大家可以互相爱恋。往后，西蒙兹的文化创作实践无一不是为了实现这样一个宗旨，即文化要与个性的自由相匹配；文化要表现普遍的人性，包括同性恋的人性世界。后来西蒙兹的《民主的艺术，特别参照沃尔特·惠特曼》（Democratic Art. With Special Reference to Walt Whitman）一文就是上述理念的集中反映。③ 不过在当时的情况下，西蒙兹迫于种种压力也只能放弃那份情感。④

- 同年：游苏格兰。
- 同年：西蒙兹博士在伦敦医学院"古尔斯顿讲座"（Gulstonian Lecture）上做关于头疼病的报告。⑤

（接上页）因为西蒙兹在散文集 In the Key of Blue and Other Prose Essays 的"前言"（写于 1892 年）中说《克利夫顿与一个小伙的爱》写于 30 年前。这篇散文记叙的是克利夫顿风景及西蒙兹与朋友们在克利夫顿周边游乐的情景。综合各种情况，笔者以为这篇散文诗的字里行间散发着对戴尔的爱恋。但也有学者认为很难断定西蒙兹此诗是为了怀念戴尔还是布鲁克。参见 R. Croft-Cooke, *Feasting with Panthers: A New Consideration of Some Late Victorian Writers*, Holt, Rinehart and Winston, 1967, p. 99。

① *The Memoirs*, p. 104.

② *The Memoirs*, p. 116; Grosskurth, *A Biography*, p. 43.

③ J. A. Symonds, *Essays, Speculative and Suggestive*, Smith, Elder, & Co., 1907, pp. 237–268.

④ *The Memoirs*, pp. 116–117.

⑤ A. B. Freeman, *Bristol Worthies and Notable Residents in the District*, Burleigh Ltd, First series, 1907, p. 71.

1859 年

• 1859 年夏，与格林、拉特森（A. O. Rutson, 1836–1890）、普勒（C. Puller）、科宁顿（John Conington）等人一起参加惠特比（Whitby）读书会。读书会是当时学府机构的学术研讨交流形式之一。读书会的形式很自由开放：其间，有导师讲课评点，有典籍阅读讨论，还穿插境内外旅游，等等。

惠特比远景（笔者藏）。[①]惠特比是英格兰北约克郡的一个小镇，是一处游览胜地，那里有圣玛丽教堂等景致。西蒙兹对惠特比景地印象深刻

---

① *The Letters I*, pp. 192–193.

哲学家格林像（笔者藏）[1]

---

[1] Grosskurth, *A Biography,* p. 183; *Works of Thomas Hill Green*, Ed. R. L. Nettleship, Vol. I, Longmans, Green, and Co., 1885, Frontispiece.

格林不仅是西蒙兹的妹夫，还是 19 世纪英国著名的观念论者（idealist），《不列颠百科全书》第 10 版称其为英国最典型的新康德主义和新黑格尔主义学派的代表。[①] 格林在康德（Immanuel Kant）和黑格尔（G. W. F. Hegel）学说的基础上提出，社会应当在共同的、超验的善理念基础上，实现个人与他人互动的自由与幸福。格林存世的主要著作有《伦理学导论》[②]、3 卷本《格林著作集》[③] 等。《格林著作集》第 1 卷论休谟的哲学；第 2 卷论康德的哲学；第 3 卷是回忆录和短论。

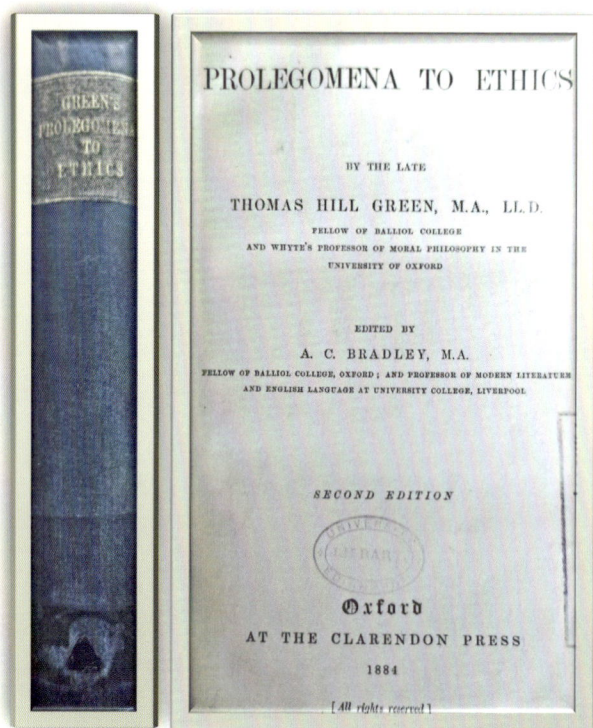

左：格林《伦理学导论》第 2 版书脊；右：《伦理学导论》版权页（笔者藏）。第 2 版做了个别修订，与 1883 年第 1 版大致相同

---

① EB10, Vol. 29, "Thomas Hill Green".
② T. H. Green, *Prolegomena to Ethics*, Ed. A. C. Bradley, Oxford University Press, 1883.
③ *Works of Thomas Hill Green*, Ed. R. L. Nettleship, 3 Vols., Longmans, Green, and Co., Vol. I, 1885; Vol. II, 1886; Vol. III, 1888.

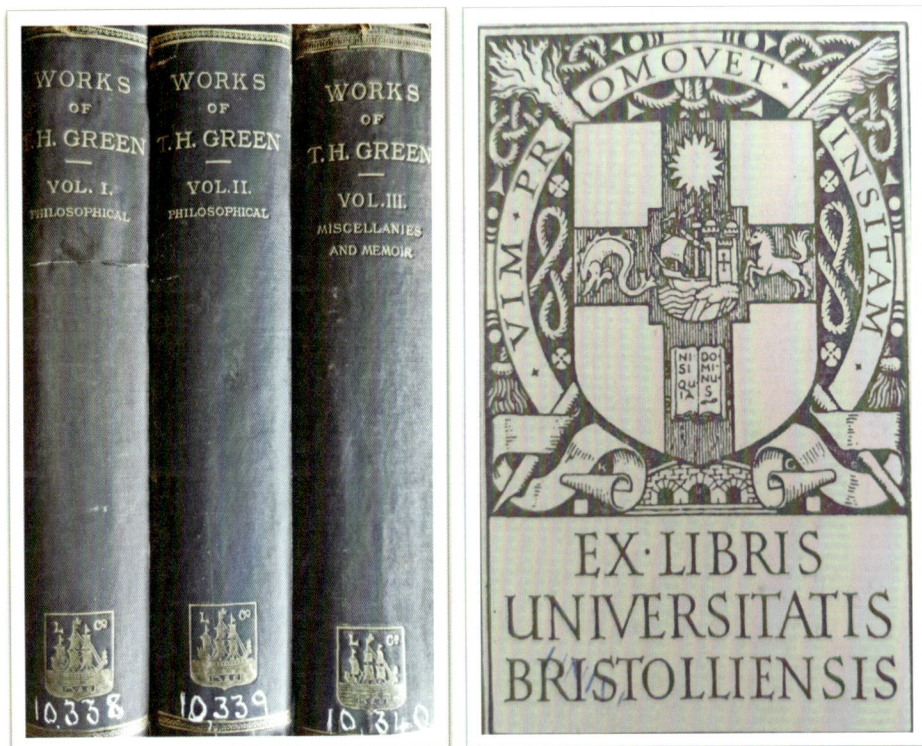

左:《格林著作集》3卷书脊；右:《格林著作集》每卷卷首的布里斯托尔大学图书馆藏书票（笔者藏）。布里斯托尔大学图书馆还藏有不少与西蒙兹生平事迹有关联的资料（附记：本藏陈旧，在英国 Anybook 网上书店购得。Anybook 出售的书籍品相虽不尽如人意，但往往给读者带来"补缺"的惊喜）

● 同年：西蒙兹的一篇论荷马的文章被收入近代史学会的论文集《三部地狱篇：荷马；维吉尔；但丁》[1]。（附记：这部论文集坊间几乎没有。参见 Babington, p. 97。）

---

[1] *The Three Hells: Homer, Virgil, Dante*, T. and G. Shrimpton, 1859.

1860 年

● 6 月 20 日，因诗歌《埃斯科里亚尔》（The Escorial）获纽迪盖特英语韵文奖（Newdigate Prize）。此奖是由诗人、文学批评家马修·阿诺德（Matthew Arnold, 1822-1888）推荐的。诗歌描述的是西班牙城堡埃斯科里亚尔（建于 1563—1584 年间）内的西班牙皇室成员面对入侵时的各种心态、举止，诗中涉及许多历史、文学、艺术中的人物，这些人物也成为日后作者研究的部分内容。

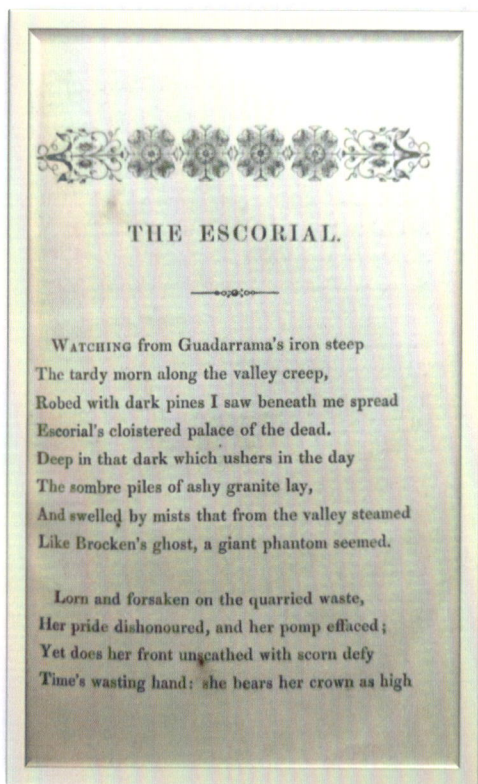

THE ESCORIAL.

WATCHING from Guadarrama's iron steep
The tardy morn along the valley creep,
Robed with dark pines I saw beneath me spread
Escorial's cloistered palace of the dead.
Deep in that dark which ushers in the day
The sombre piles of ashy granite lay,
And swelled by mists that from the valley steamed
Like Brocken's ghost, a giant phantom seemed.

Lorn and forsaken on the quarried waste,
Her pride dishonoured, and her pomp effaced;
Yet does her front unscathed with scorn defy
Time's wasting hand: she bears her crown as high

《埃斯科里亚尔》诗篇内页（笔者藏）。[1] 另见《藏录》第 33—34 页

---

① J. A. Symonds, *The Escorial: A Prize Poem, Recited in the Theatre*, T. and G. Shrimpton, 1860, p. 3.

● 7—8月，与科宁顿、格林等人一起参加科尼斯顿（Coniston）读书会。在读书会上阅读柏拉图（Plato）的著作等。[1]

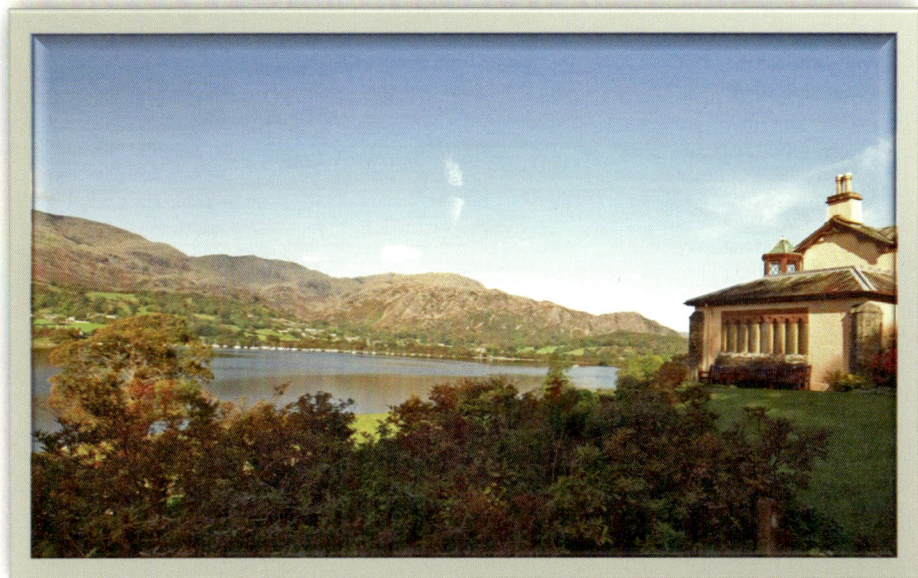

科尼斯顿一景。[2]科尼斯顿位于英国著名风景地"湖区"（Lake District）。在19世纪的英国有被称为"湖畔诗人"的诗人群体，代表人物为华兹华斯（William Wordsworth, 1770-1850）等

● 8—10月，与姐妹一起游比利时；[3]与父亲一起游德国美因茨到科隆一带[4]及柏林、慕尼黑等。在西蒙兹的一生中，出于身体状况等诸多原因，旅行成了生命旅途中的重要环节。[5]从历史的大背景看，18世纪末到19世纪上半叶，随着工业革命的进展、财富的积累和文化意识的增强，英国不少有经济实力的家庭非常看重到本国各地和欧洲大陆（以意大利为中心并旁及瑞士、

---

[1] *The Letters I*, pp. 252-260.

[2] 源自 https://www.visitlakedistrict.com/explore/coniston。

[3] Brown, *A Biography*, p. 81.

[4] 西蒙兹在该年10月1日给妹妹夏洛特的信函中特别提到舒心旅游美因茨到科隆的情景，参见 *The Letters I*, p. 261-262。

[5] 参见年谱"1854年"条的注释。

法国、德国等地区）进行旅游体验，历史上称之为"大旅行"（Grand Tour）。当然，"大旅行"不限于英国人的行为，它是欧洲乃至西方范围内的文化现象。从形式上看，"大旅行"包括寻根之旅、文化学术探访之旅、消遣之旅等。关于"大旅行"及游记文学的其他情况另见年谱"1861年"条。

马西（Massie）《比利时、德国、瑞士夏日游记》插画——比利时安特卫普一景（笔者藏）。[1] 马西这部游记在文化、历史、生活等细节方面记叙得十分生动细腻（附记：该游记在1846年出第2版时，出版公司将第1版的所有插画都删去了，因此1845年第1版显得尤为珍贵。第1版每幅画的下面都标记名画家的姓氏，但笔者所选图像上的画家姓氏字迹不容易辨认）

---

[1] J. W. Massie, *Recollections of a Tour: A Summer Ramble in Belgium, Germany and Switzerland*, John Snow, 1845, p. 29.

马西《比利时、德国、瑞士夏日游记》插画——比利时布鲁塞尔圣弥额尔圣古都勒主教座堂（通常称布鲁塞尔天主教大教堂）外景（笔者藏）①

---

① Massie, *Recollections of a Tour*, p. 37.

马西《比利时、德国、瑞士夏日游记》插画——位于德国美因茨城对岸并与美因茨城合为"双子城"的威斯巴登城街景（笔者藏）①

---

① Massie, *Recollections of a Tour*, p. 330.

马西《比利时、德国、瑞士夏日游记》插画——远眺莱茵河畔科隆城（笔者藏）①

① Massie, *Recollections of a Tour*, p. 163.

1861 年

● 3 月，与姨妈等一起出游亚眠（Amiens）、巴黎。在参观卢浮宫时，西蒙兹对艺术藏品《米洛的维纳斯》尤为欣赏。[①]

莫里森[②]编著《欧洲漫游》插画——巴黎圣母院外景（笔者藏）。[③]《欧洲漫游》的一大特点是通过寻根之旅叙述游览地的风土人情和历史文化，涉及地区除苏格兰、英格兰外，还有比利时、瑞士、德国、法国等。该书所选插画的作者包括画家丁斯莫尔（C. H. Dinsmoor）和布里奇曼（L. J. Bridgman）等

[①] Brown, *A Biography*, p. 95.

[②] 莫里森（Leonard A. Morrison, 1843−1902）是苏格兰裔美国人、作家，有不少作品存世。在当时的"大旅行"中出现了像莫里森等人的寻根之旅，别有情趣。

[③] *Rambles in Europe*, gathered by Leonard A. Morrison, Cupples, Upham & Co., 1885, p. 333. 该书没有出版日期，鉴于那次欧洲寻根之旅发生在 1884 年，故出版日期不会早于 1884 年，书商认为是 1885 年。

莫里森编著《欧洲漫游》插画——卢浮宫西侧一景（笔者藏）[1]

莫里森编著《欧洲漫游》插画——凡尔赛宫花园一景（笔者藏）[2]

[1] *Rambles in Europe*, gathered by Leonard A. Morrison, Cupples, Upham & Co., 1885, p. 339.

[2] *Rambles in Europe*, gathered by Leonard A. Morrison, Cupples, Upham & Co., 1885, p. 345.

● 6—7 月，与父亲一起游阿尔卑斯山、游法国夏慕尼（Chmonix）和意大利。西蒙兹在信函中提到阿尔卑斯山冰川石的灰蒙嶙峋和晨曦中的山花烂漫等景色。[1] 后来西蒙兹的《意大利、希腊游记和研究》（新版）首篇题名便是《阿尔卑斯山之恋》（The Love of the Alps）。在《阿尔卑斯山之恋》中，西蒙兹尽情赞颂阿尔卑斯山之美，还用法国思想家卢梭的自然之美和自然情感理论来印证自己的感受。[2]

透纳《阿尔卑斯山谷莫里斯桥一景》（笔者藏）。[3] 透纳（J. M. W. Turner, 1775–1851）是 19 世纪上半叶英国浪漫主义风景画家，曾为当时文坛庇护人、浪漫主义诗人罗杰斯（S. Rogers, 1763–1855）的诗歌游记《意大利：一部诗篇》（Italy, A Poem）绘制插图，名声大振。透纳的绘画不仅受到"前拉斐尔派"[4] 代表、19 世纪艺术批评家罗斯金（John Ruskin, 1819–1900）的高度赞美，亦为西蒙兹关注。例如，西蒙兹在论及古希腊女诗人萨福（Sappho）的诗情时联想到透纳的画才。[5] 西蒙兹同样看重罗斯金的艺术审美理论。[6] 西蒙兹又是受到牛津大学乔伊特倡导的唯美主义思潮影响之诗人，其诗、其论无不充满浪漫情调

---

[1] *The Letters I*, p. 301.

[2] J. A. Symonds, "The Love of the Alps", in *Sketches and Studies in Italy and Greece*, Vol. I, Smith, Elder, & Co., 1898.

[3] Samuel Rogers, *Italy, A Poem*, T. Cadell, 1830, p. 9.

（转下页）

普劳特①《阿尔卑斯山谷莫里斯桥一景》（笔者藏）②

（接上页）

④ "前拉斐尔派"或"拉斐尔前派"（Pre-Raphaelitism）的情况比较复杂，很难定义。大致上前拉斐尔派是对 19 世纪那些主张真实人性、真实感受为上并主张艺术、宗教、道德融为一体的文人之称呼。前拉斐尔派认为在工业革命的各种负面因素影响下，真实的人性感受和审美感受逐渐泯灭沦丧，具有时代敏感力的文化人必须在艺术创作和作品中重新找回那个真实的人和反映真实感受的美感世界。简言之，唤醒美感，找回美。为此，前拉斐尔派的画家、评论家们都试着探寻"精神化的自然主义"，倡导唯美主义。他们特别注意到了文艺复兴以来的一些艺术偏向即程式化、世俗化倾向，对此不乏批评之词。前拉斐尔派试图回归艺术的自然美感状态，让心灵中神圣的精神与生动的美感境界结合起来，让文学艺术创作和作品富于审美情趣。总之，艺术作品要优美、有感官的冲击力。可见，前拉斐尔派的批评理论和创作实践充满浪漫主义的理想和情趣。为此前拉斐尔派还对文艺复兴时期画家拉斐尔（Raffaello）前的艺术和中世纪的艺术重新做了审美批评，认为其中有许多值得今人借鉴之处。例如，罗斯金对威尼斯建筑艺术的研究及其成果是回归中世纪想法的代表。总之，罗斯金、前拉斐尔派倡导中世纪及文艺复兴前拉斐尔时期那些反映内心审美感受、宗教情感与优美自然的艺术形象的艺术创作实践。当然，拉斐尔前派的成员［如本年谱提及的罗斯金、斯温伯恩、罗塞蒂（Rossetti）、佩特（Pater）等］情况比较复杂，每个人的观点不尽相同，因而后人在评论拉斐尔前派的人物和观点时要做因人而异的具体分析。可参见 *Pre-Raphaelitism: A Collection of Critical Essays*, Ed. and with an introduction by J. Sambrook, The University of Chicago Press, 1974。

⑤ 参见 *The Letters II*, p. 298。

⑥ 参见 *The Letters I*, p. 334。

① 普劳特（Samuel Prout, 1783-1852），英国水彩画家。

② T. Roscoe, *The Tourist in Switzerland and Italy*, Robert Jennings, 1830, p. 52.

在 19 世纪欧洲的"大旅行"中，一些文人随行随记，留下诸多游记作品，除上文罗杰斯的意大利诗歌游记外，本年谱西蒙兹 3 部游记作品即《意大利希腊游记》（*Sketches in Italy and Greece*）、《意大利游记与研究》（*Sketches and Studies in Italy*）、《意大利侧记》（*Italian Byways*）就是其中的代表之一（详见后文）。有学者认为上述 3 部游记是西蒙兹著述中最为出彩的部分。[①] 可见旅游和撰写游记在西蒙兹的人生及学术历程中的地位。西蒙兹同时代人、散文家和翻译家托马斯·罗斯科（Thomas Roscoe, 1791–1871）亦留下近 10 卷南欧游记，并附有画家普劳特、哈丁[②] 等的插图。罗伯特·詹宁斯（Robert Jennings）出版社特意为罗斯科出版 10 卷本的《景观年鉴丛书》（*Landscape Annual*），其中第 1 卷至第 4 卷包括：1830 年的《瑞士与意大利游记》[③]；1831 年至 1833 年的《意大利游记》[④]，其他还有 1834 年的《法国游记》、1835 年至 1837 年的《西班牙游记》、1838 年的《西班牙和摩洛哥游记》、1839 年哈里森创作的《葡萄牙游记》。从罗杰斯、西蒙兹及罗斯科的游记中，读者不难发现那个时代文人的各种浪漫游兴，其中罗杰斯是用诗的笔触来体现游意大利山山水水的情景交融心情；西蒙兹则将个体情感、历史研究、随访随生的各种游记要素融为一体；罗斯科以南欧为旅游中心并在散文般的游记中渗透历史叙事的大思路。这些在插图中也会让读者有所感悟。比较而言，透纳插图的抽象、浪漫情感和思古味更深厚，而普劳特、哈丁插画的时代跃动感和生活气息更浓烈。本年谱在不少部分就透纳与普劳特、哈丁的类似画作加以比较，以展示 19 世纪主流画家的不同创作风格。笔者还以为，将透纳与普劳特、哈丁的艺术作品合体观之，恰好代表了西蒙兹的审美理论和感受。遗憾的是西蒙兹的游记没有配以插图，故笔者特选配 19 世纪西蒙兹同时代具有代表性游记作品中的插图（其中就包括透纳、普劳特、哈丁等的插图），以便从不同的侧面加深对西蒙兹即时即地心情的理解与体验。

---

① 参见哈里森在《西蒙兹传》中的评论（Harrison, *Symonds*, p. 9）。赫顿《布里斯托尔名人传》（S. Hutton, *Bristol and Its Famous Associations*, J. W. Arrowsmith, 1907）也引用了哈里森的赞誉之词，认为这些游记凝聚了西蒙兹的所有才华。参见赫顿《布里斯托尔名人传》第 153 页。

② 哈丁（James Duffield Harding, 1798–1863），英国风景画家。

③ T. Roscoe, *The Tourist in Switzerland and Italy*, Robert Jennings, 1830.

④ T. Roscoe, *The Tourist in Italy*, Robert Jennings, 1831, 1832, 1833.

西蒙兹还有一位画家友人爱德华·利尔（Edward Lear, 1812-1888），利尔曾创作诸多风景画，笔者亦选入几幅作为配文之用（关于利尔的生平和画作详见后文）。这些插图与其他笔者选录的代表性画作合在一起，将西蒙兹及那个时代的游兴和游记作品意蕴以艺术化形式传递给读者。

● 8月，在北威尔士参加罗林森（George Rawlinson, 1812-1902）与斯蒂芬斯（William Richard Wood Stephens, 1839-1902）的读书会。罗林森是西蒙兹在牛津大学的导师，译有希罗多德（Herodotus）《历史》4卷。读书会时罗林森担任指导老师。罗林森曾任坎特伯雷大教堂咏礼司铎。斯蒂芬斯则是西蒙兹好友，特别是19世纪60年代经常陪同西蒙兹外出旅游、参加读书会等，担任过各种神职。西蒙兹的父亲曾将自己的著作《美的原理》赠送给斯蒂芬斯（参见年谱"1857年"条）。

● 9月，与夏洛特一起游英国威尔特郡（Wiltshire）。

● 11月，由乔伊特引导进入诗人克劳夫（Arthur Hugh Clough, 1819-1861）的诗歌世界。克劳夫与西蒙兹两家情谊笃厚。布鲁克斯在传记中提到导师乔伊特后，随即提及同为牛津大学的诗人克劳夫。[1] 西蒙兹后来协助编订克劳夫文集[2]（参见年谱"1869年"条）。

《克劳夫遗诗文集》第1卷卷首插图——克劳夫像（笔者藏）[3]

---

[1] Brooks, *A Biographical Study*, p. 33.

[2] *The Poems and Prose Remains of Arthur Hugh Clough: With a Selection from His Letters and a Memoir*, edited by his wife, Macmillan and Co., 1869. 克劳夫夫人在这部诗文集的"序言"中特别致谢西蒙兹的帮助。

[3] *The Poems and Prose Remains of Arthur Hugh Clough: With a Selection from His Letters and a Memoir*, Vol. I, edited by his wife, Macmillan and Co., 1869, Frontispiece.

1862 年

- 4 月，与斯蒂芬斯一起参加大莫尔文（Great Malvern）读书会。

大莫尔文全景图。① 大莫尔文是英国维多利亚时代一处风景优美的历史名镇

- 6 月 22 日，获牛津大学硕士学位。②
- 6—7 月，与父亲等游慕尼黑、因斯布鲁克、威尼斯。就威尼斯而言，西蒙兹的《意大利侧记》中的"威尼斯杂记"写得十分动情。西蒙兹说威尼斯首先激起的是一种狂野的喜悦之情（corybantic rapture）……而那迷宫般的夜晚则带来爱与罪的神秘。③ 威尼斯的白日则是光和色彩的图景。西蒙兹引用巴洛克时期法国画家普桑（Nicolas Poussin）的一段对话来传达这种色彩的

---

① 源自 https://wellcomecollection.org/works/twqpsexa。
② Brooks, *A Biographical Study*, p. 52.
③ J. A. Symonds, *Italian Byways*, Smith, Elder, & Co., 1883, p. 194.

意蕴。有人问普桑为何不待在威尼斯？普桑答道，如果待在那里的话，我就会变成色彩画家。①

威尼斯圣马可广场立柱上的狮像，也是威尼斯的市徽（笔者藏）。图像选自西蒙兹挚友布朗的著作《威尼斯的生活》卷首插图。②书中的图像既是 19 世纪威尼斯自然风光、生活场景的艺术展现，也是西蒙兹、布朗那一代人对威尼斯的直接具体印象

① Symonds, *Italian Byways*, p. 202.
② H. F. Brown, *Life on the Lagoons*, Rivingtons, 1909, Frontispiece. 这是修订版，初版于 1884 年由 Kegan Paul, Trench and Co. 出版社出版。"Lagoon" 指水中的岛屿或水城，它是威尼斯的代称。

透纳《威尼斯远景》(笔者藏)①

普劳特《威尼斯远景》(笔者藏)②

① S. Rogers, *Italy, A Poem*, T. Cadell, 1830, p. 47.

② T. Roscoe, *The Tourist in Italy*, Robert Jennings, 1831, p. 1.

- 7月20日，在瑞士菲斯普（Visp）生病。[1]

普劳特《菲斯普一景》（笔者藏）[2]

---

[1] Brown, *A Biography*, p. 154.
[2] T. Roscoe, *The Tourist in Switzerland and Italy*, Robert Jennings, 1830, p. 101.

● 10 月 27 日，成为牛津大学马格达伦学院（Magdalen College）非正式研究员。

牛津大学马格达伦学院一角（笔者藏）①

---

① *The Letters I*, pp. 192–193.

牛津时期的西蒙兹像（笔者藏）[1]

---

[1] Grosskurth, *A Biography*, p. 263.

牛津时期的西蒙兹像（笔者藏）[1]

① Brown, *John Addington Symonds*, Vol. I, p. 192.

- 10—11 月，遭到学生肖廷（C. G. H. Shorting，生卒年不详）的名誉攻击。肖廷的外表有吸引西蒙兹的一面，但在西蒙兹心目中肖廷就是个"铁脑瓜子"（iron brain），[1] 在肖廷的学业安排等方面师生两人产生不快。后来肖廷向马格达伦学院 6 位老师公布了一封文件，披露他和西蒙兹之间诸多不宜公开的私人交往事情。经过肖廷掐头去尾拼凑而成的西蒙兹私人信函中的许多内容严重损害了西蒙兹的声誉。有些内容还涉及上述普雷特与校长沃恩的同性恋关系内容等（参见年谱"1854 年"条）。再说西蒙兹父子与沃恩一直有私下的君子之约，此类信函都是不宜公布的。不过肖廷对西蒙兹的名誉攻击事件并未在外界传播开来，但对西蒙兹的大学教学生涯影响很大。[2]

- 12 月 18 日，西蒙兹在肖廷事件上的无辜性得以澄清了结。[3]

- 12 月 27 日，在《星期六评论》（*The Saturday Review*）[4] 上发表《一处苏格兰高地的画家营》（A Painter's Camp in the Highlands）。从 1862 年至 1864 年，西蒙兹在该杂志上发表文章近 20 篇。[5]

---

[1] *The Letters I*, p. 282.

[2] *The Memoirs*, pp. 117-118, 130-131；另参见 O. S. Buckton, *Secret Selves: Confession and Same-Sex Desire in Victorian Autobiography*, pp. 91-96。关于肖廷事件，详见周春生：《西蒙兹文化观研究》，人民出版社，2021，第 9—10 页。

[3] *The Memoirs*, p. 132.

[4] 《星期六评论》是英国的一份周刊，1855 年创办，与后来美国的《星期六评论》不是同一份刊物。

[5] 参见 Babington, pp. 132-134。

1863 年

- 3 月，与斯蒂芬斯一起在比利时。其间神经衰弱症首次发作。[1]
- 4 月，因有关文艺复兴的论文获学院奖。6 月 17 日西蒙兹在牛津剧场宣读该文。

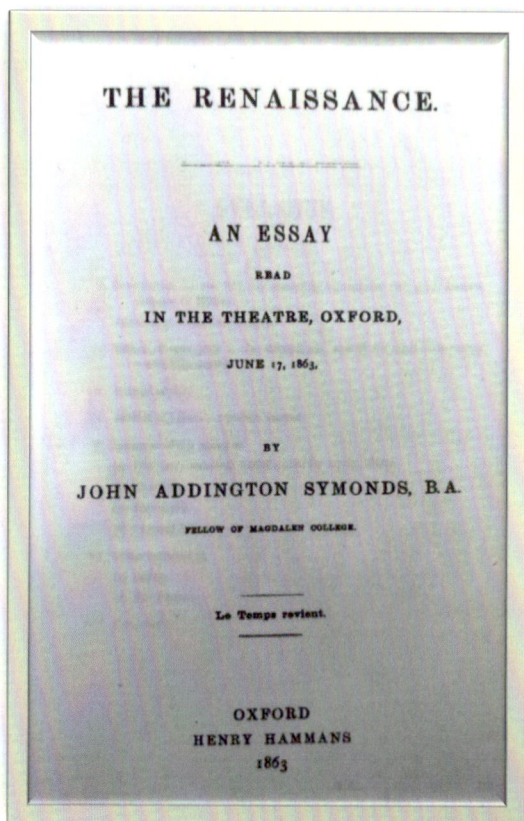

西蒙兹《文艺复兴：一篇在剧场宣读的论文》[2] 书名页（笔者藏）

---

[1] 西蒙兹对自己身上的病况曾有记叙，参见 Brown, *A Biography*, p. 154。

[2] J. A. Symonds, *The Renaissance: An Essay Read in the Theatre*, Henry Hammans, 1863.

　　这篇获奖论文大致确立了西蒙兹往后的文艺复兴史研究基本框架与主要内容。"文艺复兴"的英文为"Renaissance"，本意是基督教教义中的"再生"（re-birth）。14—16世纪的人文主义者用这个词来表示古希腊罗马文化的再生。西蒙兹宣读其文艺复兴论文时引用雪莱的诗作提出世界的"更新"（anew; renew）概念；① 到撰写《意大利文艺复兴》第1卷时则在第1章以"文艺复兴的精神"（The Spirit of the Renaissance）为题展开论述。其中西蒙兹提出文艺复兴就是"自我意识自由的获取"（attainment of self-conscious freedom）②、"近代世界的精神"（the spirit of the modern world）③、"理性的解放"（emancipation of reason）④ 等论点（关于西蒙兹对"文艺复兴"的详细阐释参见年谱"1886年"条）。

希腊语学者、翻译家戴金斯像（笔者藏）⑤

　　● 4月27日，致函戴金斯（Henry Graham Dakyns,1838–1911），谈及朋友父亲让西蒙兹为其儿子找一位希腊语教师的事宜。西蒙兹考虑推荐戴金斯姐夫的兄弟前往任教。

---

① Symonds, *The Renaissance*, p. 5.

② J. A. Symonds, *Renaissance in Italy*, Vol. I, New Edition, Smith, Elder & Co., 1904, p. 3.

③ 同上。

④ 同上书，第5、9页。

⑤ *The Letters II*, pp. 64–65.

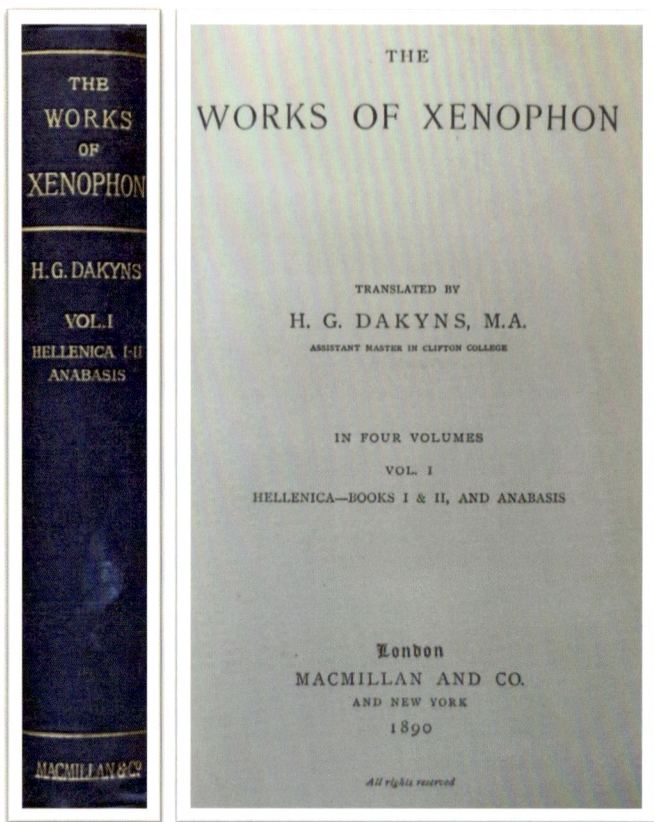

左：戴金斯译《色诺芬著作集》第 1 卷[1]书脊；右：该书第 1
卷版权页（笔者藏）。《色诺芬著作集》共 4 卷。西蒙兹的希腊
文、拉丁文、意大利文在当时牛津大学和学界堪称佼佼者，其
朋友圈里亦不乏古典语言的能手，戴金斯便是其中之一

- 6 月 17 日，离开牛津。

- 6 月 25 日—7 月，受父命前往瑞士，并与塞西尔·博赞基特（Cecil
Bosanquet）[2]一起游莱茵河流域的巴塞尔城、斯特拉斯堡等地。瑞士巴塞尔
城是西蒙兹同时代学者布克哈特（Jacob Burckhardt, 1818-1897）的故乡。从
1858 年至 1893 年退休，在这几十年的岁月里，布克哈特大部分时间都在巴

---

[1] Xenophon, *The Works of Xenophon*, Vol. I, Tr. H. G. Dakyns, Macmillan and Co., 1890.

[2] 塞西尔·博赞基特是古斯塔夫·博赞基特的兄弟，好旅游。关于古斯塔夫·博赞基特的
情况另见年谱"1854 年"条。

塞尔大学教授艺术史课程。有一个十分令人不解的现象，即布克哈特于 1860 年发表其代表作《意大利文艺复兴时期的文化》①，西蒙兹曾说这本著作连同布克哈特的其他著作如《艺术指南》②等都对自己启发很大，③西蒙兹本人亦以意大利文艺复兴研究著称学界。另外，西蒙兹后来在瑞士的居住地达沃斯④与巴塞尔不算太远，然而这两位学者从未有过任何通信和私下交往。这种情况不免令人生出几分疑惑。

马西《比利时、德国、瑞士夏日游记》插图——莱茵河畔巴塞尔城一景（笔者藏）⑤

---

① J. Burckhardt, *Die Kultur der Renaissance in Italien: Ein Versuch*, Verlag von E. A. Seemann, 1869. 这是布克哈特自己修改后的德文定版，初版发行于 1860 年。英文版为 J. Burckhardt, *The Civilization of the Period of the Renaissance in Italy*, Tr. S. G. C. Middlemore, C. Kegan Paul & Co., 1878。

② J. Burckhardt, *Der Cicerone*, 2 Vols, Benno Schwabe & Co., 1955. 第一版发行于 1855 年。

③ 参见 J. A. Symonds, *Renaissance in Italy: The Age of the Despot*, Smith, Elder, & Co., 1875, "Preface"；J. A. Symonds, *Renaissance in Italy: The Fine Arts*, Smith, Elder, & Co., 1882, "Preface"。

④ 从 1880 年起西蒙兹永久定居达沃斯，参见年谱 "1880 年" 条。

⑤ J. W. Massie, *Recollections of a Tour: A Summer Ramble in Belgium, Germany and Switzerland*, John Snow, 1845, p. 381.

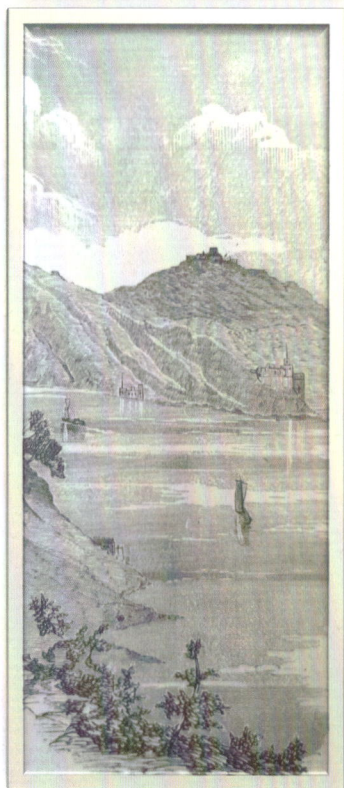

上：留存至今的 19 世纪巴塞尔大学旧址（照片右面黄色建筑），现为巴塞尔大学数学系所在地（笔者拍摄），而另处建有巴塞尔大学新校区（笔者藏）
下：莫里森编著《欧洲漫游》插画——莱茵河一景（笔者藏）[1]

---

[1] *Rambles in Europe*, gathered by Leonard A. Morrison, Cupples, Upham & Co., 1885, p. 307.

- 8—9月，在苏黎世会见格林，并与格林一起游瑞士米伦（Murren），德国慕尼黑、德累斯顿、莱比锡等地。
- 10月初，成为牛津大学马格达伦学院正式研究员。
- 10月9日，致函亚瑟·西季威克（Arthur Sidgwick,1840-1920），谈及当日沉浸在艺术、哲学、自然的美感之中。[1]亚瑟·西季威克是伦理学家亨利·西季威克的弟弟（参见年谱"1867年"条），有"自然主义者"之称，也是古希腊文化研究学者。西蒙兹十分钟情于进化论、黑格尔哲学、柏拉图哲学等，他与朋友之间经常探讨此类哲学问题。

亚瑟·西季威克像（笔者藏）[2]

---

[1] *The Letters I*, p. 425.
[2] *The Letters II*, pp. 64-65.

● 11—12 月，与罗森（Rutson）一起游意大利佛罗伦萨、比萨、罗马。后来西蒙兹在涉及佛罗伦萨的游记中用历史笔触撰写了一篇佛罗伦萨与美第奇家族的简史，可谓别出心裁。[①] 这无疑让自己也让读者在欣赏自然风光时将视野放得更深远些。西蒙兹这部游记的题名《意大利游记与研究》亦符合诗人历史学家的上述心态，值得游人和读者玩味（参见年谱"1879 年"条）。

透纳《佛罗伦萨远景》（笔者藏）。[②] 画面远处背景是佛罗伦萨城；中间是由橄榄树相伴的通往佛罗伦萨城之乡野道路；画的前端有两个人物，其中之一是穿着僧袍的修士，他正好奇地望着旁边正在翻修马背篓的工匠。这是一幅典型的中世纪风景画，画家抓住马背篓这一中世纪必备的交通运输工具，将读者瞬间带入那个透着浓浓中世纪气息的佛罗伦萨情境之中

---

① J. A. Symonds, *Sketches and Studies in Italy*, Smith, Elder, & Co., 1879, pp. 118-172.
② S. Rogers, *Italy, A Poem*, T. Cadell, 1830, p. 102.

哈丁《佛罗伦萨远景》(笔者藏)。^①哈丁与罗斯金一样赞赏透纳的绘画创作,同时强调绘画的近代情感和技巧。这幅插画的中心是通向佛罗伦萨的阿诺河(the Arno)。河边停着一艘游船,几位身着西装的外国游客好奇地走到翻修马背篓的工匠前,俯身询问着什么事情。显然,这幅画的近代感很强

----

① T. Roscoe, *The Tourist in Italy*, Robert Jennings, 1832, p. 40.

1864 年

● 1—2 月，与斯蒂芬斯一起在意大利罗马、那不勒斯、佩鲁贾、热那亚等地旅游。西蒙兹曾在游记《意大利的圣诞思念》（Thoughts in Italy about Christmas）中提到他在圣诞节期间前往圣彼得大教堂游玩的情景，那天阳光灿烂、万里无云，游兴甚浓。[1]

透纳《圣彼得大教堂和圣安吉罗城堡》（笔者藏）[2]

---

[1] J. A. Symonds, *Sketches and Studies in Italy and Greece*, Vol. III, Smith, Elder, & Co., 1898, pp. 22–23.

[2] S. Rogers, *Italy, A Poem*, T. Cadell, 1830, p. 158.

普劳特《圣彼得大教堂和圣安吉罗城堡》（笔者藏）①

---

① T. Roscoe, *The Tourist in Italy*, Robert Jennings, 1831, p. 145.

透纳《那不勒斯远景》（笔者藏）。[1] 画的远处是维苏威火山

哈丁《那不勒斯海湾远景》（笔者藏）[2]

---

[1] S. Rogers, *Italy, A Poem*, T. Cadell, 1830, p. 189.
[2] Roscoe, *The Tourist in Italy*, p. 174.

- 4月，在伦敦研究法律。

- 8月，到瑞士小镇蓬特雷西纳（Pontresina）求爱凯瑟琳·诺思（Catherine North, 1837–1913）。8月14日，正式向凯瑟琳表白爱意，2天后凯瑟琳接受了求婚，随后西蒙兹与诺思全家游威尼斯。

透纳《威尼斯的新娘们》（笔者藏）①

---

① Rogers, *Italy, A Poem*, p. 69.

● 11 月 10 日，在英国黑斯廷斯的圣克莱门特教堂与凯瑟琳·诺思成婚。诺思家族也是当时颇有文人风范的望族。凯瑟琳的姐姐玛丽安娜·诺思（Marianne North, 1830–1890）是闻名遐迩的女旅行家、植物学家、画家，与达尔文（Charles Darwin）等有交往（另见年谱"1892 年"条）。

西蒙兹与凯瑟琳婚礼场景照（笔者藏）[1]

西蒙兹与其太太的感情很复杂。婚后曾有风风雨雨，所谓风风雨雨指的是婚后西蒙兹太太发现其丈夫各种同性恋情况［如与穆尔（Moor）的感情等］十分生气。凯瑟琳不能忍受西蒙兹的性倒错生理或心理行为，以至于两人的婚后生活陷入危机之中。[2]但两个文化人都懂得如何处理人生的危机，并维持着得体的夫妻关系，婚姻和家庭生活也没有破裂。西蒙兹自己在回忆录中称他与太太、女儿们在一起是人生的幸福快乐。[3]从他女儿玛格丽特所著的《消逝的时光》[4]中亦可见出父女之间氛围融洽、和睦的一面。不过作为有社会名望、为人处世讲究社会道德影响的文人，西蒙兹在如何处理同性恋

---

① *The Letters III*, pp. 192–193.
② Grosskurth, *A Biography*, pp. 176–178.
③ *The Memoirs*, p. 281.
④ M. Symonds, *Out of the Past*, John Murray, 1925.

1864 年婚后的西蒙兹像（笔者藏）[1]　　　1864 年婚后的凯瑟琳像（笔者藏）[2]

问题上确实碰到棘手难处。从表面上看，西蒙兹的人生不乏几分"克制"的色彩，或者说在各个方面呈现文化自我的形象。至少名人西蒙兹经常要在当时各种知名杂志上著文传道，又经常会登上讲台传播文化，凡此等等都需要"克制"。作为文人的西蒙兹之所以能保持这种克制状态，这在很大程度上归因于家庭教育、文化熏陶。再说西蒙兹受柏拉图主义爱恋说影响很深，柏拉图所倡导的那种优雅高贵、精神超越之爱都带着克制的因素。但所有这些并不能真正使西蒙兹"克制"住内心深处的那座火山，反而促成西蒙兹更为复杂的性格。西蒙兹的性格是孤僻、忧郁、独创、理想、激情、宽仁的混合物。[3] 因此西蒙兹的人生之路显得很焦虑。西蒙兹自己也承认其学术成就与焦虑的感情有直接的关系。[4] 同性恋现象在维多利亚时代或多或少会遇到一些社会的冷眼。西蒙兹在世时，凡涉及自身同性恋问题的各种探讨他都做了

---

① *The Memoirs*, p. 144.

② *The Memoirs*, p. 144.

③ Brooks, *A Biographical Study*, pp. VII–IX, 32–33.

④ *The Memoirs*, p. 64.

不同程度的"隐秘"处理。这些表明，西蒙兹在向世人吐露自己同性恋情况时也有各种"顾左忌右"的考虑，其中西蒙兹生前对家庭等诸多因素的考虑最为重要。尽管有上述情况，西蒙兹仍旧以主要精力研究同性恋现象的生理或心理及与此相关的文化内涵，并第一个在近代文人圈子内以回忆录的形式说出自己的"隐秘"事例。从某种意义上讲，西蒙兹笔耕不辍的创作行为就是释放困惑的一种文化自我拯救。

研究表明，西蒙兹一生中曾尝试以几种方式对性倒错进行具有决定性意义的自救行为：婚姻；沉浸文化研究；用理想的审美境界来超越自我，等等。但事实证明，所有这一切行为都未产生"终止性"的生理效应。于是西蒙兹认定性倒错是改变不了的，或者说是不可逆转的。西蒙兹脱不开一系列性格文化关系问题的缠绕：同性恋究竟是怎么回事？同性恋与文化的关系如何？能否以同性恋为一个学术支撑点展开更大范围的文化研究？归结为一点，西蒙兹极其需要在思想文化观念上找到一种能够使人生更实在地走下去的目标。于是西蒙兹在 19 世纪做出一个大胆的抉择，即宣告人们应当用科学的态度来对待性倒错现象，并认为性倒错者应该取得属于他们自己应有的生活方式和文化表现形式。这样，性倒错加文人就成了西蒙兹一生的复调音律。今天，我们可以去追问柏拉图式的爱与充满美感的艺术创作之间的关系究竟如何，更要记得历史上就有将两者联系在一起的文人与喜欢将两者联系起来进行评论的学者。西蒙兹的一生都在努力实践其作为一名同性恋者的生活哲学宗旨，即那种充满爱意的生活旨趣需要文学艺术等人文学科创作的补充。需要指出的是，西蒙兹受歌德的生活哲学影响很大，认为生活的意蕴要比理论、文学创作等能够容纳和展示的意蕴深切得多，或者说同性恋引起的所有生活问题远不是文学创作能够回答的（另见年谱"1870 年"条）。西蒙兹也意识到自己的研究成果与其实际的生活、情感等是不能同日而语的。[1] 在西蒙兹的内心世界，他一方面试图将人文学科研究与人生课题相结合，另一方面也意识到两者之间最终无法达成一致的客观事实，并终身为此纠结。上述西蒙兹的复杂人生在《西蒙兹回忆录》里做了总结性描述。[2]

---

[1] 格罗斯库特的《悲凉的维多利亚人：西蒙兹传》注意到了这一问题。参见 Grosskurth, *A Biography*, p. 3。

[2] *The Memoirs*, pp. 281–283.

● 11月25日，致函丁尼生太太，感谢她转达巴利奥学院乔伊特院长的问候。[1]

丁尼生（Alfred Lord Tennyson, 1809–1892）像。[2] 丁尼生是维多利亚时代的诗人，有《悼念集》（*In Memoriam*）等诗篇存世。西蒙兹在自己的信函中经常提及丁尼生

① *The Letters III*, p. 845.
② 源自 https://www.britannica.com/biography/Alfred-Lord-Tennyson。

由比尔博姆①创作的漫画《丁尼生先生向女王朗读〈悼念集〉》（笔者藏）②［附记：这本沃德（Ward）撰写的 3 卷本《插图本英国文学史》是笔者 2003 年在澳大利亚讲学期间在 4 月 25 日国庆日举办的昆士兰大学书市上购得的］

  • 12 月 15 日，致函约翰·默里（John Murray, 1808-1892），③交流文章发表等。默里家族是 19 世纪英国著名的出版商，到了 20 世纪仍活跃在英国的出版界。当时默里公司还经营《季评杂志》（The Quarterly Review）等刊物。西蒙兹在信函中提及在《季评杂志》上发表的文章。在往后的岁月里，默里出版公司出版、再版许多西蒙兹的著作。西蒙兹的堂妹帕斯顿（笔名 George Paston, 原名 Emily Morse Symonds）曾在其著作《约翰·默里的文学圈：1843—1892》中提到西蒙兹与默里的交往情况。④关于默里出版公司与西蒙兹著述的关系另见年谱"1878 年"条、"1898 年"条等。

---

① 比尔博姆（Max Beerbohm, 1872-1956），英国散文家、剧评家、漫画家，有文集存世。
② A. C. Ward, *Illustrated History of English Literature*, Vol. III, Longmans, Green and Co., 1955, p. 193.
③ *The Letters I*, pp. 514-515.
④ G. Paston, *At John Murray's: Records of a Literary Circle, 1843-1892*, John Murray, 1932, pp. 197-198.

默里三世（即 John Murray, 1808–1892）像（笔者藏）①

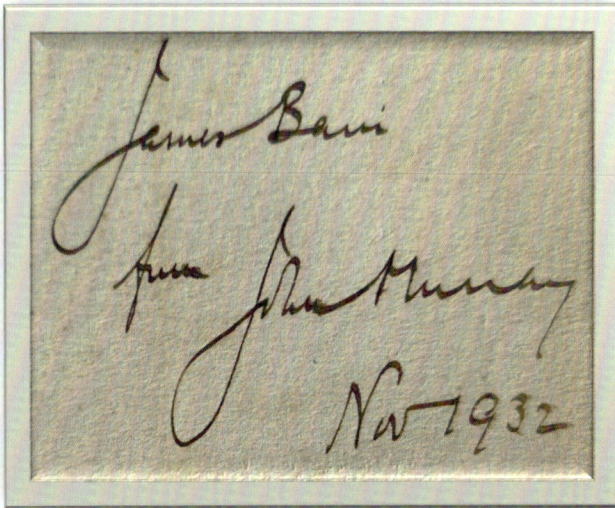

默里五世赠送友人本子上的签名（笔者藏）

---

① Paston, *At John Murray's*, Frontispiece.

1865 年

- 1 月，首次在伦敦海德公园旁居住，随后移居诺福克广场 47 号。

诺福克广场一景（笔者藏）[1]

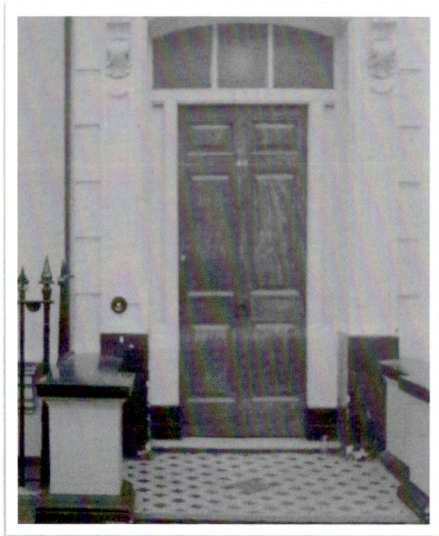

诺福克广场 47 号（笔者藏）[2]

---

[1] *The Letters I*, p. 193.
[2] *The Letters I*, p. 193.

● 2 月 13 日，在《帕尔–摩尔公报》（*The Pall Mall Gazette*）发表题为《老水彩协会的冬季展》（The Winter Exhibition of the Old Water-Colour Society）文章。

《帕尔–摩尔公报》头版图像。[①] 该报创刊于该年 2 月 7 日。许多社会名流在该报撰文，影响很大。帕尔–摩尔是当年英国诸多绅士俱乐部（Constitutional Club）的所在街区。所谓"绅士俱乐部"就是指那些颇具号召力的文人团体。从 1865 年至 1891 年，西蒙兹在该报发文 50 多篇[②]

---

① 源自 https://www.newspapers.com/paper/the-pall-mall-gazette/7811/。
② 详见 Babington, pp. 143–150。

● 2月，在第 5 律师楼工作。

● 2月，在《康希尔杂志》[①]（*The Cornhill Magazine*）发文《奥尔维耶托》（Orvieto）。奥尔维耶托是意大利一座历史悠久的古城。此文后来被收入《意大利希腊游记》（参见年谱"1874 年"条）。从 1865 年至 1889 年，西蒙兹在该杂志发表近 50 篇文章，其中不少文章被收入西蒙兹日后的各种著作中。[②]

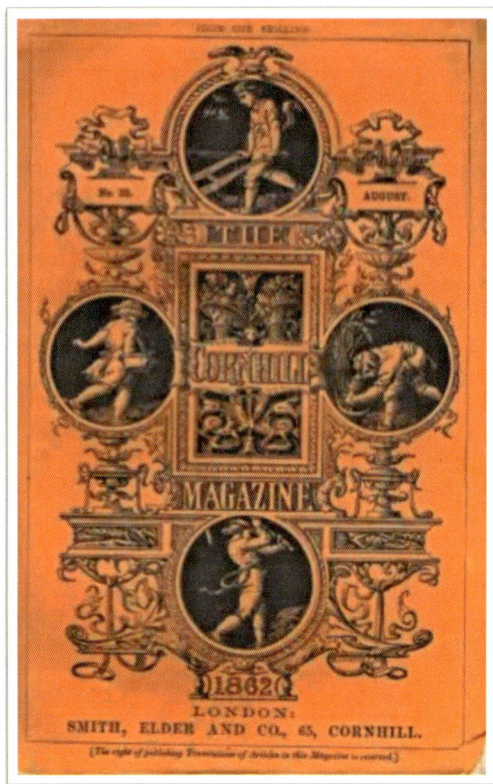

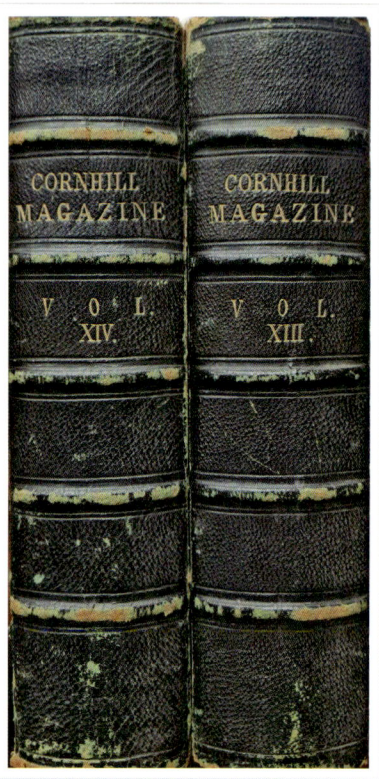

左：《康希尔杂志》封面；[③] 右：《康希尔杂志》1866 年合卷本即第 13、14 卷书脊（笔者藏），该合卷本载有西蒙兹《克劳夫的生平和诗歌》（Clough's Life and Poems）等文章

[①] 康希尔是当时伦敦著名的金融街。

[②] 详见 Babington, pp. 135–142。

[③] 源自 https://victorian-era.org/cornhill-magazine.html。

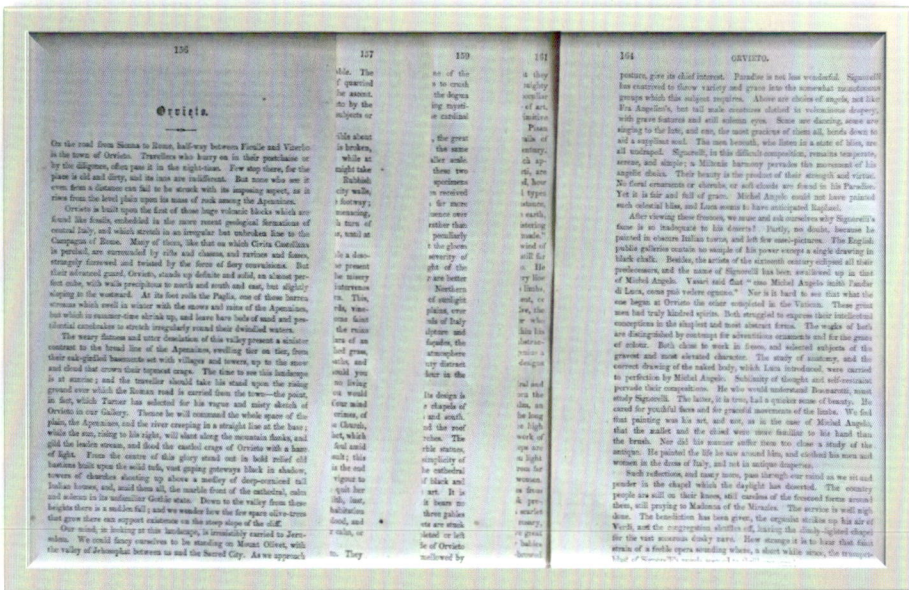

西蒙兹《奥尔维耶托》书页原件（笔者藏）（附记：书商曾将西蒙兹在《康希尔杂志》上的 9 页文章剪裁下来供有特别需求的读者购买，价格不便宜。正巧遇到笔者这样的特需者，也算是买卖双方各有所获）

- 10 月 22 日，第 1 个女儿珍妮特（Janet Harriet Symonds, 1865–1887）
出生。

幼时珍妮特像（笔者藏）[①]

[①] *The Memoirs*, pp. 144–145.

1866 年

- 2月，西蒙兹全家在父亲建议下前往南欧沿地中海一带即位于法国戛纳（Cannes）和意大利拉斯佩齐亚（La Spezia）之间的里维埃拉（Riviera）地区旅游。后游佛罗伦萨等地。这段时期西蒙兹的律师生涯受挫。

哈丁《热那亚湾海边的拉斯佩齐亚》（笔者藏）[①]

- 8月，回诺福克广场 47 号。
- 12月，在《北不列颠评论》（*The North British Review*）撰文《恩培多克勒》（Empedocles）。1866—1868 年，西蒙兹在该刊发文 3 篇。[②]

---

① T. Roscoe, *The Tourist in Italy*, Robert Jennings, 1833, p. 196.

② 详见 Babington, p. 151。

1867 年

● 1 月，在《威斯敏斯特评论》（*The Westminster Review*）发文《温克尔曼》（Winckelmann）。温克尔曼（J. J. Winckelmann, 1717–1768）是 18 世纪德国艺术史家，其里程碑巨著为《古代艺术史》。[1]1867—1874 年，西蒙兹在该杂志撰文近 10 篇。[2]

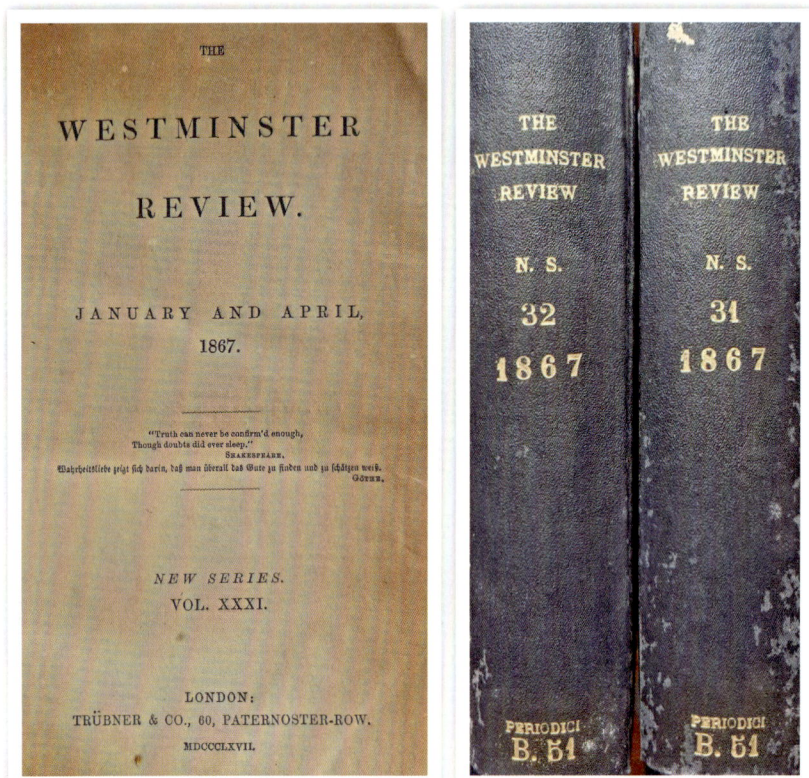

左：《威斯敏斯特评论》书名页；右《威斯敏斯特评论》1867 年合卷本即第 31、32 卷书脊（笔者藏）。该合卷本除载有西蒙兹文章《温克尔曼》外，另有《论斯温伯恩的诗歌》（Mr. Swinburne's Poetry）一文

---

[1] J. J. Winckelmann, *Geschichte der Kunst des Altertums*. 近期的英文版有 J. J. Winckelmann, *History of the Art of Antiquity (Text and Document)*, Tr. Harry Francis Mallgrave, Getty Trust Publications, 2006。

[2] 详见 Babington, pp. 152–153。

- 5—6月，与夏洛特一起游法国诺曼底、夏尔特（Chartres）等地。
- 7月30日，第2个女儿洛塔（Charlotte Mary Symonds，即 Lotta，1867–1934）出生。洛塔后嫁给沃尔特·利夫博士（Walter Leaf, 1852–1927）。利夫博士是英国剑桥大学三一学院研究员、希腊语学者，著有《荷马与历史》（1915 年出版），另有《荷马史诗》等译著。曾任威斯敏斯特银行主席、英国国际贸易委员会主席等。洛塔婚后育有一男一女。

成人洛塔（笔者藏）。① 截自年谱"1875 年"条的图像

---

① *The Letters III*, pp. 192–193.

● 8月，致函亨利·西季威克（Henry Sidgwick, 1838-1900）。西蒙兹在信中提到自己身躯的痛苦，又认为与亨利·西季威克、亚瑟·西季威克、戴金斯等朋友的通信使他得到些慰藉。[①] 亨利·西季威克为功利主义伦理学家，著有《伦理学方法》（*Methods of Ethics*, 1874 年发表）等。西季威克的功利主义伦理学说试图解决自文艺复兴以来一直未得到很好阐释但又亟需回答的个人、社会与国家之间的关系问题。西季威克继承康德的形式主义伦理学说，强调人在理性指导下应该去做什么的伦理行为，即注重伦理行为的动机和形式。西蒙兹在各种著述中亦十分看重理性的地位，二人可谓心心相印。

亨利·西季威克1876年时像（笔者藏）[②]

---

① *The Letters I*, p. 747.
② *The Letters II*, pp. 64–65.

● 9—10 月，游法国阿维尼翁（Avignon）[1]、第戎（Dijon）、普罗旺斯地区，意大利热那亚等地。此次旅行一直持续到 1868 年 7 月。

哈丁《阿维尼翁远景》（笔者藏）。[2] 该画展示了游人远眺中世纪古城阿维尼翁的情境。在中世纪，阿维尼翁曾一度是教廷的所在地

---

[1] *The Letters I*, p. 770. 其中特别提到普罗旺斯、阿维尼翁。西蒙兹的《意大利希腊游记》（J. A. Symonds, *Sketches in Italy and Greece*, Smith, Elder, & Co., 1874）有《普罗旺斯的老镇》（Old Towns of Provence）一章，参见年谱"1874 年"条。

[2] T. Roscoe, *The Tourist in France*, Jennings and Chaplin, 1834, p. 221.

● 同年：艺术家爱德华兹（Ernest Edwards, 1837−1903）为西蒙兹的父亲拍摄坐像，见下图。

艺术家爱德华兹为西蒙兹的父亲拍摄的坐像[1]

---

① 源自 https://wellcomecollection.org/works/ej7z46w6。

1868 年

●　1 月，与亨利·西季威克、爱德华·利尔一起游戛纳。其间经历第 2 次神经衰弱症状。利尔既是绘画艺术家，又是诗人，与西蒙兹家很熟，有时会给西蒙兹的孩子画些小猫小狗之类。利尔还经常游历各处，进行风景画创作，并有诸多绘画作品存世。此外，利尔的诗篇《荒诞书》（*A Book of Nonsense*）亦为世人传诵。

左：1862 年左右麦克莱恩（McLean）拍摄的利尔像；右：利尔游记三部曲（《科西嘉游记》《南意大利游记》《希腊游记》）书脊（笔者藏）。在这些游记中附有不少插画，且画风别具一格，不妨称之为"利尔画风"（另见下文）

- 2—4月，游尼斯、摩纳哥、科西嘉岛阿雅克修城（Ajaccio）等。[①]

哈丁《尼斯远景》（笔者藏）[②]

[①] 关于游览阿雅克修城等的情况可参见西蒙兹信函，*The Letters I*, p. 803。另外，西蒙兹《意大利希腊游记》有专门一章记述阿雅克修，见年谱"1874年"条。

[②] T. Roscoe, *The Tourist in Italy*, Robert Jennings, 1833, p. 257.

利尔《科西嘉岛阿雅克修城远景》（笔者藏）。[1] 阿雅克修城是科西嘉岛的首府（附记：
此图用平版印刷术印制）

利尔《科西嘉岛萨尔泰讷城远景》（笔者藏）。[2] 萨尔泰讷是一座位于科西嘉岛西南部的历
史名城，被称作最具科西嘉岛城镇风情的科西嘉城（附记：此图用平版印刷术印制）

---

① Edward Lear, *Edward Lear in Corsica*, William Kimber, 1966, p. 32.
② Lear, *Edward Lear in Corsica*, p. 48.

- 7月，游博洛尼亚（Bologna）、威尼斯等。

普劳特《博洛尼亚斜塔》（笔者藏）。[1] 博洛尼亚斜塔分别为加里森达塔（Garisenda）和阿希内利塔（Asinelli），它们在意大利的知名度不亚于比萨斜塔

- 11月17日，全家迁至克利夫顿维多利亚广场7号。
- 12月，在克利夫顿学院六度主讲希腊文学。
- 12月，在《半月评论》（*The Fortnightly Review*）发表评论 A. H. 克劳夫的文章（关于克劳夫的情况，另见年谱"1861年"条和"1869年"条）。从1868年至1893年，西蒙兹在该刊物共发文近40篇。[2]

---

[1] T. Roscoe, *The Tourist in France*, Jennings and Chaplin, 1830, p. 247.
[2] 详见 Babington, pp. 154–160。

1869 年

- 1 月，在克利夫顿学院妇女高等教育协会演讲。
- 1 月 15 日，第 3 个女儿玛格丽特（Margaret Symonds, 1869–1925）出生。玛格丽特后嫁给威廉·沃恩（William Wyamar Vaughan, 1865–1938），沃恩曾任吉格尔斯威克（Giggleswick）等学校的校长。

西蒙兹怀抱玛格丽特像（笔者藏）[1]

---

[1] *The Memoirs*, pp. 144–145.

　　玛格丽特很有文学天赋，其专著、与他人合著的作品有：①《在大公庄园的日子里》（*Days Spent on a Doge's Farm*[1]，书影见《藏录》第 233—235 页）；②《佩鲁贾的故事》[*The Story of Perugia*，与戈登（L. D. Gordon）合著，书影见《藏录》第 241—242 页]；③《消逝的时光》（*Out of the Past*，书影见《藏录》第 249 页）；④《阿尔卑斯山的孩子》（*A Child of the Alps*，书影另见《藏录》第 248 页）；⑤ 与父亲合著的《我们在瑞士高地的生活》（*Our Life in the Swiss Highlands*，书影另见《藏录》第 226 页）。上述著作均带着些游记、回忆录式的散文笔触。玛格丽特还有一手速写的画技，并将其插入著述之中，增色不少。

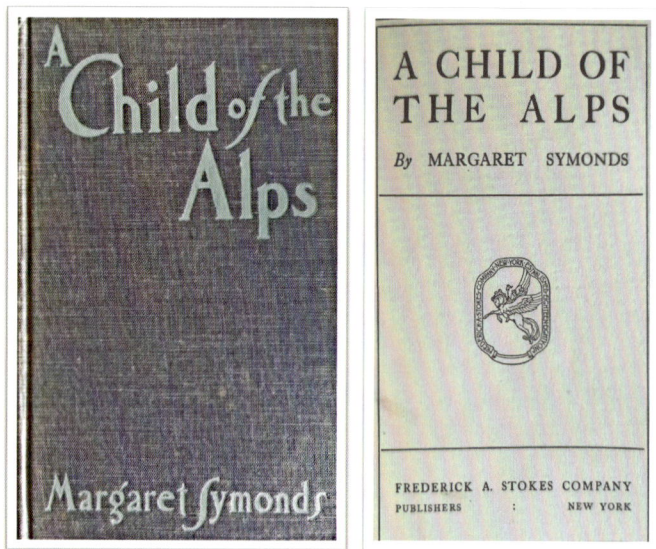

左：美国版《阿尔卑斯山的孩子》封面；[2] 右：美国版《阿尔卑斯山的孩子》书名页（笔者藏）。另见《藏录》第 248 页

---

① M. Symonds, *Days Spent on a Doge's Farm*, T. Fisher Unwin, 1893. Farm 一词译成"农庄"还是"庄园"，对此笔者有所考虑。书中第 14 页庄园女主人说这个家园是"Doge's Farm"，似乎此处的"Farm"应译为"农庄"。历史上比萨尼（Pisani）大公曾率领家族定居此地。故接待玛格丽特的比萨尼公主（Countess Pisani）会称呼自己的居住地为"Doge's Farm"。后来比萨尼家族世代花费巨资经营修缮这片土地，使之烙上庄园的格调。所以从玛格丽特所描述的历史文化底蕴、幽雅场景和宽阔地貌来看，译为"庄园"更合适些。

② M. Symonds, *A Child of the Alps*, Frederick A. Stokes Company, 1920.

《在大公庄园的日子里》插画——玛格丽特《大公庄园入口处》（笔者藏）[1]

《在大公庄园的日子里》插画——玛格丽特《从运河看维斯科瓦纳的村群》[2]
（笔者藏）

[1] Symonds, *Days Spent on a Doge's Farm*, p. 35.

[2] Symonds, *Days Spent on a Doge's Farm*, p. 76. 玛格丽特走访的是意大利北部的 Basso Padovano 地区，那里就有维斯科瓦纳（Vescovana）等。当然走访的中心是地处维斯科瓦纳的"大公庄园"一带。

两幅未发表过的玛格丽特为西蒙兹诗歌所作的插画（笔者藏）[①]

---

① *The Letters III*, p. 193.

● 1月27日，与诺曼·穆尔（Norman Moor, 1851-1895）的"友谊"开始（与穆尔的同性恋详情可参见《西蒙兹回忆录》第13章"诺曼"①），西蒙兹的家庭生活因此受到影响。西蒙兹是1869年在克利夫顿参加朋友戴金斯的晚宴时与英俊小伙诺曼·穆尔一见钟情的。从西蒙兹与朋友戴金斯的通信中可以间接感到西蒙兹与穆尔之间的陶醉之情和围绕这种情谊的种种纠葛之事。②两人私下的关系维系了好几年，穆尔常常高光走动于西蒙兹的朋友之间。西蒙兹这边似乎也顾不及遮掩此类事情了，所谓一往情深，忘乎所以。西蒙兹甚至为了这份情谊而考虑到克利夫顿学院讲授希腊诗学，其讲稿后来正式出版，即《希腊诗人研究》（参见本年谱"1873年"条、"1876年"条等）。

位于克利夫顿学院的穆尔匾牌（笔者藏）。③
穆尔曾在1874年担任克利夫顿学院院长助理

① *The Memoirs*, Chapter 13 "Norman".
② *The Letters II*, pp. 43-44.
③ *The Letters II*, pp. 64-65.

穆尔像（笔者藏）[1]

① Grosskurth, *A Biography*, p. 166.

• 4月1日，致函诺曼·穆尔，用充满情感的语言表达内心的爱意。此信没有写完。[1]

• 4月，辅助岳父诺思（Frederick North, 1800—1869）竞选下院议员。

西蒙兹岳父 F. 诺思像（笔者藏）[2]

---

① *The Letters II*, pp. 57–58.

② M. Symonds, *Out of the Past*, John Murray, 1925, p. 72.

• 4 月，在《克利夫顿人》（*The Cliftonian*）杂志发表诗歌《缺失》（On Absence）。该诗歌后来被收入西蒙兹的诗歌集《新与旧》（*New and Old*），题为"In Absence"（关于《新与旧》参见年谱"1880 年"条）。从 1869 年至 1877 年，西蒙兹在该杂志共发文近 40 篇。[①]

• 4 月，在《季评杂志》发表评论朗费罗（Henry Wadsworth Longfellow）所译但丁（Dante）《神曲》的文章（The Divine Comedy of Dante Alighieri）。后来，1878 年又在该杂志发表论彼特拉克（Petrarch）的文章。前后就两篇文章。

• 7 月，与诺曼一起游瑞士（包括卢塞恩城等）、意大利、法国。

莫里森编著《欧洲漫游》插画——瑞士卢塞恩城一景（笔者藏）[②]

• 12 月 11 日，在《学院》（*The Academy*）杂志[③]发表从其岳父那里发现的一封牛顿信函（Letter of Sir Isaac Newton）。从 1869 年至 1891 年，西蒙兹在该杂志共发文 60 多篇。[④]

---

① 详见 Babington, pp. 162-167。
② *Rambles in Europe*, gathered by Leonard A. Morrison, Cupples, Upham & Co., 1885, p. 320.
③ 该杂志创办于 1869 年。
④ 详见 Babington, pp. 169-179。

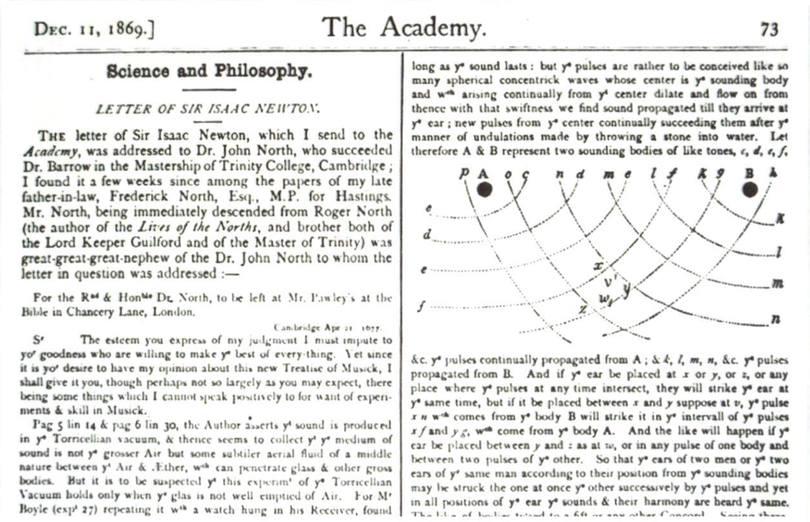

西蒙兹发表的牛顿信函截图 ①

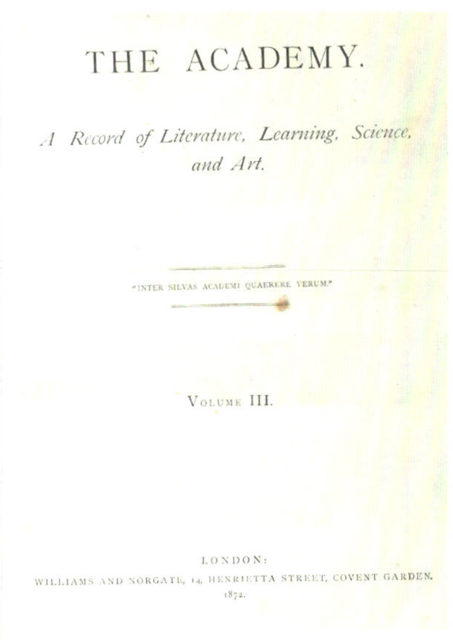

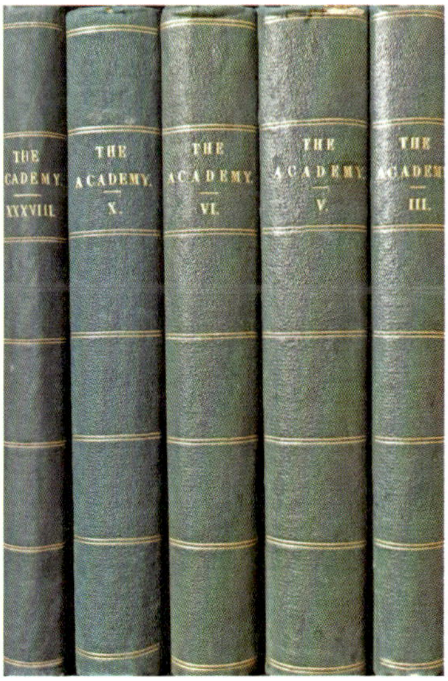

左：《学院》杂志书名页；右：载有西蒙兹文章的合卷本第3、5、6、10、38卷（笔者藏）

---

① 源自 https://onlinebooks.library.upenn.edu/webbin/serial?id=theacademy。

● 同年：西蒙兹私印其论稿《妇女高等教育讲稿提纲》（*Higher Education of Women*），仅 2 页（附记：坊间难觅）。

● 同年：西蒙兹协助编辑的《克劳夫遗诗文集》出版。[1]克劳夫夫人在《克劳夫遗诗文集》"序言"里特别感谢西蒙兹的帮助。书影另见《藏录》第211 页。西蒙兹另有专门写克劳夫的文章。[2]

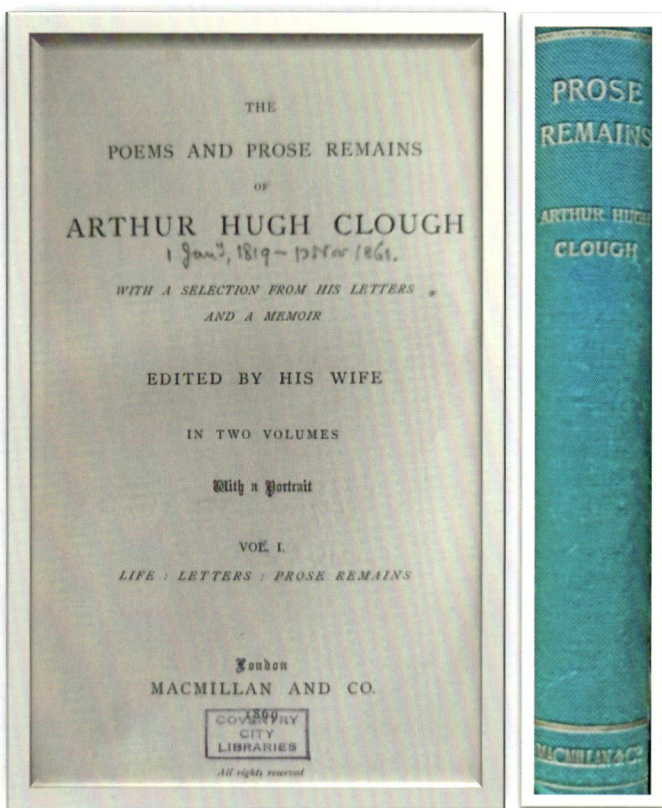

左：《克劳夫遗诗文集》1869 年版第 1 卷版权页；右：《克劳夫遗诗文集》1888 年版书脊（笔者藏）

---

[1] *The Poems and Prose Remains of Arthur Hugh Clough: With a Selection from his Letters and a Memoir*, 2 Vols, edited by his wife, Macmillan and Co., 1869.

[2] J. A. Symonds, *Last and First — Being Two Essays: The New Spirit and Arthur Hugh Clough*, Nicholas L. Brown, 1919.

• 同年：在《麦克米兰杂志》（*Macmillan's Magazine*）发表评论布朗宁《环与书》（*The Ring and the Book*）的文章。《环与书》是英国诗人、戏剧家布朗宁（Robert Browning, 1812–1889）于 1868 年至 1869 年发表的长诗，近 2 万行。西蒙兹在该杂志共发文 2 篇，另一篇是 1882 年发表的评论罗塞蒂新诗的文章（Notes on Mr. D. G. Rossetti's New Poems）。[1] 罗塞蒂（Dante Gabriel Rossetti, 1828–1882）是维多利亚时代意大利裔英国画家和诗人，是"前拉斐尔派"[2]代表人物之一。

布朗宁像（笔者藏）[3]

① 详见 Babington, p. 161。
② 关于"前拉斐尔派"，参见年谱"1861 年"条。
③ A. C. Ward, *Illustrated History of English Literature*, Vol. III, Longmans, Green and Co., 1955, pp. 192–193.

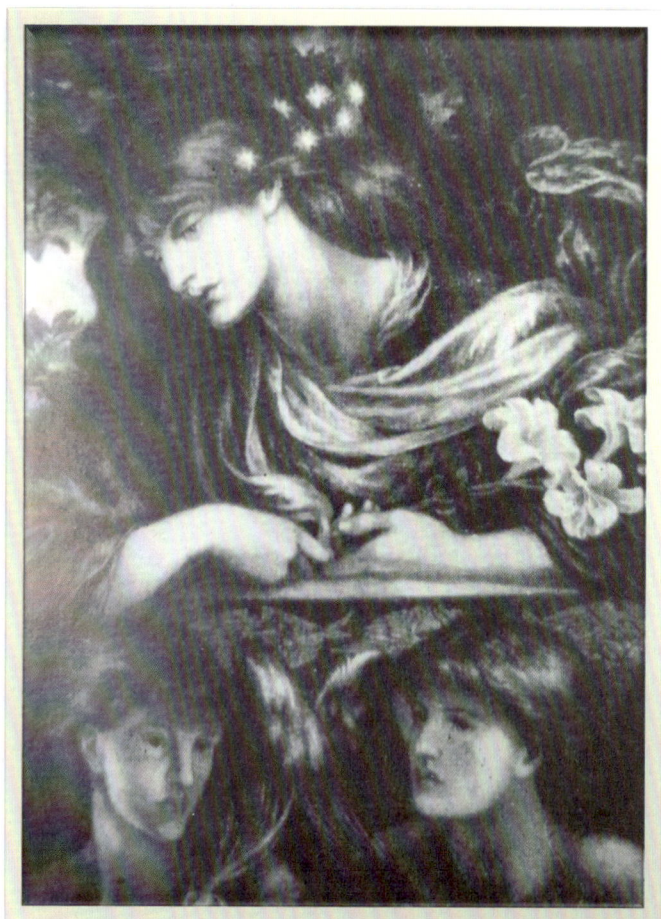

罗塞蒂画作《天女》（The Blessed Damozel）（笔者藏）。[1]此画彩图原作现藏哈佛艺术博物馆。《天女》也是罗塞蒂代表性诗作的题名。《天女》此图、此诗是罗塞蒂"前拉斐尔派"理念的艺术化体现

---

[1] Ward, *Illustrated History of English Literature*, Vol. III, pp. 192–193.

1870 年

- 5—6 月，游瑞士、萨尔茨堡、慕尼黑、意大利。

莫里森编著《欧洲漫游》插画——阿尔卑斯山瀑布（笔者藏）。[1]
此阿尔卑斯山瀑布是通往德国路途上的风景地

---

[1] *Rambles in Europe*, gathered by Leonard A. Morrison, Cupples, Upham & Co., 1885, p. 317.

● 9 月 24 日，在《观察者》(*The Spectator*) 杂志发表《歌德〈"神与世界"序论〉之译文》(A Translation of Goethe's Proemium to "Gott und Welt")。后来，1882 年与 1888 年西蒙兹又在该刊发文 2 篇。[①] 西蒙兹的生平、思想受歌德影响很大。西蒙兹在 1861 年 9 月 22 日的日记中写道："《歌德传》是一部很实在的传记作品。这位天才像电流作用着自己，刺激迟钝的神经使其有生气和激情。"[②] 西蒙兹像歌德一样，认为在人生所有的经历中最为生动的是生活本身。一些西蒙兹研究学者也指出这位诗人历史学家的想法很接近德国人的"生活（或生命）哲学"(lebensphilosophie)[③]（另见年谱"1885 年"条）。

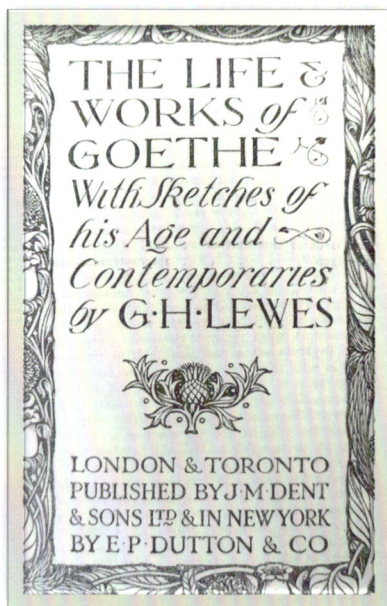

刘易斯（Lewes）《歌德传》(*The Life and Works of Goethe: With Sketches of His Age and Contemporaries*) 书名页（笔者藏）

---

① 详见 Babington, p. 180。

② 转引自 Brown, *A Biography*, p. 114。文中提到的刘易斯的《歌德传》最初完成于 1855 年，出版后风靡学界，成为这方面的经典。笔者藏本为：G. H. Lewes, *The Life and Works of Goethe: With Sketches of His Age and Contemporaries*, J. M. Dent & Sons Ltd, 1908。这本传记由西蒙兹的好友埃利斯（Havelock Ellis）撰写导论。

③ *The Letters I*, p. 32.

《歌德诗歌集》卷首插画——歌德像（笔者藏）。[1] 上文提到的刘易斯
是该诗歌集的译者之一（附记：这部诗歌集，笔者 20 世纪 90 年代购
于上海外文旧书店）

① Goethe, *The Poems of Goethe*, Tr. G. H. Lewes et al., Thomas Y. Crowell Company, 1882.

1871 年

- 1 月，拟定有关意大利文学书稿的第 1 章。
- 2 月，父亲去世。
- 3 月，为父亲遗稿撰写"导论"。同年由麦克米伦出版公司刊行《约翰·阿丁顿·西蒙兹博士文集》[①]。

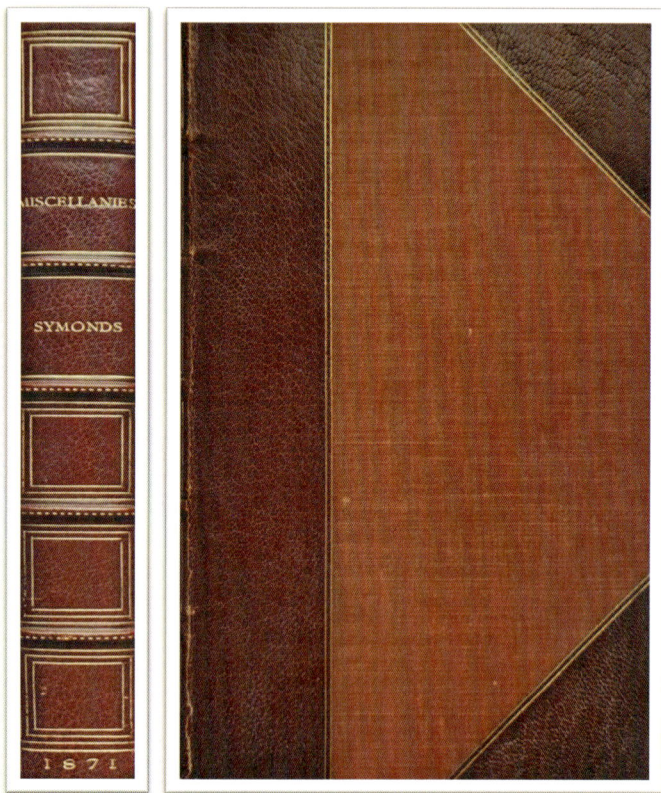

《约翰·阿丁顿·西蒙兹博士文集》书脊和封面（笔者藏）。另见《藏录》第 213 页［附记：该书由英国著名的里维耶（Riviere & Son）工坊装帧］

---

① *Miscellanies by John Addington Symonds, M. D.*, selected and edited, with an introductory memoir by his son, Macmillan and Co., 1871.

● 7月1日，妹妹夏洛特与格林成婚。

左：婚时的夏洛特像；① 右：婚时的格林像（笔者藏）②

● 10月7日，致函美国诗人沃尔特·惠特曼（Walt Whitman, 1819–1892）。信函首先谦逊地谈及自己向惠特曼赠送诗篇《爱与死亡：一部交响诗》（*Love and Death: A Symphony*）③ 的忐忑心情。随后谈到6年前在剑桥三一学院一位朋友那里得到了《草叶集》及初读《草叶集》时的激动心情，并告知惠特曼《草叶集》对自己人生的神圣启示意义以及如何伴随自己细细阅读的情状。西蒙兹特别谈及《爱与死亡：一部交响诗》是对惠特曼《草叶集·芦笛集》的"微弱"（faint and feeble）回应，认为惠特曼的诗篇是滋润自己心田的芬芳草叶（scented herbage of my breast）。④ 此处，西蒙兹极其隐晦地表达了自己复杂的心理活动。读者可以从这封信函及其他信息中了解到

---

① *The Letters II*, pp. 64–65.

② 同上。

③ *The Letters II*, p. 204.《爱与死亡：一部交响诗》见《惠特曼的反响》（*In Re Walt Whitman*, edited by his literary executors, Horace L. Traubel, Richard Maurice Bucke and Thornas B. Harned, David McKay, 1893）第1—12页。

④ *The Letters II*, pp. 166–167, "Letter 771".

西蒙兹对惠特曼的关注要追溯到 19 世纪 60 年代，那时惠特曼的《草叶集》出版不久，西蒙兹立即被其中的文字和思想深深打动。[1] 作者后来一再提起惠特曼的影响："当我 25 岁第一次阅读《草叶集》时，它对我的影响超过除《圣经》外的任何一本我曾经读过的著作；要比柏拉图的大，比歌德的大。要我审慎地说出究竟是何原因让它渗透进我生命的肌理和骨髓之中，这是不可能的。"[2] 同时，西蒙兹认为这种影响和启示是带给所有读者的。[3] 正是惠特曼指点了西蒙兹在同性恋、性格与文化关系等诸多问题上的迷津。事实上，惠特曼也一直认为西蒙兹是《草叶集》的热心读者。[4]

西蒙兹从《草叶集》中得到启示：性倒错倾向是自然的；带有这种倾向的个性也是正当的。[5] 人的性格亦然，它不能被分成是缺点、优点之类，它就是自然地存在着。再联系到个性与文化的关系，有理由认为不是个性去适应文化，而是文化来包装个性，并给予个性以相应的审美外观。西蒙兹这样描述惠特曼的观点："为了强调他的个性理论，惠特曼坚信所有的事物都是为了个体而存在的。所有的理论、政治、文明、诗歌、艺术、音乐都是为了人自己。宗教就像草叶一样从个体的心灵中生长出来。离了你、离了我、离了人的个性，那些事物还能存在吗？"[6] 总之，离开了个人、个性的文化又有什么意义呢？按照惠特曼的观点，任何文化现象都伴随着个体、个性而生发，换言之都是由个体、个性催生的。从某种意义上讲，惠特曼的《草叶集》就是对个性、本能的文化包装。当然，无论是惠特曼还是西蒙兹都强调文化对个体、个性的升华价值，用惠特曼自己的话来讲就是养成一种多面性（diversity），[7] 西蒙兹则称之为完美性（perfection）。[8]

---

[1] Brown, *A Biography*, pp. 240, 251.

[2] J. A. Symonds, *Walt Whitman: A Study*, John C. Nimmo, 1893, p. 11.

[3] Symonds, *Walt Whitman*, p. 160.

[4] *The Correspondence Vol. IV: 1886–1889*, Ed. E. H. Miller, New York University Press, 1969, p. 33.

[5] *Sexual Inversion: A Critical Edition, Havelock Ellis and John Addington Symonds*, Ed. Ivan Crozier, Palgrave Macmillan, 2008, p. 213.

[6] Symonds, *Walt Whitman*, p. 44. 西蒙兹还特地做了一个注释，即惠特曼与 J. W. 沃勒斯（J. W. Wallace）有过一次交谈，指出他写《草叶集》就是为了唤起人们对个性的重视。

[7] Symonds, *Walt Whitman*, p. 40.

[8] Symonds, *Walt Whitman*, p. 39.

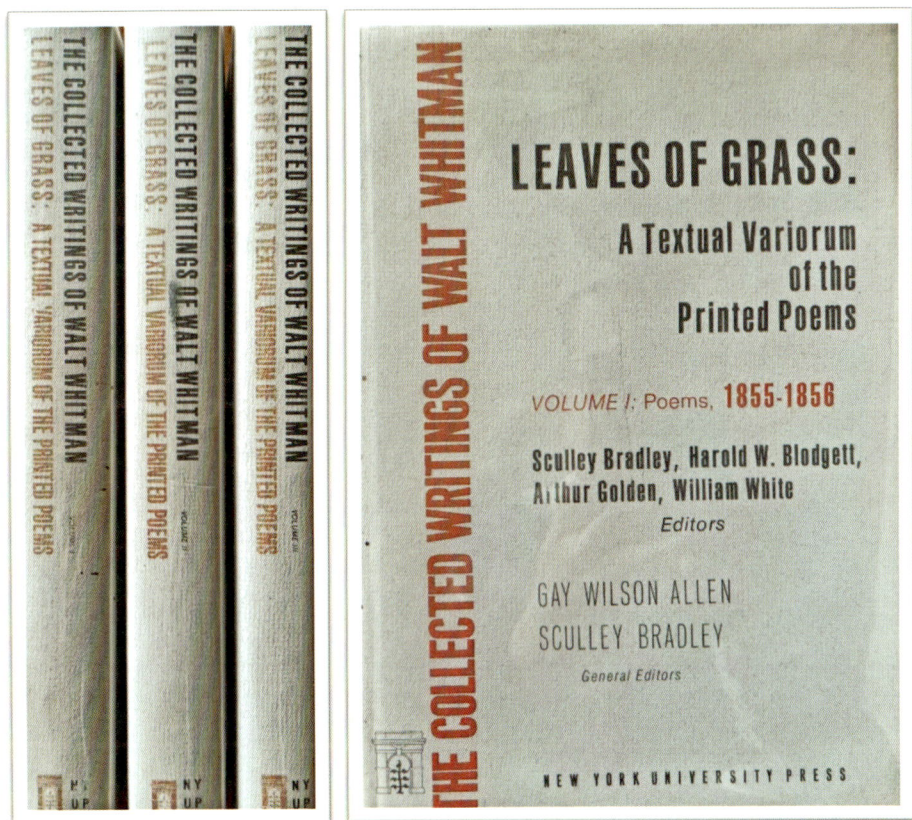

左:《草叶集》文本集注汇刊本 3 卷书脊;[1] 右:《草叶集》汇刊本第 1 卷封面(笔者藏)。《草叶集》这部诗篇比较特殊,从 1855 年惠特曼最初发表十几首诗歌起,之后一直处在增补修订之中,直至 1892 年成为一部洋洋洒洒的诗歌雄文止。可以说,惠特曼一生都在写《草叶集》。因此,考订整理这部伟大诗作就成了学术界的一件大事。本藏《草叶集》集注汇刊本是这方面的学术结晶。纽约大学出版社还出版了 1 卷本《草叶集》完整读本[2](附记:美国纽约大学出版社共计出版了《沃尔特·惠特曼著作集》22 卷,笔者悉数购买,为的是不留学术遗憾)

---

① Walt Whitman, *Leaves of Grass: A Textual Variorum of the Printed Poems*, Eds. S. Bradley et al., New York University Press, 1980.

② Walt Whitman, *Leaves of Grass: Comprehensive Reader's Edition*, New York University Press, 1965; W. W. Norton & Co., Inc, 1965.

1873 年惠特曼手握小草像（笔者藏）[1]

---

[1] *The Correspondence Vol. II: 1868−1875*, Ed. E. H. Miller, New York University Press, 1961, p. 245.

《草叶集·芦笛集》有不少描述同性恋的诗句，其开篇就是一首男同性
恋内心世界的独白——"在人迹罕到的小径间"：

> 在人迹罕到的小径间，
> 在池水边缘的草木里面，
> 远离于纷纷扰扰的生活，
> 远离所有迄今公布过的标准，远离娱乐、赢利和
> 　　规范，
> 这些我用以饲养我的灵魂已经太久，
> 如今那些尚未公布的标准我才看清，看清了，
> 我的灵魂，那个我为之发言的人的灵魂，在伙伴
> 　　们中间作乐，
> 在这里我自己的身旁，远离世界的喧腾，
> 在这里迎合着，听着芳香的言语，
> 不再害羞，（因为在这隐秘的地点我能作出在别处
> 　　不敢的反应，）
> 那不愿显示自己但包含着其余一切的生命有力地
> 　　支配着我，
> 决心今天什么也不唱，只唱男人们彼此依恋的
> 　　歌，
> 沿着那真实的生命一路将它们撒播，
> 由此遗赠各种各样的健壮的爱，
> 在我四十一岁第九个月的甜美的午后，
> 我为所有现在或曾经是青年的男人们奔走，
> 去诉说我的日日夜夜的秘密，
> 去歌颂我对伙伴们的需求。①

---

① 惠特曼：《草叶集（上）·芦笛集》，楚图南、李野光译，人民文学出版社，1987，第
211—212 页。

《美国诗人巨擘丛书：惠特曼》一书中的两幅插图（笔者藏）[1]

---

[1] *Great American Poets: Walt Whitman*, edited and with an introduction by G. Moore, Clarkson N. Potter, Inc./ Publishers,1987, pp. 35, 51.

- 同年：西蒙兹博士《诗歌集》^①自印出版。

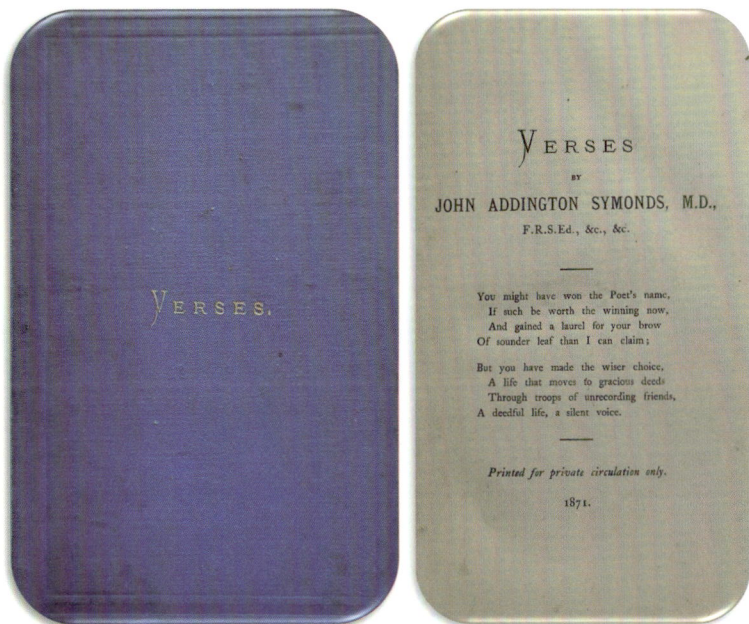

左：西蒙兹博士《诗歌集》封面；右：西蒙兹博士《诗歌集》书名页（笔者藏）。书名页上有一首诗歌题词，其内容反映了西蒙兹博士的人生态度和诗情，即让生命带着点诗意，又让带着点诗意的生命在行动中表现自我。笔者翻译如下：

也许你获得了诗人的名声，
　　如果真配得上的话，
　　　就把桂冠戴在你的额头，
那叶子的美比我求之更甚；

但你做了更聪明的选择，
　　让生命投身优雅的行动，
　　　汇入无名的朋友战群，
那是一种有作为的人生，一首无声的诗歌。

---

① J. A. Symonds, M. D., *Verses*, privately published, 1871.

下 篇

超越自我 铸造学术辉煌

西蒙兹代表作《意大利文艺复兴》(*Renaissance in Italy*)前 5 卷书影（笔者藏）。在作者最初的构思中，这 5 卷自成一个系列，第 5 卷书后附有索引。后来增补 2 卷（见年谱"1886 年"条），从而形成完整的 7 卷系列

1872 年

● 1月27日，惠特曼复函西蒙兹。惠特曼对收到的西蒙兹的《爱与死亡：一部交响诗》诗篇做了赞赏性的评议，认为它是"崇高的、有力的和温情的"（lofties, strongest & tenderest）。[①] 复函的字里行间表达了诗人间的友情。惠特曼的回复未涉及《芦笛集》的议题（关于《芦笛集》参见年谱"1871年"条）。

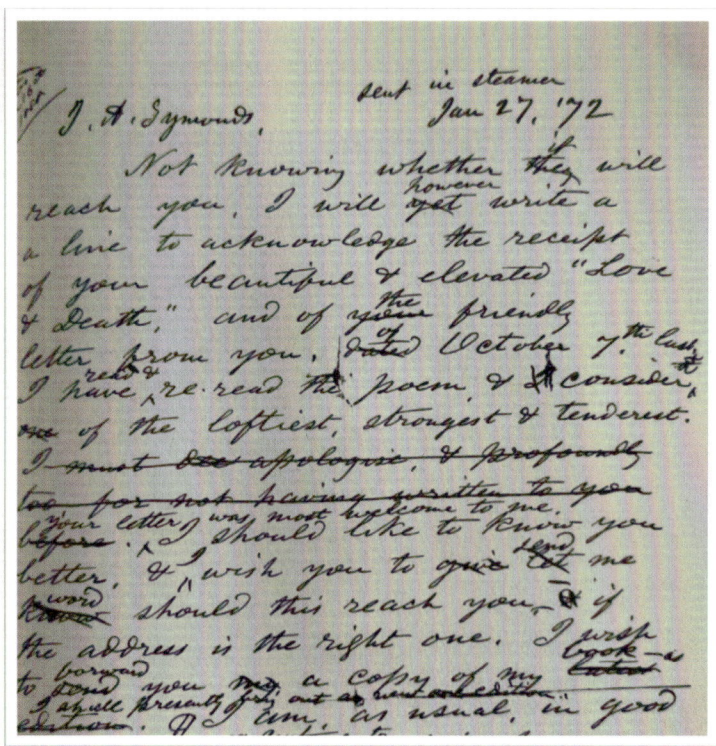

1872年1月27日惠特曼复函西蒙兹的部分手迹（笔者藏）[②]

[①] *The Correspondence Vol. II: 1868−1875*, Ed. E. H. Miller, New York University Press, 1961, p. 159.

[②] *The Correspondence Vol. II: 1868−1875*, Ed. E. H. Miller, New York University Press, 1961, pp. 244−245. 关于西蒙兹心目中的《芦笛集》与同性恋挂钩内容可进一步参考 *The Correspondence Vol. II: 1868−1875*, Ed. E. H. Miller, New York University Press, 1961, pp. 158−159, Note 43、45。

1872 年时的惠特曼像（笔者藏）[1]

---

[1] *The Correspondence Vol. II: 1868−1875*, Ed. E. H. Miller, New York University Press, 1961, Frontispiece.

《惠特曼书信集》6卷①书影（笔者藏）。这6卷书信集是了解惠特曼与西蒙兹交友往来的第一手材料

---

① *The Correspondence*, 6 Vols, Ed. E. H. Miller, New York University Press, 1961−1977.

- 7—8 月，与诺曼一起游瑞士 [①]、意大利。

透纳《日内瓦湖》[②]（笔者藏）（附记：本藏原为黑白图，画面比较暗，考虑到明亮效果而以网络相同画作代之）

- 9 月，在《当代评论》（*The Contemporary Review*）杂志发文《米开朗基罗 23 首十四行诗及评注》（Twenty-Three Sonnets of Michael Angelo）。1890 年又在该刊发表《但丁式的与柏拉图式的理想之爱》（The Dantesque amd Platonic Ideals of Love）。该文后来被收入《蓝之抒怀与其他文论》。[③] 在该文中，西蒙兹就但丁式的爱与古希腊柏拉图式的爱做了历史性的比较分析。[④]

---

① 西蒙兹在信函中没有具体指明到了瑞士的哪些地方，参见 *The Letters II*, pp. 237-238；另见 Brown, *A Biography*, p. 292。

② S. Rogers, *Italy, A Poem*, T. Cadell, 1830, p. 1.

③ 详见 Babington, p. 181。

④ J. A. Symonds, "The Dantesque and Platonic Ideals of Love", in *In the Key of Blue and Other Prose Essays*, E. Mathews & J. Lane, 1893, pp. 55-86.

西蒙兹的大致看法是，但丁式的骑士之爱"是一种精神的存在，围绕这种精神存在，他[①]最高的也是最深的思想便自然而然地凝聚起来了"。[②]这样，由一个爱的对象使自己的激情升腾起来，达到一种超越的智慧、美的境界，并与美的创作融为一体。西蒙兹认为柏拉图式的爱恋与男同性恋有关联，而但丁式的骑士之爱则有虚构的因素，诸如对女性的尊重、将女性作为美的化身等。尽管有这种区别，但两者在倡导精神爱恋、精神超越方面则是相同的。就此而言，但丁式的爱恋也可以视为柏拉图式爱的特有表现形式。（关于西蒙兹所译《米开朗基罗十四行诗》的情况可参见年谱"1878年"条和"1897年"条。）

• 12月8日，致函斯温伯恩（A. C. Swinburne, 1837-1909），谈及两人在文学交流感想方面的事宜。[③]斯温伯恩是维多利亚时代的诗人、文论家，除《诗与歌谣》（*Poems and Ballads*）等诗歌作品外，另有《莎士比亚研究》等论著存世。[④]

斯温伯恩像[⑤]

---

① 指但丁。——笔者注

② Symonds, *In the Key of Blue and Other Prose Essays*, p. 57.

③ *The Letters II*, pp. 249-250.

④ 关于其生平可参见 H. Nicolson, *Swinburne*, Macmillan and Co., 1926。

⑤ 源自 A. C. Swinburne: Biography (victorianweb.org)。

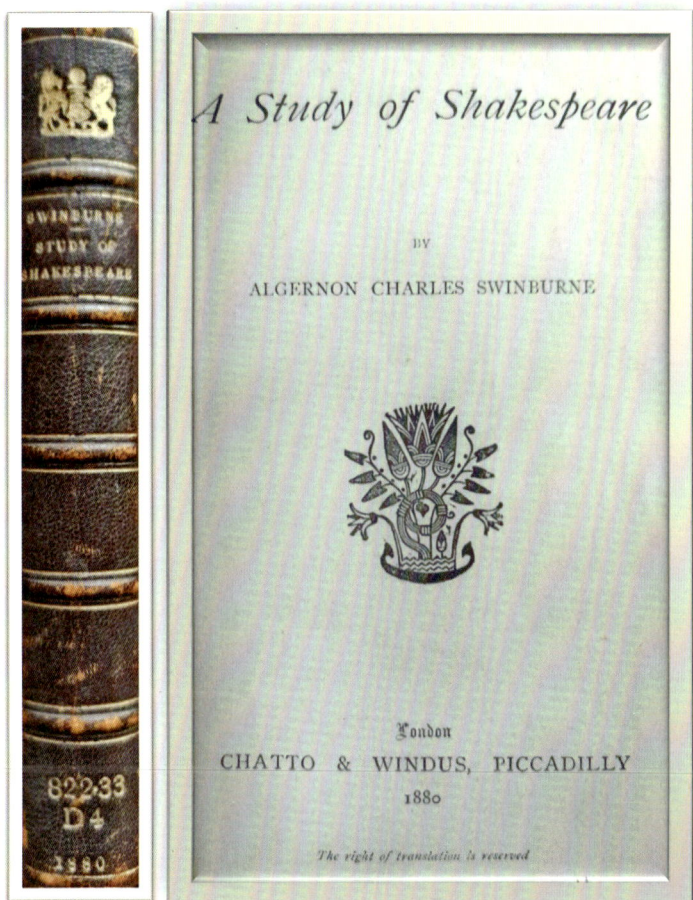

左：斯温伯恩《莎士比亚研究》书脊；① 右：该书版权页（笔者藏）。后来西蒙兹在撰写《英国戏剧史上的莎士比亚先驱者》（*Shakespeare's Predecessors in the English Drama*）时参考了斯温伯恩《莎士比亚研究》著作中的不少评述。另见年谱"1884 年"条

---

① A. C. Swinburne, *A Study of Shakespeare*, Chatto & Windus, 1880.

● 同年:《但丁研究导论》出版。[1]

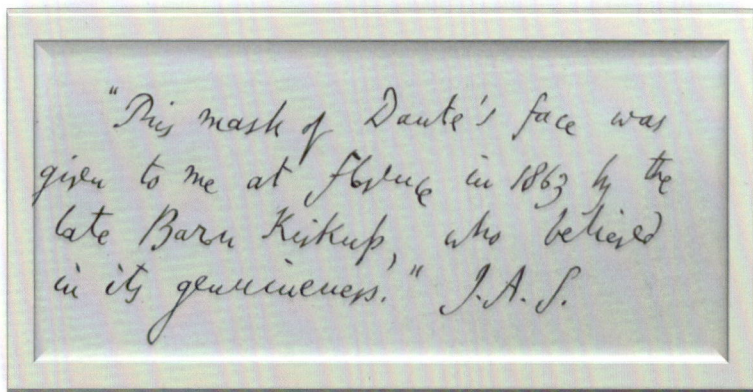

上:《但丁研究导论》第 1 版卷首插画上的但丁头部塑像;下:《但丁研究导论》第 2 版西蒙兹对塑像的注解(笔者藏)。此注解告诉读者,塑像是友人 1863 年于佛罗伦萨的赠礼

---

[1] J. A. Symonds, *An Introduction to the Study of Dante*, Smith, Elder, & Co., 1872.

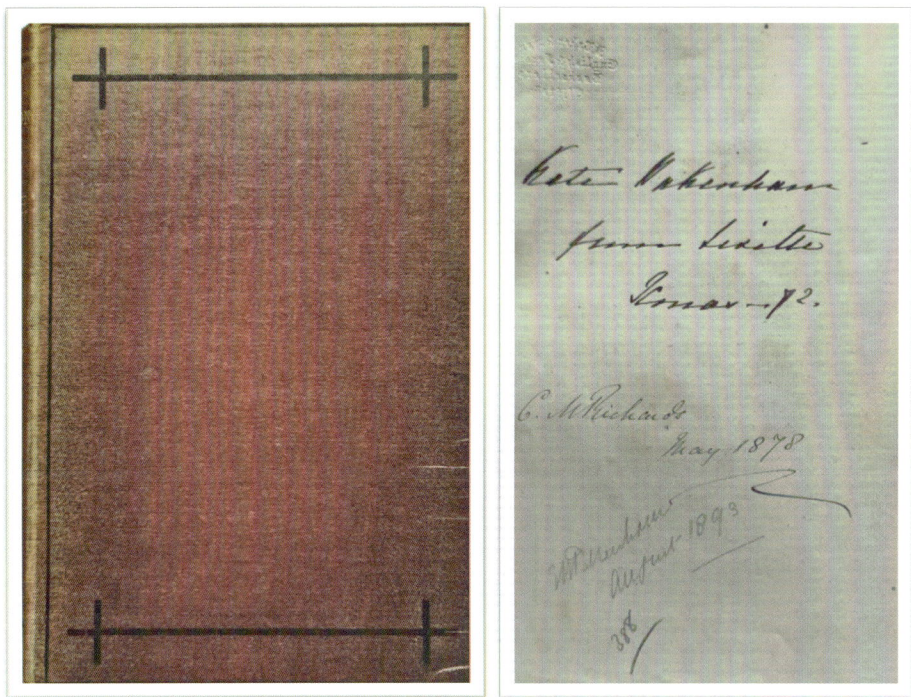

左：《但丁研究导论》第 1 版封面；右：克利夫顿书商钢印及 3 位 19 世纪有名望的读者于 1872 年、1878 年、1893 年的签名（笔者藏）。另见《藏录》第 36—40 页

　　《但丁研究导论》是西蒙兹公开发表的第 1 部学术著作。自 1872 年出版《但丁研究导论》起，西蒙兹至少每年创作 1 部作品与读者见面，其中绝大部分涉及文艺复兴时期的人与事。而西蒙兹存世的最后一篇文字仍然与但丁有关，即《但丁研究导论》第 3 版的"序"。序言是 1893 年 3 月写的，一个月后西蒙兹谢世。[1]

　　《但丁研究导论》总共 8 章，具体如下：第 1 章　早期意大利史；第 2 章　流放前的但丁生平；第 3 章　流放中的但丁生平；第 4 章　《神曲》的主题与结构；第 5 章　《神曲》的人文情调；第 6 章　但丁天赋的本质；第 7 章　但丁天赋的本质；第 8 章　诗歌中的骑士之爱。

---

[1]　西蒙兹去世后，作为西蒙兹生前挚友亦为遗著执行人的布朗将《但丁研究导论》再版。布朗曾为《但丁研究导论》第 4 版撰写序言（J. A. Symonds, *An Introduction to the Study of Dante*, Adam and Charles Black, 1899, "Prefatory Note to the Fourth Edition"），让读者了解《但丁研究导论》的出版状况。

● 同年：西蒙兹在牛津期间为科宁顿（John Conington, 1825-1869）编撰的文集《科宁顿文集》[1]出版。至于科宁顿对西蒙兹的影响，布鲁克斯如此评论："乔伊特引导西蒙兹如何去写作，而科宁顿则引导西蒙兹明白，'文学是内在性的东西，它不是色彩斑斓的云霞之一部分，而是囊括了我们所有对爱的崇信'。"[2]

科宁顿教授像（笔者藏）[3]

---

[1] J. Conington, *Miscellaneous Writings of John Conington*, 2 Vols, Ed. J. A. Symonds, with a memoir by H. J. S. Smith, Longmans, Green and Co., 1872.

[2] Brooks, *A Biographical Study*, p. 37.

[3] Grosskurth, *A Biography*, p. 54.

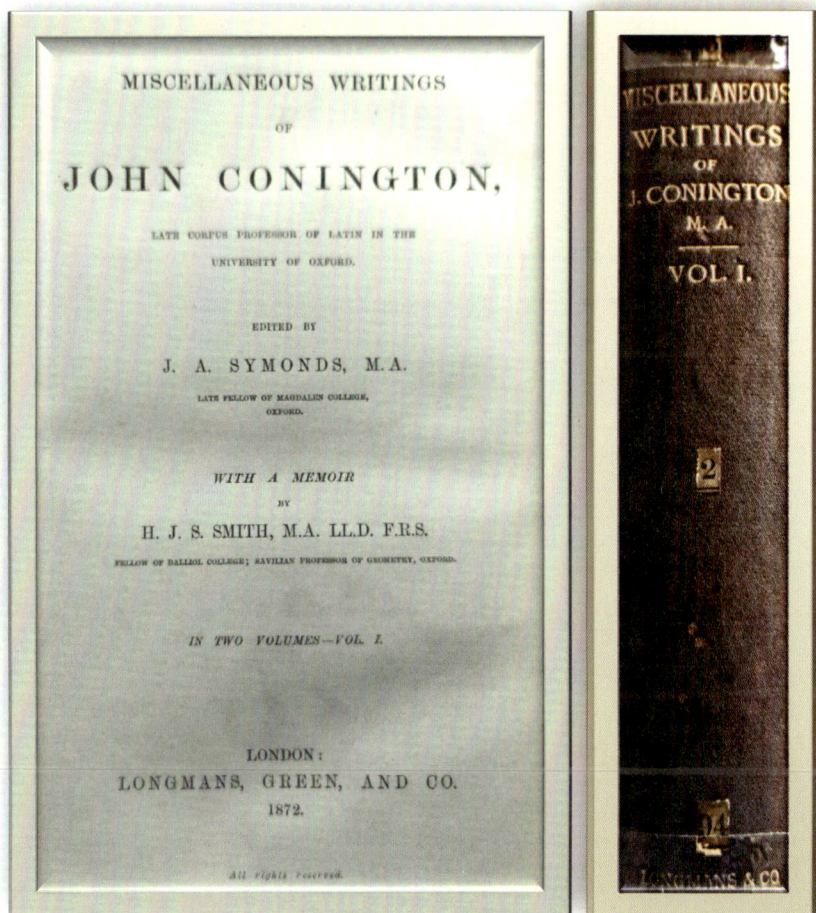

左:《科宁顿文集》第 1 卷版权页;右:《科宁顿文集》第 1 卷书脊(笔者藏)。
另见《藏录》第 215 页

- 同年:发表《近代欧洲的文艺复兴》[1](附记:此书坊间难觅)。

---

① J. A. Symonds, *The Renaissance of Modern Europe*, Sunday Lecture Society, 1872.

1873 年

● 春天，游西西里、雅典等。西蒙兹 1874 年出版的《意大利希腊游记》（见年谱"1874 年"条）有专门描述西西里叙拉古（Syracuse）、吉尔真蒂（Girgenti）和希腊雅典等的篇章。

《利尔在西西里》卷首插画——利尔《西西里一景》（笔者藏）。[1] 此画左下角有画家利尔和其旅行同伴普罗比（John Joshua Proby）[2] 的署名。《利尔在西西里》收入画家创作的 20幅钢笔速写漫画

---

① *Lear in Sicily*, Ed. Granville Proby, Kemp Hall Press Ltd., 1938, Frontispiece.
② 普罗比是《利尔在西西里》编者 G. 普罗比（Granville Proby）的叔公。

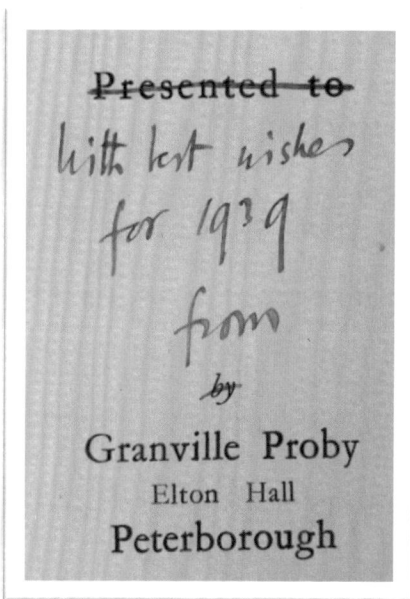

《利尔在西西里》编者 G. 普罗比在赠友人私
藏本签章票上的题词。现为笔者续藏

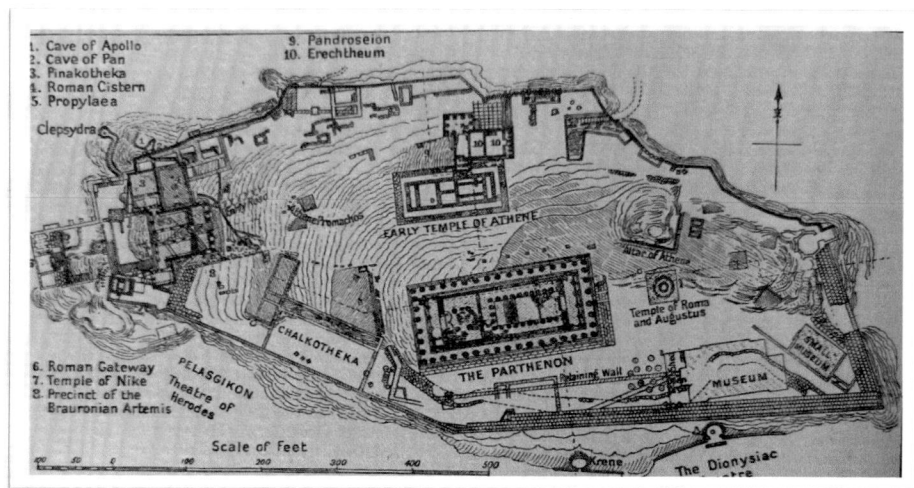

《不列颠百科全书》第 10 版（EB10）第 25 卷 "Athens"（雅典）条目上的雅典卫城平面
图（笔者藏），图像中的大长方形框即雅典帕特农神庙。西蒙兹于 1874 年出版的《意大利希
腊游记》对雅典（包括帕特农神庙等）做了很有文学味的描述。[1]另见年谱 "1874 年" 条

---

[1]　J. A. Symonds, *Sketches in Italy and Greece*, Smith, Elder, & Co., 1874, pp. 218–219.

利尔《坦佩峡谷》（笔者藏）。[1]坦
佩峡谷位于希腊奥林匹斯山以南，
是希腊著名的游览胜地（附记：该
图用平版印刷术印制）

● 10月至1874年1月，游马耳他、突尼斯、那不勒斯、罗马、佩鲁贾、
佛罗伦萨、戛纳等。西蒙兹《意大利游记与研究》中的文论《佛罗伦萨与美
第奇家族》（Florence and the Medici）这样评论道：正是美第奇家族大洛伦佐
（Lorenzo）等人对艺术与文学的热情使他们称得上文艺复兴运动的领导者，
亦称得上15世纪佛罗伦萨智慧城市的代表。[2]

---

① Edward Lear, *Edward Lear in Greece*, William Kimber, 1966, p. 209.
② J. A. Symonds, *Sketches and Studies in Italy*, Smith, Elder, & Co., 1879, pp. 171-172.

西蒙兹女儿玛格丽特《佩鲁贾游记》中的插画——佩鲁贾城墙图（笔者藏）[1]

约翰逊的游记《阿诺河畔的百合花》卷首插图——鸟瞰佛罗伦萨（笔者藏）。[2] 图像中流淌穿越城间的便是阿诺河。19 世纪的这部游记比较完整地介绍了佛罗伦萨的历史和文化（附记：笔者曾发表专著《阿诺河畔的人文吟唱》，由天津教育出版社于 2011 年出版，亦可参考）

---

[1] M. Symonds and L. D. Gordon, *The Story of Perugia*, J. M. Dent & Co., 1900, p. 77.

[2] Virginia W. Johnson, *The Lily of the Arno or Florence, Past and Present*, Estes and Lauriat, 1891, Frontispiece.

约翰逊《阿诺河畔的百合花》插图——美第奇官邸（笔者藏）。[1] 文艺复兴时期美第奇家族的各种建筑样式后来影响到法国等国家的建筑文化（附记：笔者去佛罗伦萨多半住在美第奇官邸斜对面的圣马可旅馆）

---

[1] Johnson, *The Lily of the Arno or Florence*, p. 54.

● 同年：《希腊诗人研究》（*Studies of the Greek Poets*）出版。

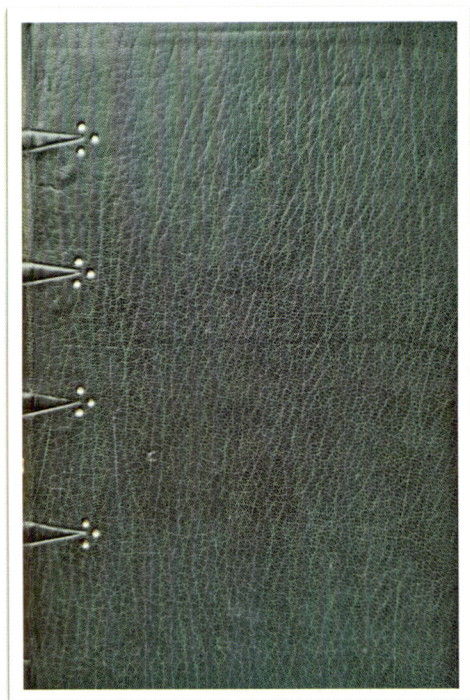

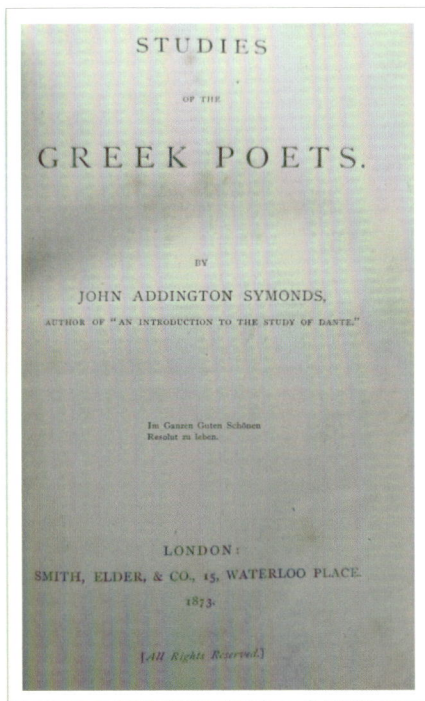

左：非常考究的《希腊诗人研究》1873 年版新装订本封面，内有赖特（James M. B. Wright of Auchinellan）的藏书票，还有藏者奥尼尔（Denis E. O'Neill）1930 年的签名；右：该书版权页。现为笔者续藏。另见《藏录》第 52—55 页

　　在《希腊诗人研究》第 1 卷的"序言"中，西蒙兹明确指出本书不是那种详尽的希腊诗歌史的写法，而是用近代的眼光挑选、围绕一些重点内容所进行的批评。[①] 这种写法其实是西蒙兹一贯的创作风格。《希腊诗人研究》共 12 章如下：

第 1 章　希腊文学的周期
第 2 章　恩培多克勒

[①]　J. A. Symonds, *Studies of the Greek Poets*, Smith, Elder, & Co., 1873, "Preface".

1874 年

● 4月3日，诗人罗伯特·布坎南（Robert Buchanan, 1841-1901）将刚出版的《罗伯特·布坎南诗歌集》①3卷②赠送给西蒙兹，并附上赠词。布坎南的文学创作和批评理念与"前拉斐尔派"（参见年谱"1861年"条等）大相径庭，他成为"前拉斐尔派"的激烈攻击者，甚至将"前拉斐尔派"称作"肉感诗派"（the fleshly school of poetry）。③在这方面，西蒙兹与布坎南两人之间亦存有分歧，且分歧不小，不过他俩仍以诗人的身份互相对待。④

《罗伯特·布坎南诗歌集》第1卷卷首插图——罗伯特·布坎南像（笔者藏）⑤

---

① Robert Buchanan, *The Poetical Works of Robert Buchanan*, Henry S. King, 1874.
② 后来1884年出1卷本；1901年出2卷本；等等。但都不是出自亨利·S.金（Henry S. King）出版公司。
③ Robert Buchanan, *The Fleshly School of Poetry and Other Phenomena of the Day*, Strahan and Co., 1872.
④ 参见 *Letters and Papers*, p. 47; *The Letters I*, p. 776; *The Letters II*, pp. 276, 552。
⑤ Robert Buchanan, *The Poetical Works of Robert Buchanan*, Vol. I, Henry S. King, 1874, Frontispiece.

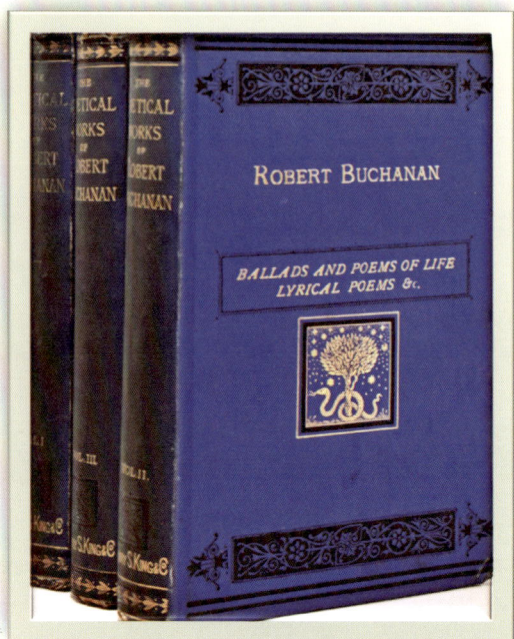

《罗伯特·布坎南诗歌集》3卷书影（笔者藏）（附记："Henry S. King, 1874" 3卷本坊间鲜有。笔者高价购得并续藏）

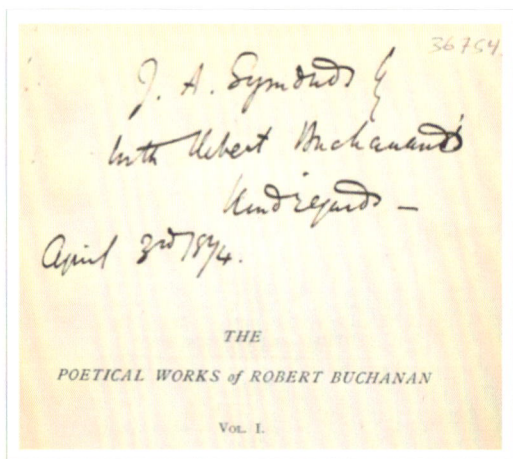

第1卷书名页上的赠词——"罗伯特·布坎南诚挚问候 J. A. 西蒙兹，1874年4月3日"（笔者藏）（附记：笔者在西蒙兹的信函中未发现收到布坎南赠书的记录，其中的原委留待进一步考证）

● 同年:《意大利希腊游记》出版。本书是西蒙兹献给他妻子的精神礼物，在书前空白页有简略的赠词落款:"*To J. C. S.*"。[1]

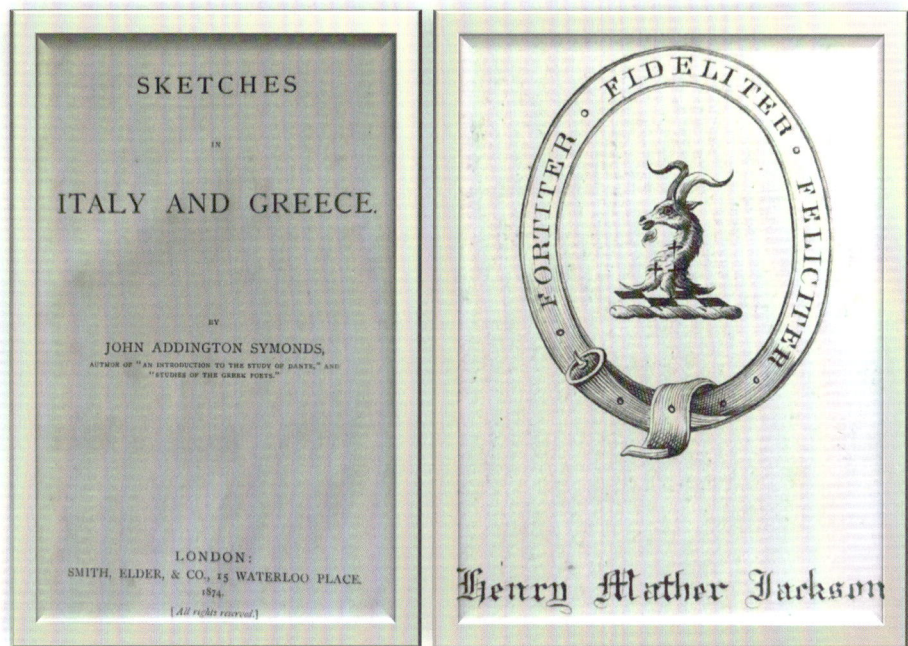

左:《意大利希腊游记》版权页；右:西蒙兹校友杰克逊在《意大利希腊游记》内封上的藏书票（笔者藏）。除藏书票外还有杰克逊 1875 年的签名。后由《希腊应该还是自由的》（*Greece Might Still Be Free*）一书作者克莱尔（William Saint Clair, 1937–2021）所藏，现为笔者续藏。另见《藏录》第 56 页。关于杰克逊的情况参见年谱"1854 年"条（附记:年谱所列杰克逊藏书装帧都很考究）

《意大利希腊游记》篇章如下:

　　1. 康尼斯（The Cornice）

　　2. 阿雅克修（Ajaccio）

　　3. 锡耶纳（Siena）

---

[1] 西蒙兹夫人原名 Janet Catherine North，嫁给西蒙兹后将姓 North 改为 Symonds，于是有了简写"J. C. S."的落款。

4. 佩鲁贾（Perugia）

5. 奥尔维耶托（Orvieto）

6. 托斯卡纳民间歌曲（Popular Songs of Tuscany）

7. 帕勒莫（Palermo）

8. 叙拉古与吉尔真蒂（Syracuse and Girgenti）

9. 埃透纳（Etna）

10. 雅典（Athens）

11. 里米尼（Rimini）

12. 拉文纳（Ravenna）

13. 帕尔马（Parma）

14. 杰内罗索山（Monte Generoso）

15. 阿尔卑斯山之恋（The Love of the Alps）

16. 普罗旺斯的老镇（Old Towns of Provence）

17. 彼特拉克的 8 首十四行诗（Eight Sonnets of Petrarch）

1875 年

● 春天，西蒙兹一家游罗马、阿马尔菲（Amalfi）、卡普里（Capri）等。那次游意大利，西蒙兹的身体状况不是很好，心情不佳。到罗马后白天参观博物馆等，晚上一个人孤独地在街上散步，与老人们聊聊天。[①]

透纳《古罗马城市广场残垣》（笔者藏）。[②]画面中有一队凄凉仪式中的僧侣

[①]　*The Letters II*, pp. 368-369.
[②]　S. Rogers, *Italy, A Poem*, T. Cadell, 1830, p. 137.

普劳特《古罗马城市广场残垣》（笔者藏）。[1] 画面中有稀稀落落的各方人士

　　● 5 月某日，西蒙兹在离开伦敦前从报上得到一则消息，消息说惠特曼看到西蒙兹在《希腊诗人研究》的脚注中又提到了自己的名字，于是写了这样一句话，"W. W. still unwell & paralyzed, but up and around"（我惠特曼还有点不舒服和麻木，但还过得去）。[2]

---

① T. Roscoe, *The Tourist in Italy*, Robert Jennings, 1831, p. 179.
② *The Letters II*, p. 370.

● 夏天，西蒙兹与戴金斯夫妇（戴金斯夫妇1872年结婚）游法国罗讷河谷（Rhone）、贝拉尔普（Bel Alp）及夏慕尼。

哈丁《游罗讷河谷》（笔者藏）。[①] 阿维尼翁城就坐落于罗讷河沿岸。另见年谱"1867年"条插画

---

① Roscoe, *The Tourist in France*, p. 243.

● 8月7日，致函诗友戈斯（Edmund Gosse, 1849-1928），谈及在《康希尔杂志》①上读到评论英国诗人赫里克②文章时所引发的美感心情。③

戈斯像（笔者藏）。④除诗作外，戈斯另有自传《父与子》
等作品存世

---

① 关于《康希尔杂志》，参见年谱"1865年"条。
② 赫里克（Robert Herrick, 1591-1674）是17世纪英国诗人。
③ *The Letters II*, p. 381.
④ *The Letters II*, pp. 64-65.

● 10月6日，致函珍妮特·罗斯（Janet Anne Ross, 1842-1927），[①]谈及诗歌翻译和一些文学事宜，还提到意大利历史学家、传记作家维拉里（Pasquale Villari, 1827-1914）[②]等。作家珍妮特·罗斯有多部作品存世，其中不少与意大利有关，如《意大利游记》（1887）、《老佛罗伦萨与近代托斯卡纳》（1904）等。罗斯从1867年起定居意大利。其与西蒙兹一家关系密切，西蒙兹的孩子称呼珍妮特·罗斯为"珍妮特婶婶"（Aunt Janet）。

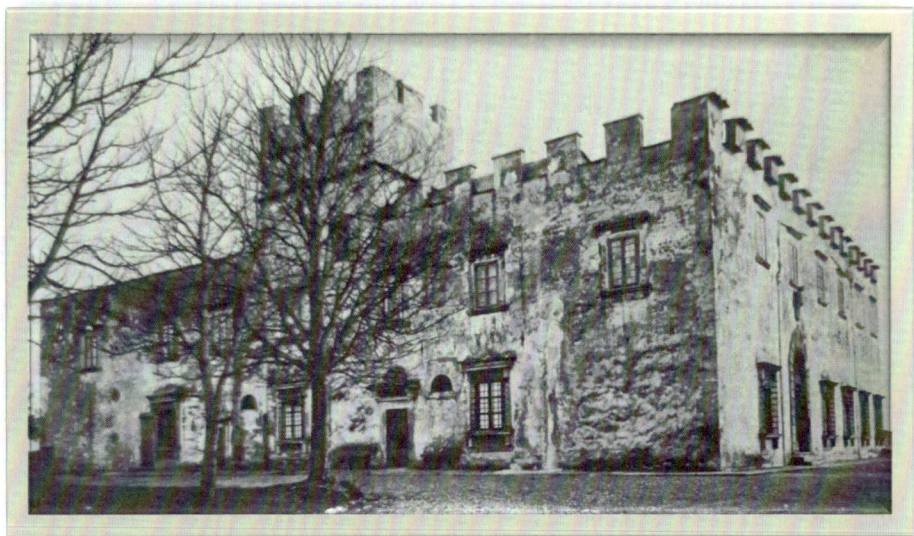

靠近意大利佛罗伦萨的珍妮特·罗斯居所（笔者藏）[③]

---

① *The Letters II*, pp. 385-386.
② 维拉里的历史著述是西蒙兹撰写有关意大利文艺复兴历史现象的重要参考材料，特别是维拉里的如下3部作品：《佛罗伦萨史的最初两个世纪：但丁时代的共和国与党派》（ P. Villari, *The Two First Centuries of Florentine History: The Republic and Parties at the Time of Dante*, 2 Vols, T. Fisher Unwin, 1894 ）；《萨伏那洛拉评传》（ P. Villari, *Life and Times of Girolamo Savonarola*, T. Fisher Unwin, 1889 ）；《马基雅维里评传》（ P. Villari, *The Life and Times of Niccolò Machiavelli*, Scribner, 1891 ）。以上是笔者所藏维拉里著作的版本，西蒙兹参考的版本年代要更早些。
③ *The Letters III*, pp. 192-193.

● 11 月 23 日，第 4 个女儿凯瑟琳（Katharine Symonds, 1875–1952）出生。凯瑟琳后嫁给画家弗斯（Charles Wellington Furse, 1868–1904），凯瑟琳婚后称 Dame Katharine Furse（凯瑟琳·弗斯夫人），婚后育有 2 个儿子。

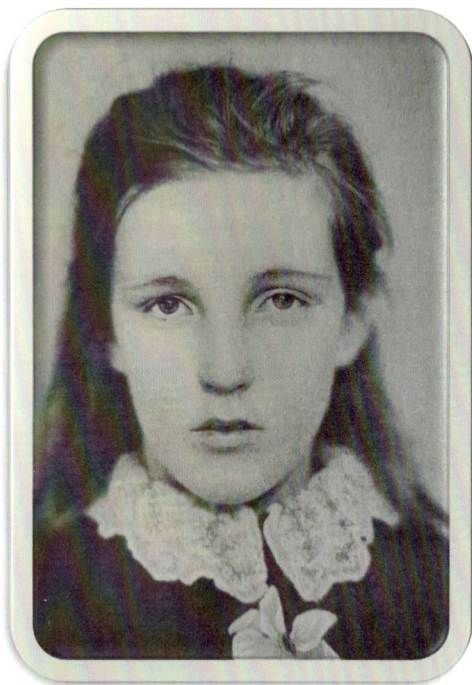

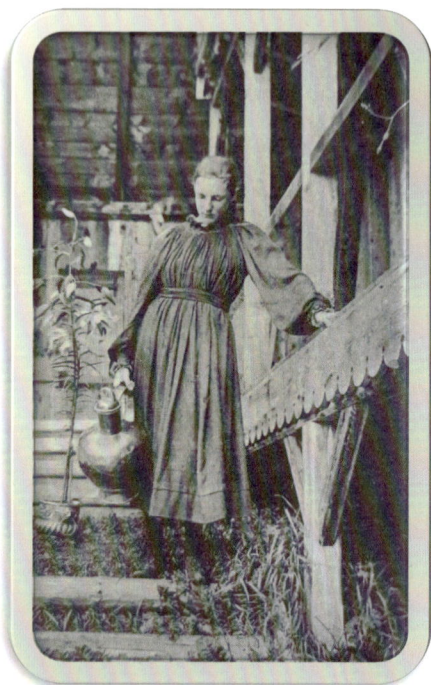

左：凯瑟琳 8 岁像；右：凯瑟琳 14 岁时在 Am Hof 长廊像（笔者藏）。[1] 凯瑟琳写有自传《诚心与石榴树》（*Hearts and Pomegranates: The Story of Forty-Five Years, 1875 to 1920*）。凯瑟琳在书中将自己比作石榴树，石榴树有家养的，也有野外生长的，它象征着一种博大顽强的生命力（附记：笔者曾将 Pomegranates 译为"石榴裙"，见《藏录》。此想法固然不乏意蕴，表明她是像石榴那样的女性，但容易引起误解，不如直接译为"石榴树"，此次改回）

---

① D. K. Furse, *Hearts and Pomegranates: The Story of Forty-Five Years, 1875 to 1920*, Peter Davies, 1940, pp. 18, 50.

弗斯的名画《高地上的戴安娜》（Diana of the Uplands），约创作于
1903—1904 年间，是弗斯谢世前的封笔之作，该画所呈现的是其妻
子凯瑟琳的形象（笔者藏）。此画用作《诚心与石榴树》的封面（附
记：本藏原为黑白图作封面用，现考虑效果而换作网络同画作彩图）

西蒙兹四女儿像，从左至右为玛格丽特、珍妮特、凯瑟琳、洛塔，大约拍摄于 1886 年（笔者藏）①

从左往右玛格丽特、凯瑟琳、洛塔，拍摄于 1893 年（笔者藏）②（附记：上述两个出处的图片人物说明有异，笔者考证后采纳格罗斯库特的《西蒙兹传》的说明）

---

① *The Letters III*, p. 192.
② 见 Grosskurth, *A Biography*, p. 262；另见 *The Letters III*, p. 192。

一战期间担任英国皇家海军妇女服务队主任时的凯瑟琳（笔者藏）[1]

---

[1] Furse, *Hearts and Pomegranates*, p. 372.

《诚心与石榴树》中的西蒙兹像（笔者藏）[1]

---

[1] Furse, *Hearts and Pomegranates*, p. 100.

• 同年：《意大利文艺复兴》第 1 卷《暴君的时代》（The Age of the Despots）出版。《意大利文艺复兴》第 1 卷可以看作意大利文艺复兴的社会历史背景。第 1 卷第 2 版目录如下：第 1 章　文艺复兴时期的精神；第 2 章　意大利史；第 3 章　暴君的时代；第 4 章　共和国；第 5 章　佛罗伦萨的历史学家；第 6 章　马基雅维里的《君主论》；第 7 章　文艺复兴时期的教皇；第 8 章　教会与道德；第 9 章　萨伏那洛拉；第 10 章　查理八世；附录。通过比对可以发现第 1 卷第 1 版和第 2 版内容的主要差异是第 2 版增加了一章“意大利史”。增加此章也就增加了历史的厚度。因为正是在这一章里，西蒙兹对存在于意大利历史和现实中的各种政治、社会因素如暴君、共和国、教廷、公社、帝国势力等做了全方位的评述。

左：《意大利文艺复兴》第 1 卷第 2 版意大利文版①书脊；右：该版本书名页（笔者藏）。另见《藏录》第 65—70 页（附记：此意大利文版坊间很少看到。意大利政府现在规定，凡 1900 年前的书籍都算古董，必须经有关部门同意才能出口。笔者购买此书颇费周折）

---

① J. A. Symonds, *Il Rinascimento in Italia: L'Era dei Tiranni*, Prima Versione Italiana del Conte Guglielmo de la Feld, Roux e Viarengo Editori, 1900.

1876 年

- 2 月，西蒙兹全家游圣雷莫（San Remo）等。
- 秋末，与挚友布朗（H. F. Brown, 1854−1926）、皮尔逊（Lieut-Colonel A. Pearson, or Sir Alfred Astley Pearson, 1850−1937）[①] 一起游瑞士瓦莱。布朗是西蒙兹遗著的执行人，又是威尼斯研究学者。皮尔逊长期在英国军队服役，任尉官、校官等职。在往后的岁月里，布朗著有《西蒙兹传》等；皮尔逊则编选出版西蒙兹的《意大利文艺复兴简史》，均见本年谱后文。

左：布朗像；[②] 右：藏于布里斯托尔大学图书馆的布朗像（笔者藏）[③]

[①] 关于皮尔逊的情况参见 *The Letters II*, p. 930.

[②] *The Letters II*, pp. 64−65.

[③] *The Memoirs, A Critical Edition*, p. 551.

布朗在威尼斯与朋友聚会，最左者为布朗（笔者藏）①

---

① 见 *The Letters II*, pp. 64−65；另见 H. F. Brown, *Life on the Lagoons*, Rivingtons, 1909, p. 221。

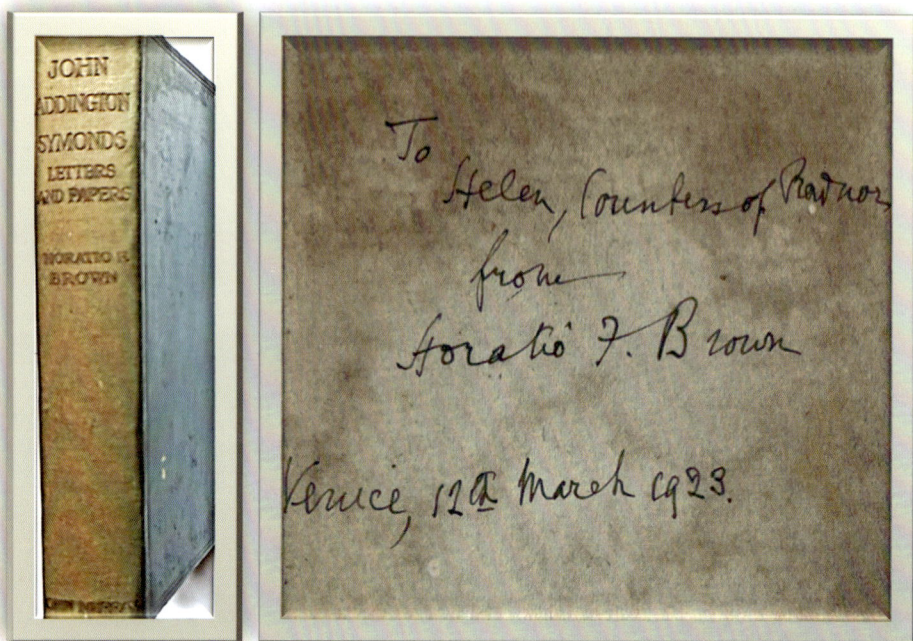

左：布朗编撰《西蒙兹信函与著述》[①]签名本书影（笔者藏）。布朗拥有的这个版本封面与此版本其他封面略有差异。书中有好几处作者对内容进行更正的字迹。对于想在短时间内大致了解西蒙兹生平、著作内容的读者来说，此选编本是一部不可多得的原著资料精粹。选本按年代编排如下，大致是 5 年一个段落：1865—1870；1871—1875；1876—1880；1881—1885；1886—1890；1891—1893。右：签名图像中的题字："H. F. 布朗敬献给海伦即拉德纳伯爵夫人，1923 年 3 月 12 日于威尼斯。"（笔者藏）此签名本关涉三位抑或四位威尼斯人之间的有趣故事：布朗当时住在威尼斯扎特河畔的托雷斯拉寓所（参见年谱"1888 年"条）；拉德纳伯爵夫人（Helen Matilda Pleydell-Bouverie, Countess of Radnor, 1846-1928）则居于穆拉莫罗西尼宫，靠近 Campo San Vio 街拐角处，那里也是圣乔治教堂的所在地。布朗时任教堂执事，拉德纳夫人则是教堂女唱诗班的指挥。拉德纳夫人很有才气，她是英国业余女管弦乐队的第一任指挥。从这个签名本上也能见出布朗这位西蒙兹最信得过的友人的艺术情趣和交友状况。此签名本是难得的珍品。后为艺术史家休·昂纳（Hugh Honour）私藏。现为笔者续藏

---

① *Letters and Papers of John Addington Symonds*, Ed. Horatio F. Brown, John Murray, 1923.

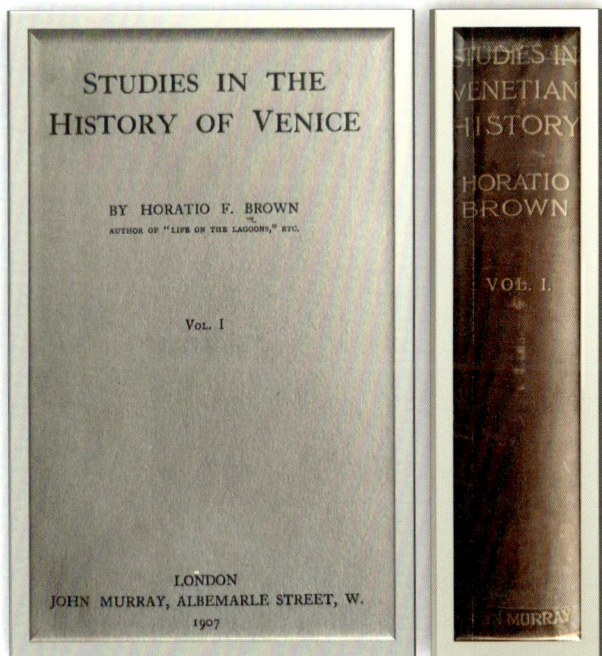

左：布朗《威尼斯史研究》第 1 卷书名页；右：《威尼斯史研究》第 1 卷书脊（笔者藏）。书的卷首有英国"绅士俱乐部"图书馆藏书票。另见《藏录》第 265—266 页。除此之外，布朗还翻译了莫尔门蒂（Molmenti）的 6 卷本《威尼斯：从共和国诞生到陨落的独特历史》[1]；主编了英国皇家出版局的多卷本《威尼斯涉英档案集》[2]；撰写了《威尼斯共和国史概览》[3]；等等（附记：布朗的主要著作笔者均购置备用）

---

① P. Molmenti, *Venice: Its Individual Growth from the Earliest Beginnings to the Fall of the Republic*, Tr. H. F. Brown, 6 Vols, John Murray, 1907.

② 如 *Calendar of State Papers and Manuscripts Relating to English Affairs Existing in the Archives and Collections of Venice, and in Other Libraries of Northern Italy, Vol. XIII 1613–1615*, HMSO, 1907.

③ H. F. Brown, *Venice: An Historical Sketch of the Republic*, G. P. Putnam's Sons, 1893.

● 从秋天到 1877 年 3 月，谋求牛津大学诗学教授职位。

● 同年：《希腊诗人研究》（第 2 系列）（*Studies of the Greek Poets*, Second Series）出版。全书不仅对荷马、赫西俄德（Hesiod）之类的古希腊诗人做了主题式的评述，还就神话学、悲剧诗人、喜剧诗人、哲学诗人等做了以人物为穿引的评析。其中索福克勒斯（Sophocles）及其悲剧作品更是西蒙兹心目中的完美典范，他用了许多称颂的词语来形容，[①] 还将索福克勒斯的悲剧视为伯里克利时代"雅典人心灵之最纯粹的一面镜子"，[②] 同时从文学史的纵向方面进行回顾总结。[③]

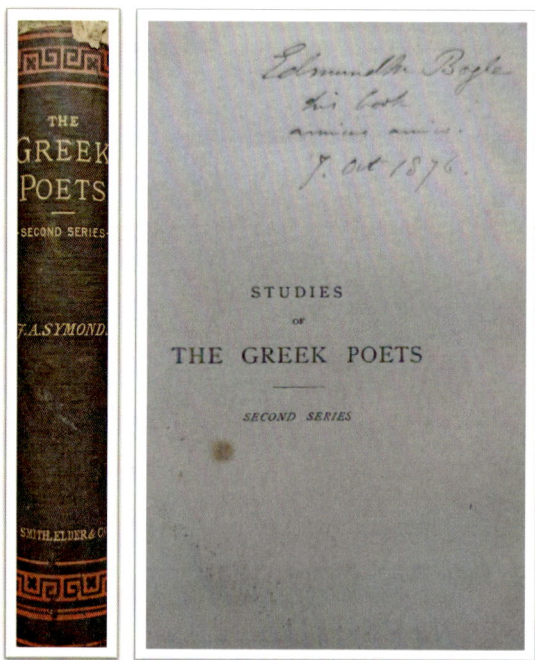

左：《希腊诗人研究》（第 2 系列）博伊尔（Boyle）藏本书脊；右：有博伊尔签名的书名页（笔者藏）。另见《藏录》第 52—55 页（此"博伊尔"究竟属于博伊尔家属的哪一位还有待考证确认）

---

① J. A. Symonds, *Studies of the Greek Poets*, Second series, Smith, Elder, & Co., 1876, p. 215.

② Symonds, *Studies of the Greek Poets*, Second series, p. 220.

③ Symonds, *Studies of the Greek Poets*, Second series, Chapter VII.

《希腊诗人研究》（第 2 系列）篇章目录如下：

第 1 章　神话学

第 2 章　阿喀琉斯

第 3 章　荷马笔下的妇女

第 4 章　赫西俄德

第 5 章　巴门尼德

第 6 章　埃斯库罗斯

第 7 章　索福克勒斯

第 8 章　埃斯库罗斯、索福克勒斯、欧里庇得斯片论

第 9 章　散佚悲剧诗人片论

第 10 章　喜剧诗人片论

第 11 章　海洛与利安德

第 12 章　总结

1877 年

- 1 月 23 日，致函惠特曼，索求新版《草叶集》。后来惠特曼在 1888 年提及西蒙兹的信函。[1]

- 4 月，原本打算游希腊，因种种缘故未成行，[2] 后游伦巴第。

- 5 月，竞争教授未果，回到克利夫顿。

- 7 月 12 日，致函惠特曼，说明因身体原因而迟发收到《草叶集》的回函。[3]

- 8 月 7 日，在妹夫格林的邀请下，首次探访达沃斯，并在那里度过冬日。

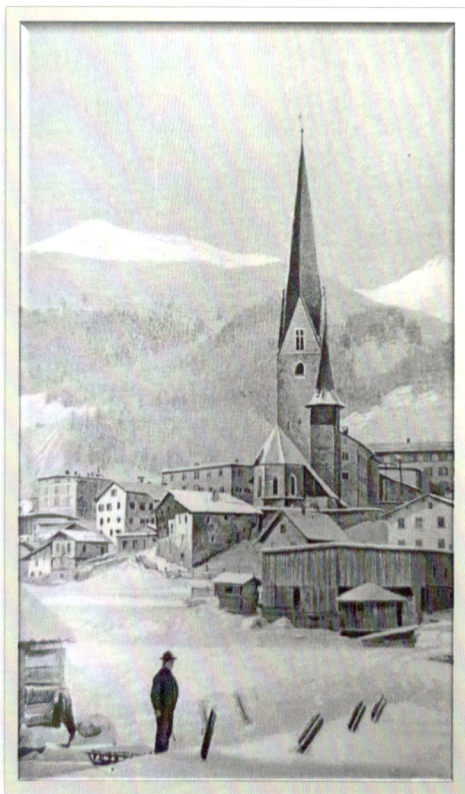

达沃斯小镇标志性景致——圣约翰老教堂（笔者藏）[4]

---

[1] *The Letters II*, p. 447, Note 3.

[2] 参见 *The Letters II*, p. 472。

[3] *The Letters II*, p. 484.

[4] J. A. Symonds and His Daughter Margaret, *Our Life in the Swiss Highlands*, Adam and Charles Black, 1892, p. 28.

- 同年：《希腊诗人研究（第 1 系列）》（*Studies of the Greek Poets: First Series*）^①再版，并附上"献给戴金斯"（To Henry Graham Dakyns）的致辞。

戴金斯在山路上行走图（笔者藏）^②

---

① 该书第 1 版没有"First Series"的副标题，见年谱"1873 年"条。
② *The Letters III*, pp. 192-193.

● 同年:《意大利文艺复兴》第 2 卷《学问的复兴》(The Revival of Learning)
和第 3 卷"美术"(The Fine Arts) 出版。

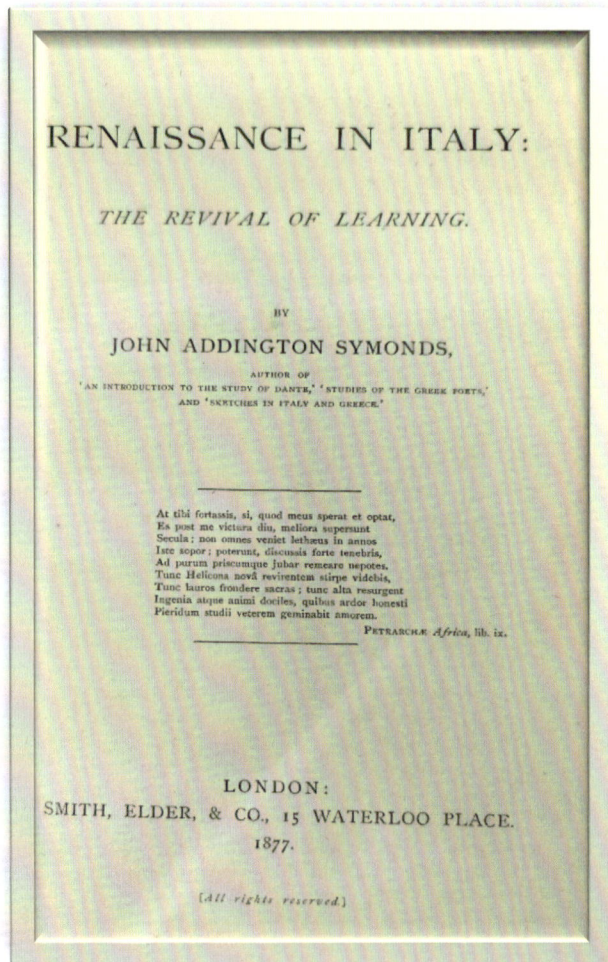

RENAISSANCE IN ITALY:

THE REVIVAL OF LEARNING.

BY

JOHN ADDINGTON SYMONDS,

AUTHOR OF
'AN INTRODUCTION TO THE STUDY OF DANTE,' 'STUDIES OF THE GREEK POETS,'
AND 'SKETCHES IN ITALY AND GREECE.'

At tibi fortassis, si, quod meus sperat et optat,
Es post me victura diu, meliora supersunt
Secula; non omnes veniet lethæus in annos
Iste sopor; poterunt, discussis forte tenebris,
Ad purum priscumque jubar remeare nepotes.
Tunc Helicona novâ revirentem stirpe videbis,
Tunc lauros frondere sacras; tunc alta resurgent
Ingenia atque animi dociles, quibus ardor honesti
Pieridum studii veterem geminabit amorem.

PETRARCHÆ *Africa*, lib. ix.

LONDON:
SMITH, ELDER, & CO., 15 WATERLOO PLACE.
1877.

[*All rights reserved.*]

《意大利文艺复兴》第 2 卷 1877 年版版权页(笔者藏)

左：《意大利文艺复兴》第 3 卷 1877 年版新装订本（由英国老牌 Zaehnsdorf 工坊装订）封面；右：新装订本上的巴特西勋爵（本名 Cyril Flower，1843—1907）藏书票（笔者藏）。巴特西勋爵极有艺术修养并且是艺术庇护人。勋爵还涉足政治，受爵前曾任英国下院议员，后其同性恋隐私被曝光。关于第 2、第 3 卷版本的情况参见《藏录》第 65—70 页

　　《意大利文艺复兴》第 2 卷主要论述学问复兴的历史过程。这一卷的编撰方式体现了西蒙兹史学研究的诸多创意。篇章如下：第 1 章　文艺复兴时期的人；第 2 章　人文主义的第 1 阶段；第 3 章　人文主义的第 1 阶段；第 4 章　人文主义的第 2 阶段；第 5 章　人文主义的第 2 阶段；第 6 章　人文主义的第 3 阶段；第 7 章　人文主义的第 4 阶段；第 8 章　拉丁文诗歌；第 9 章　结论。以上用 4 章篇幅叙述人文主义的第 1 和第 2 阶段，这符合人文主义文化现象发展的历史事实。

　　《意大利文艺复兴》整个第 2 卷基本上是在阐释人文主义精神现象。西蒙兹在阐释时将学问复兴内容按人文主义概念划分为 4 个历史阶段。第 1 个阶段是人文主义的确立阶段，大致以 14 世纪为时限，主要是彼特拉克、薄伽丘（Boccaccio）等人对古典文化的推崇。第 2 个阶段是 15 世纪人文主义的

进一步推广时期，佛罗伦萨和罗马是两个中心，其中佛罗伦萨在科西莫·美第奇（Cosimo di Giovanni de'Medici）的资助下，出现了学术的繁荣景象。第3个阶段大致相当于15世纪下半叶的历史阶段，是人文主义者开始确立思想体系并根据这种思想体系来创造新的文化的阶段，标志性的事件是佛罗伦萨的大洛伦佐对人文主义文化所起的巨大推动作用。当时的美第奇花园学校中有著名的学者菲奇诺（Marsilio Ficino）在研究、讲学，于是新柏拉图主义成为人文主义的核心思想。第4个阶段是人文主义走向衰落的阶段，时间始于16世纪上半叶。这种衰落也有一个过程。意大利的种种现实问题需要具有世界眼光的人去运用知识解决问题。这样，对古典学问的复兴就转变为对现实问题的应对。接下去的任务就是拿出现实的各种方案来应对宗教问题、国家统一问题，处理与其他国家的经济政治关系问题，解答科学疑问，如此等等。狭义的人文主义即注重人文学科、注重古典文化的热情也相应地发生变化，慢慢地消退了下去。在阐述过程中西蒙兹还明确指出，这种学问的复兴不是简单地开掘古典文化，还渗入许多人文主义者的创造活动和内容。其四个阶段分别有各自的代表人物，如第1阶段的文学三杰，第2阶段的布鲁尼（Leonardo Bruni），第3阶段的菲奇诺，第4阶段的本博（Pietro Bembo），等等。他们分别代表了中世纪到近代的过渡、美第奇家族形成势力前、美第奇家族的全盛、美第奇家族势力消退后等历史时期。[1]

《意大利文艺复兴》第3卷即"美术卷"。西蒙兹在此卷中特别注意个体、民族的性格与艺术创作的关系。篇章如下：第1章 美术问题；第2章 建筑；第3章 雕塑；第4章 绘画；第5章 绘画；第6章 绘画；第7章 威尼斯的绘画；第8章 米开朗基罗的生平[2]；第9章 本韦努托·切利尼[3]；第10章 后续；附录。从以上章目中可以见出，西蒙兹用至少4章的

---

[1] J. A. Symonds, *Renaissance in Italy*, Vol. II, New Edition, Smith, Elder, & Co., 1904, Chapter I, p. 117.

[2] 西蒙兹为该章立的英文标题为：Life of Michael Angelo。因为现在的中文翻译习惯将Michael Angelo合写成"米开朗基罗"，而不用"米夏埃尔-安杰洛"之类的译法，故笔者依习惯用之。

[3] 本韦努托·切利尼（Benvenuto Cellini），意大利文艺复兴时期的金匠、画家、雕塑家、战士和音乐家。

篇幅讲述绘画的历史。西蒙兹的艺术史研究有两个重点,其一是研究民族的艺术个性、艺术精神等;其二是注重个案研究并发现具体艺术家、城邦艺术的个性。因此西蒙兹著作的魅力肯定不在其大而全,应该在其独特的研究思路与学术突破口方面,而最引人注目的就是他对民族性格与意大利文艺复兴关系的认识,即通常学人对为何英国出莎士比亚、意大利出艺术三杰等的思考[①](另见年谱"1884 年"条、"1886 年"条)。

• 同年:私印《诗歌小册子 7 篇》(*Seven Pamphlets*)(附记:坊间难觅,其中不少诗篇被收入后来西蒙兹发表的各种诗集,详后)。

---

① J. A. Symonds, *Renaissance in Italy*, Vol. III, New Edition, Smith, Elder, & Co., 1904, pp. 75, 96. 另见 J. A. Symonds, *Renaissance in Italy*, Vol. VII, New Edition, Smith, Elder, & Co., 1904, "The Catholic Reaction", p. 218, Note。

1878 年

● 4—5 月，西蒙兹全家游意大利米兰、威尼斯。在米兰，西蒙兹不仅饶有兴致地参观米兰大教堂，还不忘去图书馆查阅图书资料等，学者的使命感由此可见一斑。[1]

1878 年时的西蒙兹像（笔者藏）[2]

---

[1] *The Letters II*, pp. 545–547.
[2] Grosskurth, *A Biography*, p. 166.

普劳特《米兰天主教堂外景》(笔者藏)。[1]西蒙兹在记叙本次游览的信函中用意大利人通用的意大利语"Duom"称呼此教堂[2]

---

① T. Roscoe, *The Tourist in Switzerland and Italy*, Robert Jennings, 1830, p. 117.

② *The Letters II*, p. 545.

哈丁《米兰天主教堂内景》（笔者藏）[1]

---

[1] T. Roscoe, *The Tourist in Italy*, Robert Jennings, 1832, Frontispiece.

- 同年：《米开朗基罗和康帕内拉十四行诗》^①英译本出版。

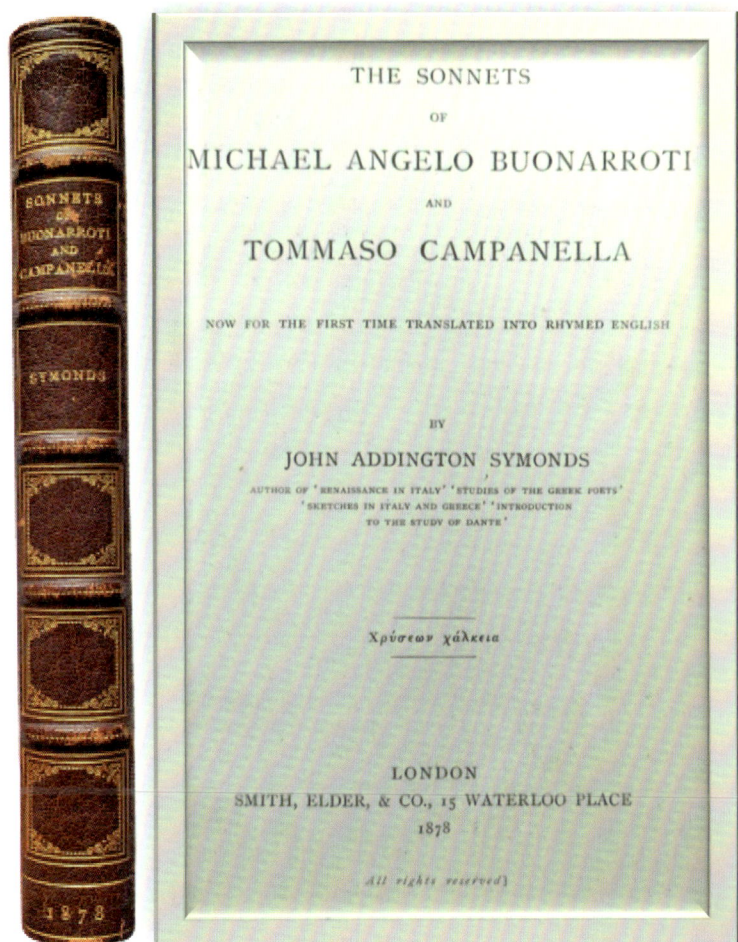

左：《米开朗基罗和康帕内拉十四行诗》书脊；右：该书版权页（笔者藏）。另见《藏录》第80页（附记：本藏由美国纽约 MACDONALD 工坊装帧）

---

① Michael Angelo Buonarroti and Tommaso Campanella, *The Sonnets of Michael Angelo Buonarroti and Tommaso Campanella*, Tr. J. A. Symonds, Smith, Elder, & Co., 1878.

米开朗基罗这位艺术家兼诗人的一生充满抑郁情结。《米开朗基罗和康帕内拉十四行诗》诗集有一首米开朗基罗"等待死亡"的诗歌：

我的死亡肯定会来，只是不知道哪个时辰：

生命诚短暂，所剩无几：

肉体要去负重，而灵魂快逃离

天国的神在召唤我前往。

世界是盲动的；恶就在下方

打击与取胜比过诚实：

光就要熄灭，勇敢地去承受：

欺瞒统治着一切，已经难见真理的容颜。

那个白昼何时消去，主呵他还在等你

可又有谁信赖你？如此之拖沓

会泯灭所有的希望、夺取生命的灵魂。

为什么光还要从天国的门户中透射出来

如果死亡在阻碍荣耀

在生存的永久跋涉中揣曳着我们的灵魂？[①]

[①] Michael Angelo and Campanella, *The Sonnets of Michael Angelo Buonarroti and Tommaso Campanella*, p. 106.

● 同年：韵文诗《情深意长》（*Many Moods*）出版。

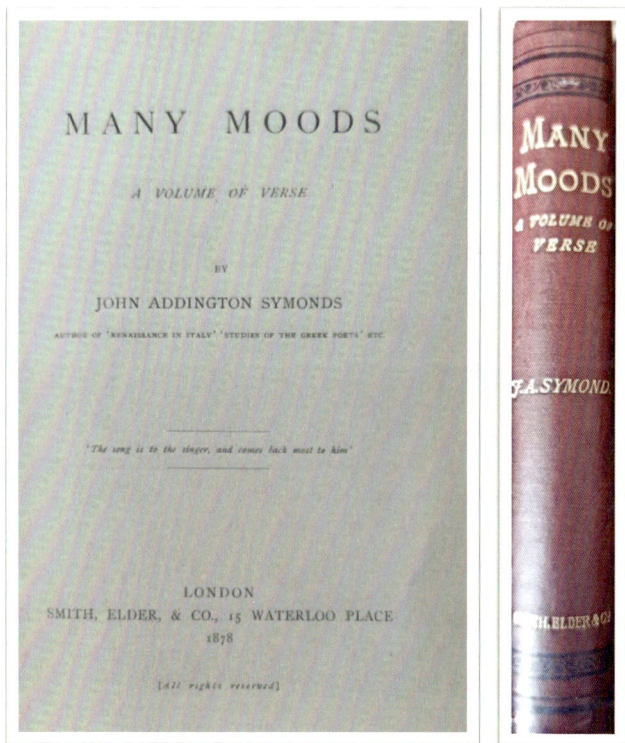

左：《情深意长》版权页；右：《情深意长》书脊（笔者藏）。
另见《藏录》第 72 页。后来 1917 年约翰·默里出版公司再
版此书

西蒙兹与米开朗基罗一样，其人生亦抑郁低沉。《情深意长》中有一组
"死亡沉思十四行诗"，其中第 2 组十四行诗这样吟诵爱与死亡：

爱与死亡之思是如此
　　它们互不分离混合无间，
　　当爱的翅膀将灵魂拍拍飞天
　　那囚处轰然倒地。
爱在清晨使劲地鸣啼，

它的双眸平和晶亮，

只有死亡——那死亡呵知乎爱恋

爱的清脆叫声还有什么言语能及？

死亡答道：听，你叫的那样撕心裂肺

抛开恩仇呵有爱在挂念

那朵勿忘草就在大自然里：

擦干眼泪，他们嬉笑着靠在一起，

那低沉的欢乐音符

对着灵魂说，"靠紧我，爱不会褪去！"[①]

《情深意长》中的"生命情歌"：

我独自漫步穿过林间，

听着夜莺在低语呻吟。

我思忖那声音不像是大人、孩童、

飞鸟、妇人发出，而是万籁和弦：

恐怕只有在天堂能有此完美的声响

是天使合唱回声中的谐音，

是小天使对着前面

蓝宝石圣座上的基督与玛利亚在诵吟。

我独自漫步穿过林间，

听着夜莺在低语呻吟。

在走过灌木小道时遇一小伙，

但见未曾有过的白净和充满情感的双眸；

他唱诵着，尽是欢乐，

---

① J. A. Symonds, *Many Moods: A Volume of Verse*, Smith, Elder, & Co., 1878, p. 138.

但又充溢着死去活来的爱之烦忧

生呀死呀——此歌悲怆哀怨，

就像一只野天鹅在啼叫"死亡之恋"。

我独自漫步穿过林间，

听着夜莺在低语呻吟。

爱在明净的眼中燃烧

死亡的顿挫之声又是那般哀悯；

在荒野的树下穿过时不免颤抖，

听着那断续的沙哑歌唱：向着死亡走去的爱情，

然后一切安静下来

直到灌木丛中飞鸟再起那唤醒灵魂的调音。[①]

---

① Symonds, *Many Moods*, p. 176. 另见第 182、189、202 页。

● 同年:《雪莱传》[①]出版。

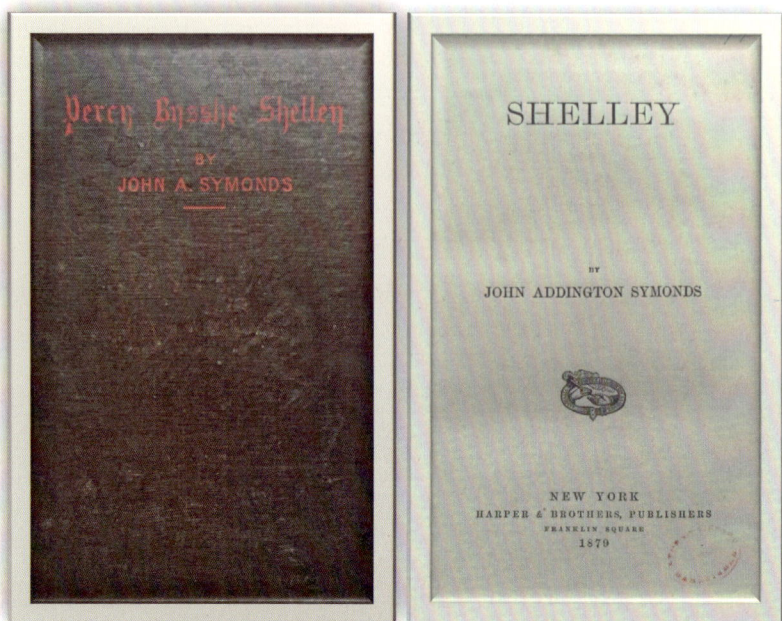

左:《雪莱传》美国版封面;右:美国版书名页(笔者藏)。美国版的年份为
1879 年。另见《藏录》第 79 页

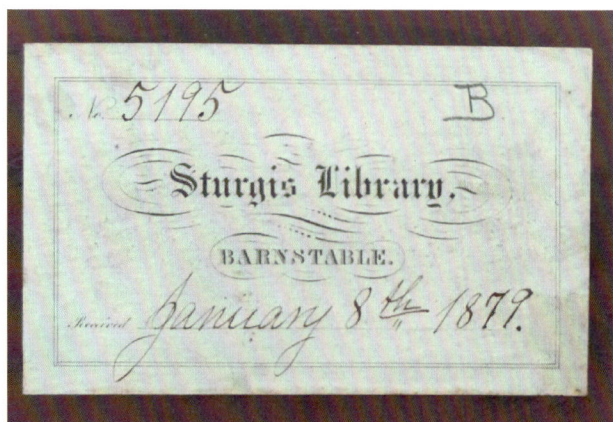

《雪莱传》美国马萨诸塞州斯特吉斯图书馆(Sturgis Library)
1879 年馆藏签章(笔者藏)

① J. A. Symonds, *Shelley*, Macmillan and Co., 1878.

雪莱（Percy Bysshe Shelley,1792-1822）是西蒙兹十分崇敬的英国诗人。《雪莱传》被列入莫利（Morley）所编的《英国文人丛书》，大致在 15 万字。《雪莱传》的篇章结构如下：第 1 章　出生与童年；第 2 章　在伊顿与牛津；第 3 章　在伦敦的生活与第 1 次婚姻；第 4 章　第 2 次寓居伦敦，与哈丽雅特①分手；第 5 章　在马洛的生活，意大利行；第 6 章　寓居比萨；第 7章　最后的岁月；第 8 章　尾声。西蒙兹本人对这部评传作品亦充满信心，认为自己的作品不像许多雪莱传记作品那样为枝节琐屑问题争论不休，而是"将一个原原本本的雪莱形象明晰完整地呈现给读者"。②全书基本上按生平年代展开叙述。在西蒙兹看来，雪莱的一生完全按照自己的思想和感情在行动，他的生命和诗是连为一体的。所以只能用历史叙事的形式而不可能用论文的形式去展示雪莱生动的个性和诗作。③另外，作者在这部传记的起始就深深表达出对其敬慕的诗人过早离世的惋惜之情，因为存在于雪莱身上更为全面的才华还需要假以时日发展、更大的抱负还有待去实现。④

西蒙兹和雪莱都在爱、理想、追求完美的崇高境界下走完人生的历程；他们都出身富贵家庭，从小受到良好的家教；他们的少年时代都进入贵族学校求学，雪莱就读伊顿公学，西蒙兹则在名校哈罗念书，他们都是粗俗教育环境的反抗者；他们是牛津大学隔代的校友；他们都有诗人的质地，雪莱是浪漫主义诗歌的代表，西蒙兹更多地抒发性倒错者的诗情；他们都有巨著存世，雪莱有《解放了的普罗米修斯》等诗篇，西蒙兹则有《意大利文艺复兴》等文化史著述；他们在语言习得上均颇有造诣，能用多种文字进行翻译；他们都深深感怀意大利的风土人情，雪莱后来定居比萨，而西蒙兹则定居与意大利接壤的瑞士，并经常造访意大利；他们都有生命付托的挚友，雪莱的朋友是大诗人拜伦，西蒙兹的好友是威尼斯研究专家布朗；他们最终都在意大利辞世，雪莱不幸在海中罹难，西蒙兹则于 1893 年在罗马病殁，其灵柩安葬在雪莱墓地的附近，这算得上是一种永久的灵魂告慰。⑤

---

① 哈丽雅特（Harriet Westbrook），雪莱的第一任妻子。
② Symonds, *Shelley*, pp. 186-187.
③ Symonds, *Shelley*, p. 182.
④ Symonds, *Shelley*, p. 2.
⑤ 布朗《西蒙兹传》第 2 卷最后一张插图即为"在罗马的英国人墓地"。

在此还要提一笔，西蒙兹的父亲也是雪莱的崇拜者之一。[①]可见文人家风和理念的传承。

佩克（Peck）《雪莱传》第 2 卷 [②] 卷首插图——雪莱像（笔者藏）。后来，佩克主持编撰雪莱全集（详见后文）

---

① Grosskurth, *A Biography*, p. 6.
② W. E. Peck, *Shelley: His Life and Work*, Vol. II, Houghton Mifflin Company, 1927.

《雪莱全集》①10卷书影，这是雪莱研究的案头必备资料（笔者藏）（附记：本藏为半牛皮精美装帧，笔者于21世纪初购得）

---

① *The Complete Works of Percy Bysshe Shelley*, newly edited by Roger Ingpen and Walter E. Peck in ten volumes, Ernest Benn Limited, 1927.

1879 年

- 同年:《意大利游记与研究》出版。

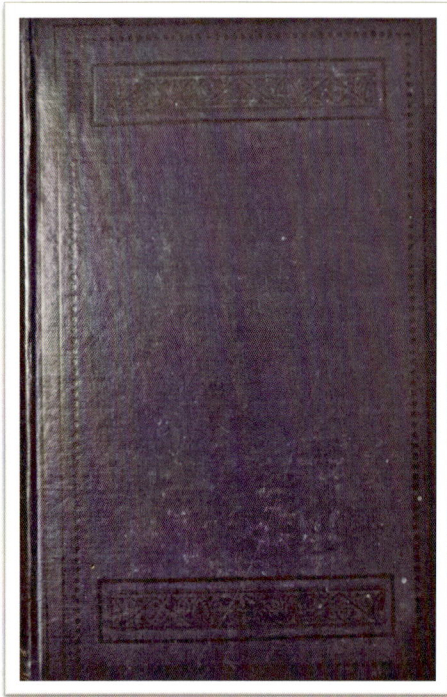

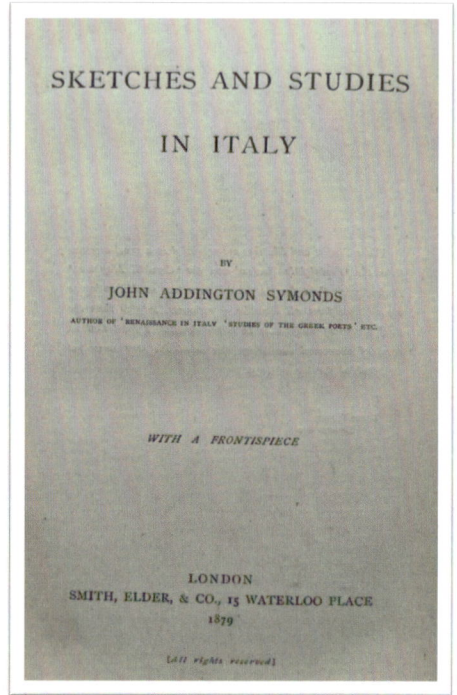

左:《意大利游记与研究》封面;右:该书版权页(笔者藏)。另见《藏录》第 82 页

《意大利游记与研究》卷首插画——古罗马时期的同性恋雕塑，
该雕塑现藏于西班牙马德里博物馆（笔者藏）

《意大利游记与研究》篇章如下：

1. 阿马尔菲，帕埃斯图姆，卡普里（Amalfi, Paestum, Capri）

2. 意大利的圣诞思念（Thoughts in Italy about Christmas）

3. 安提诺乌斯（Antinous）

4. 卢克莱修（Lucretius）[①]

5. 佛罗伦萨与美第奇家族（Florence and the Medici）

6. 意大利文学对英国的贡献（The Debt of English to Italian Literature）

7. 文艺复兴时期的意大利大众诗歌（Popular Italian Poetry of the Renaissance）

8. 波利齐亚诺的《奥菲欧》（The "Orfeo" of Poliziano）

9. 卡诺莎（Canossa）

10. 佛诺沃（Fornovo）

11. 上世纪两位剧作家（Two Dramatists of the Last Century）

12. 克雷马与耶稣受难像（Crema and the Crucifix）

13. 贝尔加莫与巴尔托洛梅奥·科莱奥尼（Bergamo and Bartolomeo Colleoni）

14. 科莫与美第基诺（Como and Il Medeghino）

15. 伦巴第散记（Lombard Vignettes）

16. 附录：白体诗（Blank Verse）

17.《奥菲欧》注释（Note on the "Orfeo"）[②]

---

① 此文就希腊、罗马的诗歌等做了比较研究。

② 《奥菲欧》是文艺复兴时期意大利人文主义者波利齐亚诺撰写的剧作。此剧献给卡洛·卡纳莱（Carlo Canale）大人。卡纳莱是万诺扎（Vannozza）的丈夫。万诺扎曾是教皇亚历山大六世的情妇，为其生下切萨雷·波吉亚（Cesare Borgia）、卢克雷齐娅·波吉亚（Lucrezia Borgia）等儿女。详见 J. A. Symonds, *Sketches and Studies in Italy*, Smith, Elder, & Co., 1879, pp. 429-430。

透纳《阿马尔菲城远景》（笔者藏）①

---

① S. Rogers, *Italy, A Poem*, T. Cadell, 1830, p. 216.

透纳《帕埃斯图姆》(Paestum)，该古建筑位于那不勒斯东南部（笔者藏）[1]

---

[1] S. Rogers, *Italy, A Poem*, T. Cadell, 1830, p. 207.

● 同年：西蒙兹 4 首诗歌《无望与孤独》（Hopeless and Alone）、《失去的爱》（A Lost Love）、《梦境中的分离》（A Parting in Dreamland）和《一枚古代雕印》（An Antique Intaglio）被收入《近代诗人诗集》①。这本诗集所选诗歌从 18 世纪中叶一直到 19 世纪 70 年代。（另注：Babington 第 102 页上提到，仅西蒙兹的《梦境中的分离》和《一枚古代雕印》2 首入选，这显然是不完整的说法。）

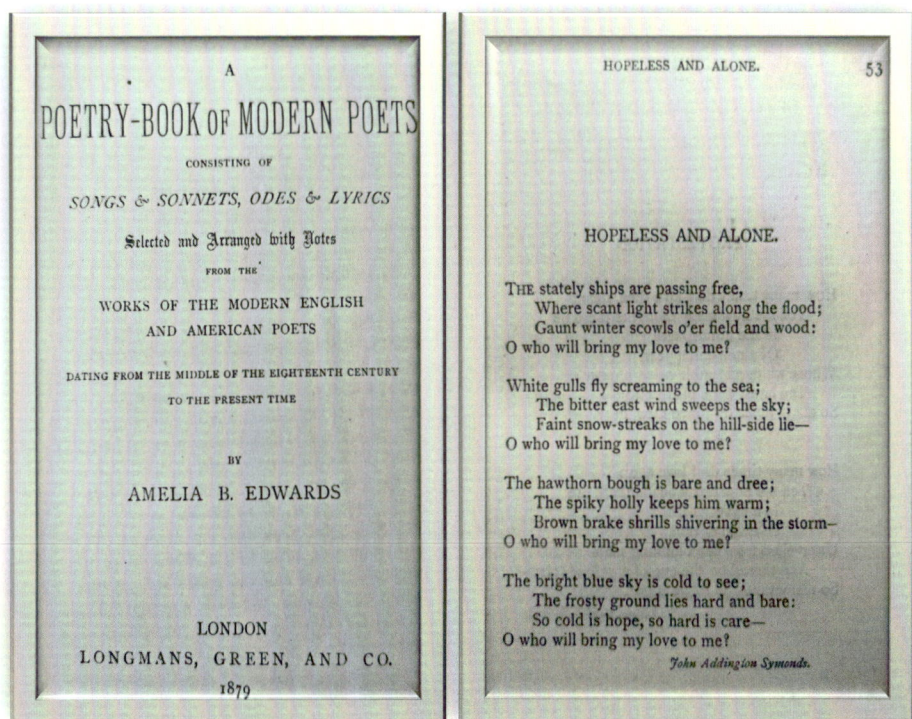

左：《近代诗人诗集》书名页；右：《近代诗人诗集》第 50 页上的西蒙兹诗歌《无望与孤独》书影（笔者藏）

● 同年：《希腊诗人研究》（第 2 系列）再版。

---

① *A Poetry-Book of Modern Poets*, Ed. A. B. Edwards, Longmans, Green and Co., 1879.

● 同年：为《不列颠百科全书》撰写的"菲奇诺"（Ficino）和"菲莱尔福"（Filelfo）词条在《不列颠百科全书》第 9 版第 9 卷上发表。

左：《不列颠百科全书》第 9 版第 9 卷书脊；右：第 9 卷封面（笔者藏）。另见《藏录》第218、296 页（附记：本藏第 9 版、第 10 版共 36 卷，原为日本学者渡边千春藏书。渡边千春是明治时期日本皇家总管家渡边千秋的第 2 个儿子，很有学问。后来这套书又为日本的中国佛学史研究学者塚本善隆所藏，塚本善隆长期在中国潜心问学，与中国学人交谊颇深。现为笔者续藏）

1880 年

● 5 月 23 日，致函佩吉特（Violet Paget, 1856–1936），[①] 谈及读她《18 世纪意大利研究》（*Studies of the Eighteenth Century in Italy*）一书的感想。佩吉特是散文家、小说家和艺术批评家，受"前拉斐尔派"[②] 和佩特[③] 影响颇深。从 1871 年起定居意大利，在意大利做研究，其在文艺复兴研究等领域有独到见解，西蒙兹对此很感兴趣。

佩吉特画像（笔者藏）[④]

---

① 佩吉特笔名弗农·李（Vernon Lee），这是其时学界对佩吉特的通常称呼。
② 关于"前拉斐尔派"参见年谱"1861 年"条。
③ 关于佩特参见年谱"1888 年"条。
④ *The Letters II*, pp. 64–65.

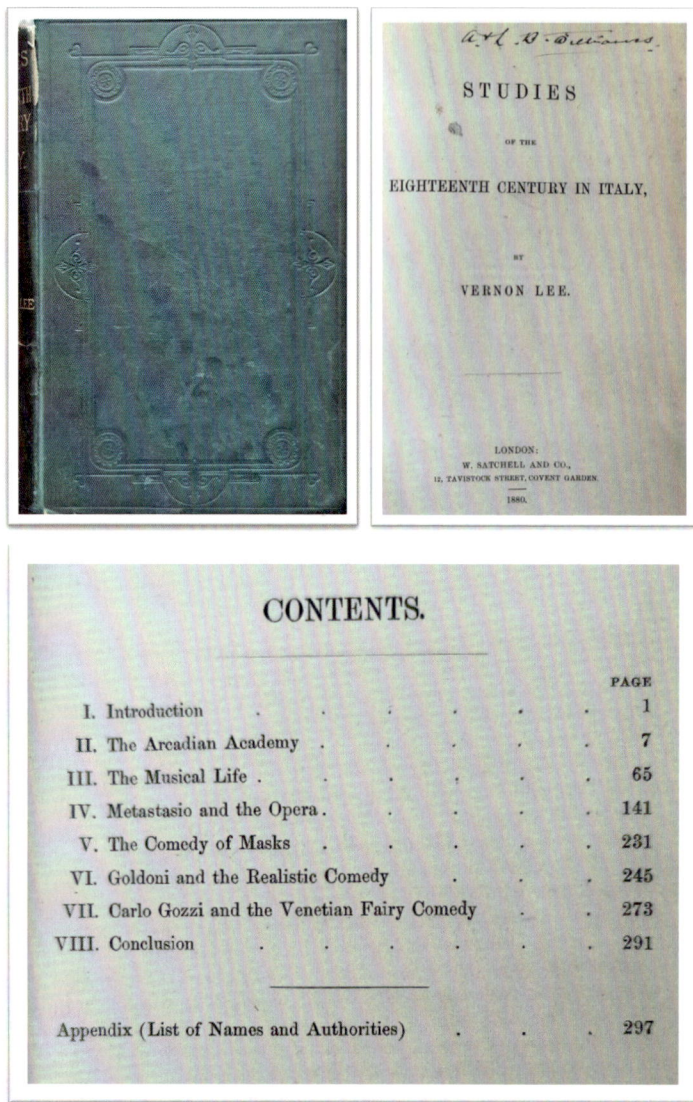

STUDIES

OF THE

EIGHTEENTH CENTURY IN ITALY,

BY

VERNON LEE.

LONDON:
W. SATCHELL AND CO.,
12, TAVISTOCK STREET, COVENT GARDEN.
1880.

CONTENTS.

	PAGE
I. Introduction	1
II. The Arcadian Academy	7
III. The Musical Life	65
IV. Metastasio and the Opera	141
V. The Comedy of Masks	231
VI. Goldoni and the Realistic Comedy	245
VII. Carlo Gozzi and the Venetian Fairy Comedy	273
VIII. Conclusion	291
Appendix (List of Names and Authorities)	297

上左：弗农·李《18世纪意大利研究》封面；上右：该书书名页；下：该书目录页（笔者藏）。《18世纪意大利研究》有专论18世纪意大利威尼斯剧作家戈齐（Carlo Gozzi, 1720-1806）的内容。戈齐以喜剧创作著称于戏剧界。但19世纪英国学术界对戈齐所知甚少，涉及戈齐的著述也只有弗农·李的《18世纪意大利研究》一本。西蒙兹后来在翻译《卡罗·戈齐伯爵回忆录》时提到了佩吉特的研究成果。① 关于戈齐另见年谱"1890年"条

----

① 参见 Carlo Gozzi, *The Memoirs of Count Carlo Gozzi*, Tr. J. A. Symonds, John C. Nimmo, 1890, p. XI。

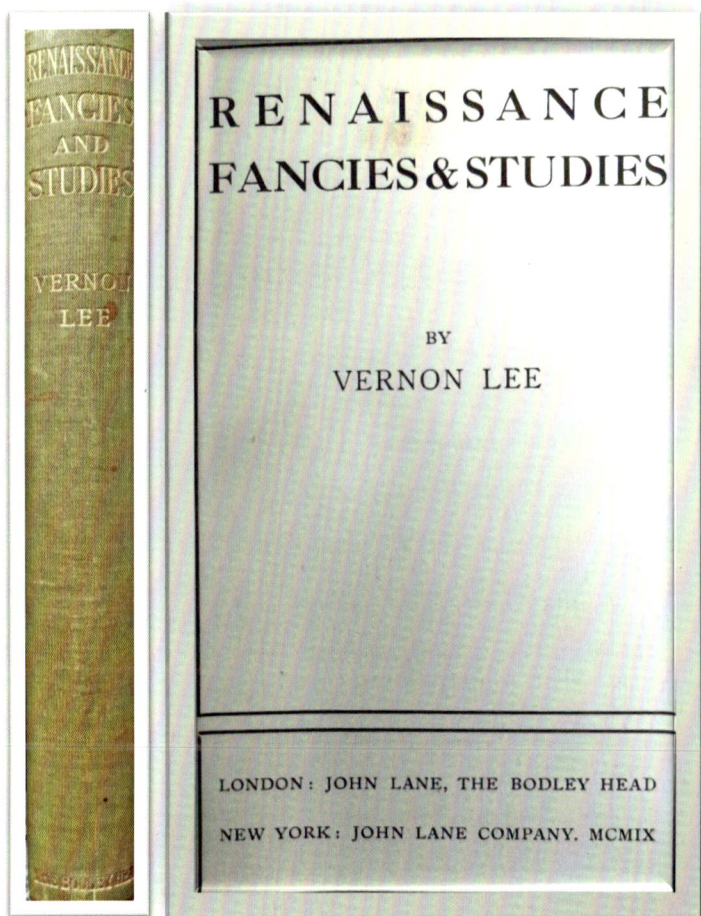

左：弗农·李《文艺复兴想象与研究》[①]书脊；右：该书书名页（笔者藏）。全书由 5 篇论文组成，写得很随兴，涉及文艺复兴时期的思想、艺术等诸多方面（附记：该书没有出版年份，经考证出版于 1895 年）

---

① Vernon Lee, *Renaissance Fancies and Studies*, John Lane, 1895.

● 6月23日，西蒙兹得知玛丽·罗宾森（Agnes Mary Francis Robinson, 1857-1944）要来克利夫顿，于是致函玛丽让她告知具体行程，以便接风。[1] 玛丽·罗宾森是女诗人、文论家。在其父母举办的"前拉斐尔派"沙龙上结识不少名流。玛丽·罗宾森曾受到诗人布朗宁、戈斯、西蒙兹等名家的指点。后移居法国，其沙龙的座上宾有王尔德（Wilde）、普鲁斯特等英法作家。

玛丽·罗宾森像（笔者藏）[2]

---

[1] *The Letters II*, p. 638.

[2] *The Letters II*, pp. 64-65.

- 夏天，游佛罗伦萨等。
- 9月，迁居达沃斯，那里成为西蒙兹永久的居住地。达沃斯小镇及周边地区空气清新、气候宜人。经过19世纪医学界的论证，达沃斯小镇所属的瑞士恩加丁地区对于肺病患者而言不失为一处极佳的治病疗养之地。

西蒙兹与女儿玛格丽特合著的《我们在瑞士高地的生活》1907年版[①]中的插画——由知名画家刘易斯（J. Hardwicke Lewis, 1842–1927）创作的《达沃斯远景图》（*Our Life in the Swiss Highlands*, title page）（笔者藏）。书中还有不少刘易斯所绘的达沃斯风景插画。另见年谱"1892年"条

---

① J. A. Symonds and His Daughter Margaret, *Our Life in the Swiss Highlands*, Adam and Charles Black, 1907.

西蒙兹在达沃斯与农民在一起，图片中一幅欢快愉悦的场景（笔者藏）。[1] 这种愉悦心情在《西蒙兹回忆录》里有记载[2]

● 11月4日，斯蒂芬森（Stevenson）夫妇来达沃斯（斯蒂芬森与西蒙兹的通信情况另见年谱"1881年"条）。

---

[1] Grosskurth, *A Biography*, p. 182.
[2] *The Memoirs*, p. 281.

• 同年：《希腊诗人研究》美国版 2 卷[①]出版。西蒙兹特地为美国版写了序言，就内容、版式安排等情况做了说明。此美国版大致上就是一个定版（关于这个美国版的特殊性及笔者收藏情况等参见《藏录》第 55 页）。

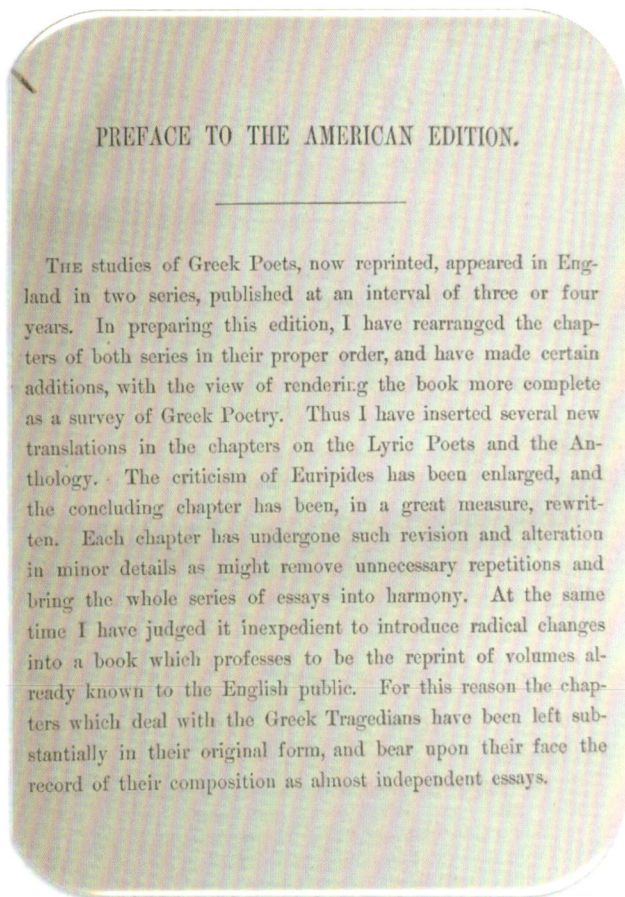

PREFACE TO THE AMERICAN EDITION.

THE studies of Greek Poets, now reprinted, appeared in England in two series, published at an interval of three or four years. In preparing this edition, I have rearranged the chapters of both series in their proper order, and have made certain additions, with the view of rendering the book more complete as a survey of Greek Poetry. Thus I have inserted several new translations in the chapters on the Lyric Poets and the Anthology. The criticism of Euripides has been enlarged, and the concluding chapter has been, in a great measure, rewritten. Each chapter has undergone such revision and alteration in minor details as might remove unnecessary repetitions and bring the whole series of essays into harmony. At the same time I have judged it inexpedient to introduce radical changes into a book which professes to be the reprint of volumes already known to the English public. For this reason the chapters which deal with the Greek Tragedians have been left substantially in their original form, and bear upon their face the record of their composition as almost independent essays.

西蒙兹为《希腊诗人研究》美国版写的"序言"书影（笔者藏）

---

① J. A. Symonds, *Studies of the Greek Poets in 2 Volumes*, Harper & Brothers, 1880.

● 同年：韵文诗《新与旧》（*New and Old: A Volume of Verse*）出版。

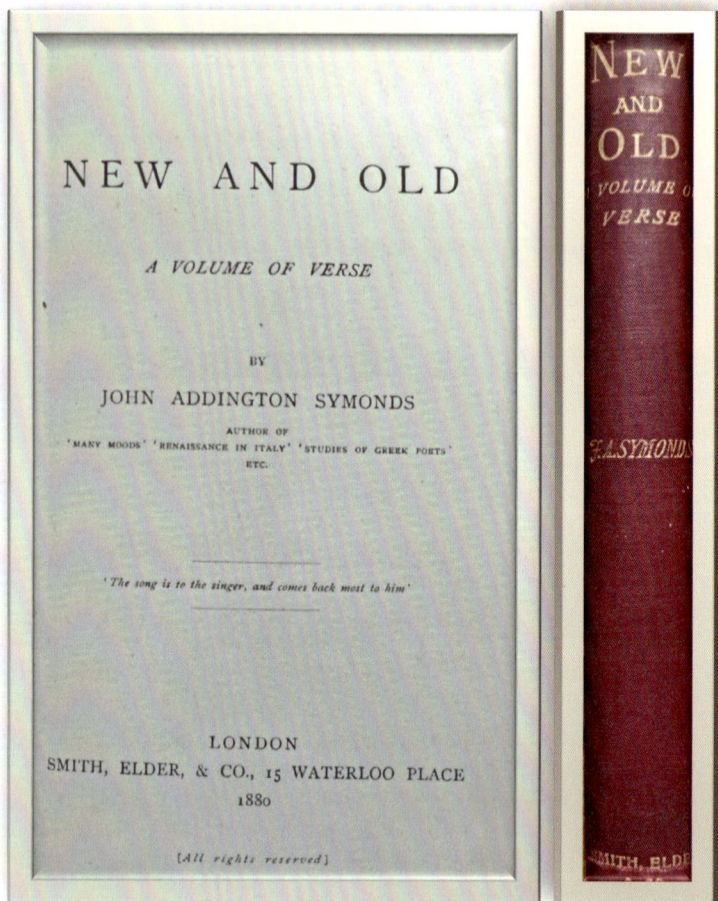

《新与旧》英国版版权页及书脊（笔者藏）。另见《藏录》第 83—84 页

西蒙兹在诗歌集《新与旧》中有一诗篇，题名《艺术就是一种爱》。其中谈两者间关系的诗句是：

……要明白艺术多么像恋爱！

那爱恋者尽管情感交织

抿起嘴唇、扬动卷发、交手拥爱，

但他们的灵魂却相互分开

两者的躯干也不是一体，

多么的苦楚

他们企求每一种成分都不要分离，

崇高地合而为一。

在艺术中我们扣紧永恒不变的美之形式

我们抓住她亲吻、颤动；

同时永不松手、直至硕果累累，

这时我们的灵魂就融化在美的形式中

它是在求爱、是始终的等待

一种难以言表的等待……[①]

● 同年：《不列颠百科全书》第 9 版第 11 卷载有西蒙兹撰写的"瓜里尼"（Guarini）和"奎恰迪尼"（Guicciardini）词条。

[①] J. A. Symonds, *New and Old: A Volume of Verse*, Smith, Elder, & Co., 1880, p. 66.

1881 年

● 春天，在威尼斯结识贡多拉舵手富萨托（Angelo Fusato）。之后几乎每年去威尼斯。《西蒙兹回忆录》第 17 章详细记述了与富萨托的交往。

在威尼斯的富萨托像（笔者藏）[1]

---

[1] Grosskurth, *A Biography*, p. 278.

在威尼斯的富萨托像（笔者藏）①

---

① *The Memoirs*, pp. 208–209.

晚年富萨托像，现藏布里斯托尔大学图书馆（笔者藏）①

---

① *The Memoirs*, p. 554.

自 1881 年春两人萍水相逢大约维持了 10 年的"同志友谊"关系。西蒙兹还通过诗歌《海神》①《不可能的爱》和《自责》②等诗篇来传达此等缠绵之情。③《海神》中有如此反映同性恋者心灵的诗句：

> 我的灵魂梦魇威尼斯海水，
>> 上苍对映明彻晶亮的夜空，
>> 海面躺着迷人的岛峰，
>> 它们在黑夜中调情嬉戏；
>
> 为安抚我生命激情的阵痛，
>> 深情的双眸含着自我的静谧，
>> 可再落魄的深沟我也敢闯荡，
>> 哪怕魔咒降临自己。
>
> 一阵暴风雨夷平了沙洲，
>> 在暗处没有征兆地随心所欲，
>> 来吧牵着我微微颤抖的双手，
>
> 让我看看你，你那过分的行头
>> 你撩拨起我心灵中的欲火！
>> 陶醉在情网中，我无法挣脱。④

---

① J. A. Symonds, *Vagabunduli Libellus*, Kegan Paul, Trench and Co., 1884, "Stella Maris", pp. 11-77.
② J. A. Symonds, *Animi Figura*, Smith, Elder, & Co., 1882, "L'Amour de L'Impossible" "Self-Condemnation", pp. 36-49, 59-65.
③ *The Memoirs*, pp. 271-272.
④ Symonds, *Vagabunduli Libellus*, p. 12.

● 4月27日，西蒙兹在达沃斯用明信片的形式给斯蒂芬森（Robert Louis Stevenson, 1850−1894）去函，谈及读《卡莱尔文集》的感受和崇敬心理。[1]西蒙兹当年写《但丁研究导论》（见年谱"1872年"条等）时主要参考的译文就是卡莱尔（John Aitken Carlyle）译的但丁《神曲·地狱篇》。斯蒂芬森有长篇小说《金银岛》等存世。斯蒂芬森夫妇与西蒙兹之间有长期的书信往来。后来西蒙兹在译著《美酒、女人与欢唱：中世纪拉丁文学生诗歌集》（见年谱"1884年"条）书前题词，并将此献给斯蒂芬森。

斯蒂芬森20岁时像（笔者藏）[2]

---

[1] *The Letters II*, p. 671.

[2] *The Letters of Robert Louis Stevenson*, Vol. I, Ed. S. Colvin, Methuen & Co. Ltd, 1911, Frontispiece.

斯蒂芬森 35 岁时像（笔者藏）[1]

---

[1] *The Letters of Robert Louis Stevenson*, Vol. II, Ed. S. Colvin, Methuen & Co. Ltd, 1911, Frontispiece.

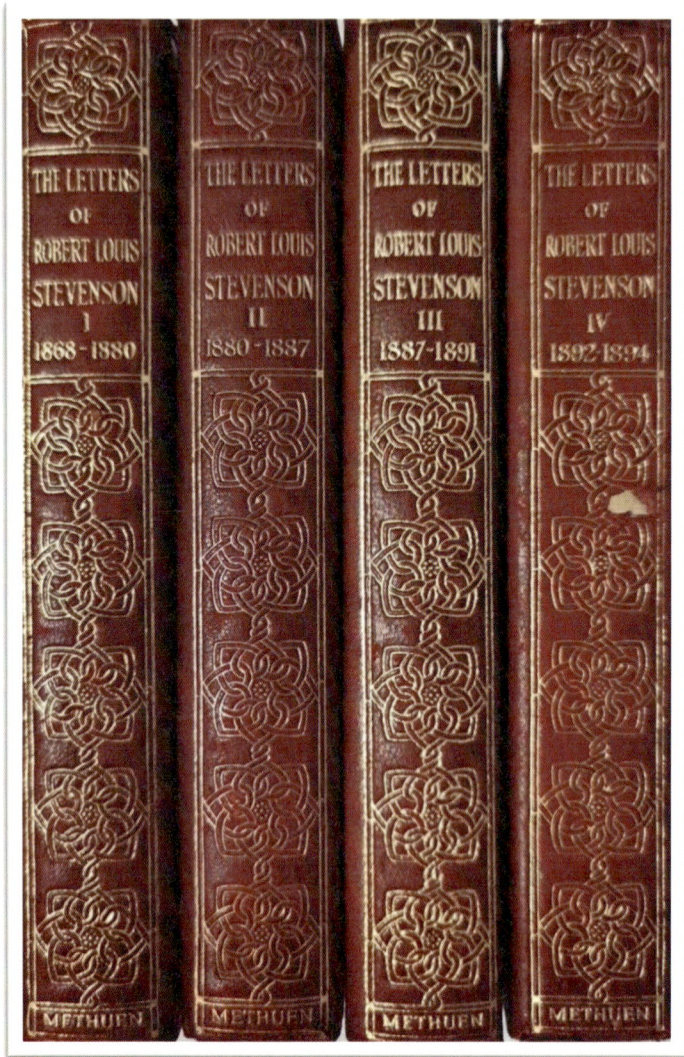

《斯蒂芬森书信集》①书影（笔者藏）。其中有与西蒙兹通信的内容

---

① *The Letters of Robert Louis Stevenson*, 4 Vols, Ed. S. Colvin, Methuen & Co. Ltd, 1911.

- 6—9 月，在达沃斯建造"Am Hof"。德语 Am Hof 指花木簇拥的院落。

《诚心与石榴树》中的 Am Hof 远景图像（笔者藏）[1]

- 11 月 28 日，致函文艺复兴雕塑史研究学者珀金斯（Charles Callahan Perkins, 1823–1886），期盼他能来达沃斯旅游（后来珀金斯是否到过达沃斯无法确定[2]），同时西蒙兹谈到对珀金斯艺术史著作如《意大利雕塑家》等的兴趣。珀金斯是美国波士顿的艺术家、评论家，喜欢旅游。珀金斯曾在哈佛、罗马和巴黎接受教育，是波士顿艺术馆的创办人之一。

---

[1] D. K. Furse, *Hearts and Pomegranates: The Story of Forty-Five Years, 1875 to 1920*, Peter Davies, 1940, p. 32.

[2] *The Letters II*, p. 714.

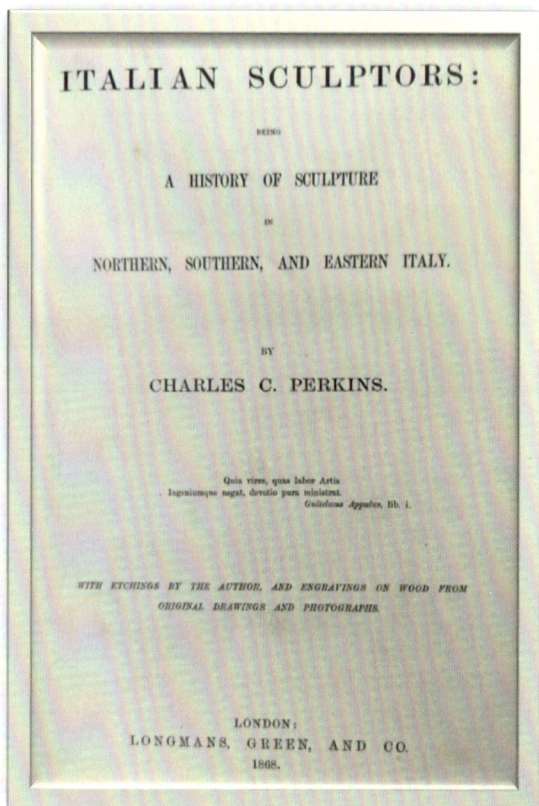

珀金斯《意大利雕塑家》[1]版权页（笔者藏）。该书开本很大，书影等详见《藏录》第346—347页。该书是西蒙兹撰写《意大利文艺复兴》第3卷即"美术卷"（见年谱"1877年"条）时的重点参考书籍。珀金斯在意大利艺术史方面的著作还有：《托斯卡纳雕塑家》[2]、《拉斐尔与米开朗基罗》[3]、《意大利雕塑手册》[4]，等等（附记：以上书籍本藏均备）

---

[1] C. C. Perkins, *Italian Sculptors: Being a History of Sculpture in Northern, Southern, and Eastern Italy*, Longmans, Green and Co., 1868.

[2] C. C. Perkins, *Tuscan Sculptors: Their Lives, Works, and Times with Illustrations from Original Drawings and Photographs*, 2 Vols, Longmans, Green and Co., 1864.

[3] C. C. Perkins, *Raphael and Michelangelo: A Critical and Biographical Essay*, James R. Osgood, 1878.

[4] C. C. Perkins, *Historical Handbook of Italian Sculpture*, Remington and Co., 1883.

珀金斯《意大利雕塑家》卷首插画——维罗基奥[1]与莱奥帕尔迪[2]共同创作的《威尼斯征服者巴尔托洛梅奥·科莱奥尼骑马雕像》(笔者藏)[3]

---

[1] 维罗基奥（Andrea del Verrocchio, 1435-1488），文艺复兴时期意大利艺术家。

[2] 莱奥帕尔迪（Alessandro Leopardi, 活跃于 1482 年至 1522 年），文艺复兴时期意大利艺术家。

[3] Perkins, *Italian Sculptors*, Frontispiece.

● 同年:《意大利文艺复兴》第 4、第 5 卷《意大利文学》(Italian Literature)出版。

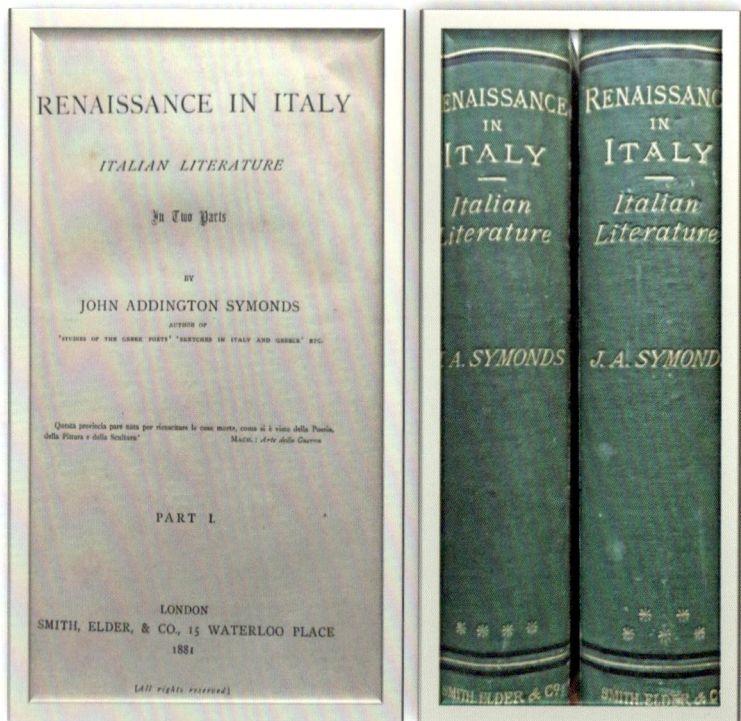

左:第 4 卷第 1 版版权页;右:第 4、第 5 卷书脊(笔者藏)。另见《藏录》第 65—70 页(附记:第 4、第 5 卷书脊下面有星号,原来第 1、第 2、第 3 卷初版时没有星号,再版时补上。这样,5 卷的装帧成为一个系列)

　　《意大利文艺复兴》第 4、第 5 两卷合为文学卷。与艺术史研究的丰富学术成果相比较,当时学术界在文学史方面的研究还比较弱。与"美术卷"一样,在西蒙兹的年代很少见到以"意大利文艺复兴时期文学史"为题的专著。从信息、容量上看,西蒙兹所著的文学卷部分由两卷约 60 万字组成。与一般的介绍性文学史著作不同,西蒙兹笔下的文学家、文学流派、经典作品等都带着这位诗人历史学家独到的分析和批判的语词。即使到了今天,西蒙兹的两卷本《意大利文艺复兴》文学卷仍是不可多得的重要学术参考书。

第 4 卷[①]篇章如下：第 1 章　起源；第 2 章　三杰；第 3 章　转型期；第 4 章　流行世俗诗歌；第 5 章　流行宗教诗歌；第 6 章　洛伦佐·德·美第奇与波利齐亚诺；第 7 章　布尔齐与波依阿尔多；第 8 章　阿里奥斯多；附录。第 5 卷篇章如下：第 9 章　疯狂的奥兰多；第 10 章　小说；第 11 章　戏剧；第 12 章　田园诗与说教诗；第 13 章　语言纯正者[②]；第 14 章　滑稽诗与讽刺诗；第 15 章　皮耶特罗·阿雷提诺；第 16 章　史学与哲学；第 17 章　结论；附录。从上述篇章目录中可以见出西蒙兹文学论述的范围之广泛。

● 同年：《不列颠百科全书》第 9 版第 13 卷载有西蒙兹撰写的"意大利史"（Italian History）词条。

● 同年：在 1881 年的《阿罗史密斯圣诞年鉴》（*Arrowsmith's Christmas Annual*）发表诗歌 1 篇，题为《吉内芙拉·德利·阿尔米耶丽的故事》（The Story of Ginevra Degli Almieri）。该诗歌后来没有被重印转载过。[③]

● 同年：西蒙兹数首十四行诗入选《当世作家的英语十四行诗》[④]。[⑤]

---

① 第 4 卷的卷首插入西蒙兹的画像，也是 7 卷本中的唯一一幅画像。到了"新版"（New Edition），西蒙兹的画像移至第 1 卷的卷首。
② 该章英文标题为"The Purists"，主要讨论当时在使用规范语言问题上的各种争论和实践。
③ 详见 Babington, p. 185。
④ *English Sonnets by Living Writers*, Ed. S. Waddington, George Bell and Sons, 1881.
⑤ 详见 Babington, p. 103。

1882 年

- 3 月，妹夫格林去世。
- 3 月，在《弗雷泽杂志》（*Frazer's Magazine*）发表游记《蒙特普尔恰诺山》（Montepulciano）。到了 9 月，又在该杂志发表游记《威尼斯杂记》（A Venetian Medley）。这两篇游记被收入翌年即 1883 年出版的《意大利侧记》一书（详见后文）。
- 5 月，前往伦敦问症并撰写遗嘱。
- 9 月，迁入达沃斯新居 Am Hof。

西蒙兹在 Am Hof 的书房一角（笔者藏）①

---

① *The Letters III*, pp. 192-193.

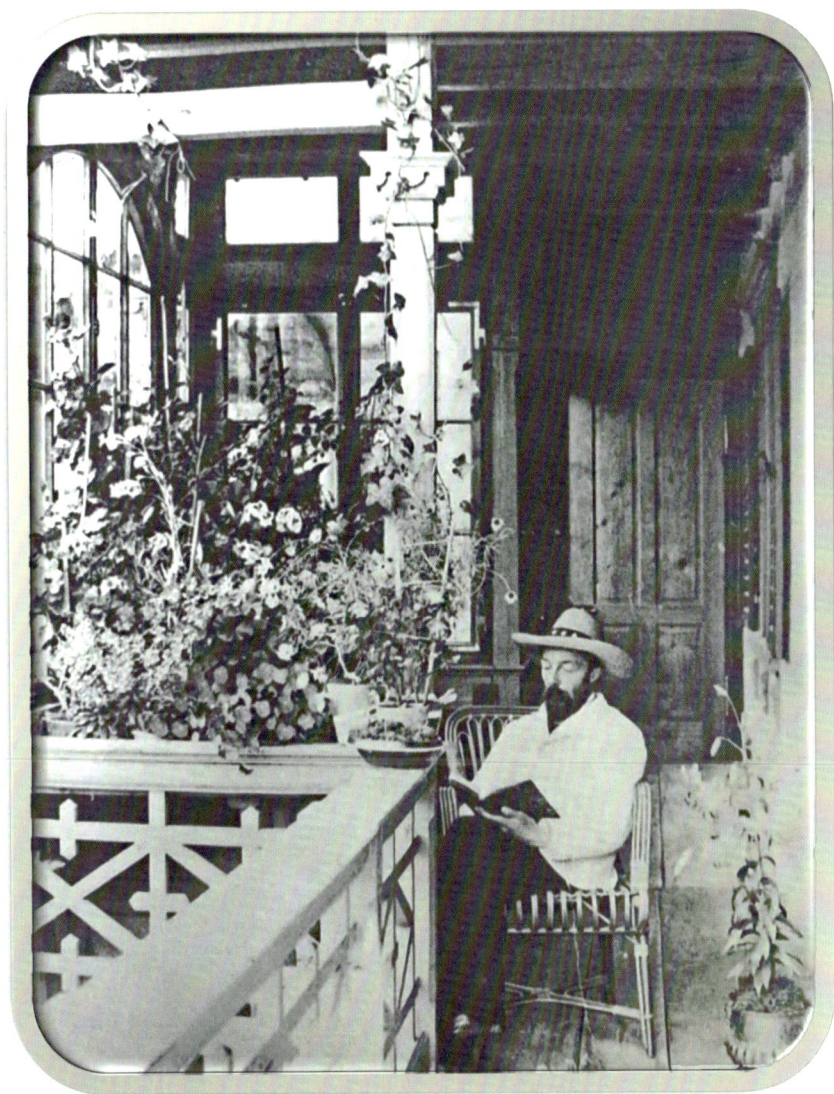

西蒙兹在达沃斯的 Am Hof 居处惬意读书（笔者藏）①

---

① *The Memoirs*, p. 208.

● 10 月 16 日，致函凯瑟琳·布拉德利（Katherine Bradley, 1848–1914），谈及耽搁送回布拉德利侄女伊迪丝·库珀（Edith Cooper, 1862–1913）照片的事宜，同时谈及布拉德利与其侄女两人独特的文学创作、文学心灵等。西蒙兹称她俩为"双星"（double star），称其创作是"英雄般的"（heroic）[1]。在 19 世纪维多利亚时代的英国文坛，凯瑟琳·布拉德利与其侄女伊迪丝·库珀互爱生活，并共同以一个男人的名字迈克尔·菲尔德（Michael Field）作为署名发表诗歌等文学作品。此事迹堪称那时文坛的奇葩。

迈克尔·菲尔德照片两幅（笔者藏）[2]

① *The Letters II*, p. 783.
② *The Letters II*, pp. 64–65.

• 同年：十四行诗集《心灵的画像》（*Animi Figura*）出版。[1]诗集内含许多反映同性恋者内心世界的诗歌。

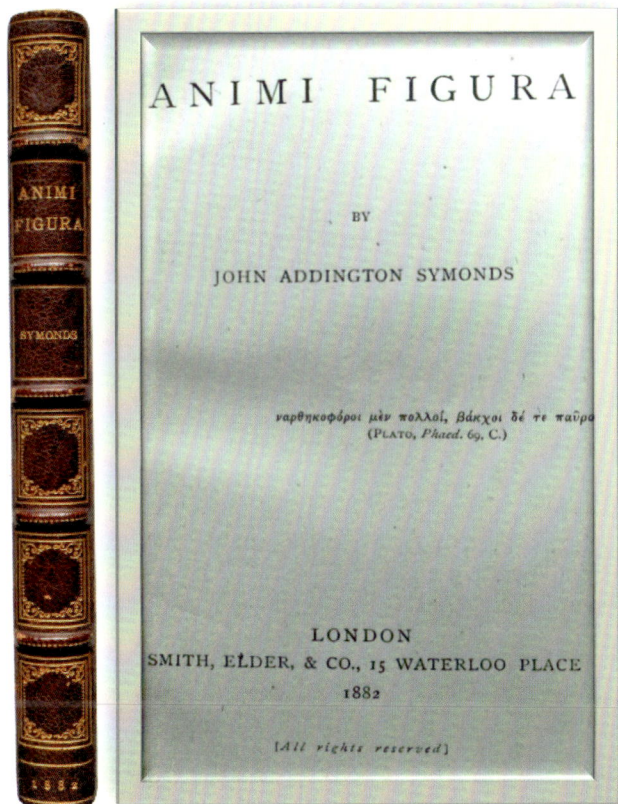

左：《心灵的画像》书脊；右：该书版权页（笔者藏）。另见《藏录》第 86 页（附记：本藏由美国纽约 MACDONALD 工坊装帧）

---

[1] 关于"心灵的画像"这一题名，西蒙兹在诗集的"序言"中做了说明，参见 J. A. Symonds, *Animi Figura*, Smith, Elder, & Co., 1882, "Preface"。

《心灵的画像》有一首题为"个性"(Personality)的十四行诗歌,倾诉同性恋者的隐匿内心世界:

我不知道我是什么——噢,多么恐惧的想法!
　　我也不知道我的伙伴是什么:
　　在我与世界之间唯有一道屏障
　　无比坚固地阻挡着。
每一个人都隐藏自己
　　都躲在自我感觉的笼子里
　　再也没有同志之谊,就像在呼唤星体
　　而穿越那星体就像穿越空虚。
他的自我没人能理解,他兄弟的内心也看不透
　　那爱恋者一声感叹
　　"没有一处场所
　　能接纳我们幸福美丽的心灵。"
就从睡眠中起身吧,或许能发现叠影
　　将两个分离者——两个亡灵合一。①

- 同年:西蒙兹 3 首诗歌入选《三个世纪十四行诗选》②。

---

① J. A. Symonds, *Animi Figura*, Smith, Elder, & Co., 1882, p. 11. 这首诗另见 J. A. Symonds, *New and Old: A Volume of Verse*, Smith, Elder, & Co., 1880, p. 219。

② *Sonnets of Three Centuries*, Ed. T. H. Caine, Elliot Stock, 1882.

1883 年

● 4—5 月，游威尼斯。在同年发表的《意大利侧记》中专门有一章谈威尼斯贡多拉舵手的生活（详见后文）。

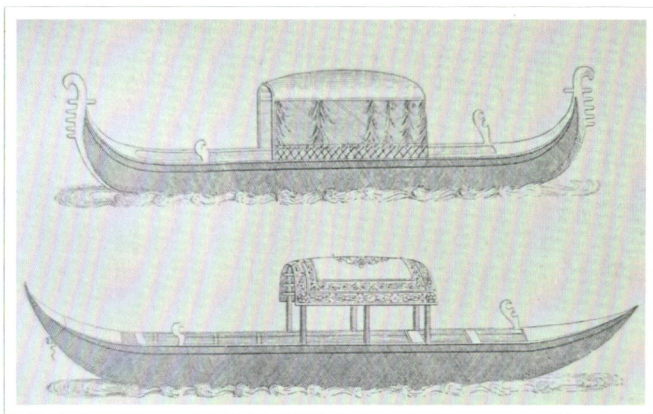

威尼斯早期的贡多拉模型两种（笔者藏）。[1] 贡多拉是水城威尼斯最常见的载人交通工具

西蒙兹时代贡多拉舵手划船情景（笔者藏）[2]

---

① H. F. Brown, *Life on the Lagoons*, Rivingtons, 1909, p. 75.
② Brown, *Life on the Lagoons*, p. 81.

布朗《威尼斯风情录》卷首插画——威尼斯贡多拉舵手安
东尼（Anthony）的肖像（笔者藏）。西蒙兹游威尼斯时曾
坐过安东尼掌舵的贡多拉②

---

① H. F. Brown, *In and Around Venice*, Rivingtons, 1905. 该书与年谱提及的布朗的《威尼斯的
　生活》是姐妹篇。
② J. A. Symonds, *Italian Byways*, Smith, Elder, & Co., 1883, pp. 197, 231.

- 10 月 5 日，姐姐玛丽·伊莎贝拉·西蒙兹死于肺结核。从其姐姐的死因可知西蒙兹家族的肺病遗传问题。

- 同年：西蒙兹组织首个国际性滑雪橇比赛。从中可以了解到西蒙兹性格中的另一面。

西蒙兹在达沃斯山地滑雪橇像（笔者藏）①

---

① *The Letters II*, pp. 64–65.

● 同年:《意大利侧记》出版。西蒙兹将这部游记作品献给其旅行伴侣布奥尔（Christian Buol）和帕尔米（Christian Palmy）。布奥尔和帕尔米都是西蒙兹的"帅气美"朋友。[①]

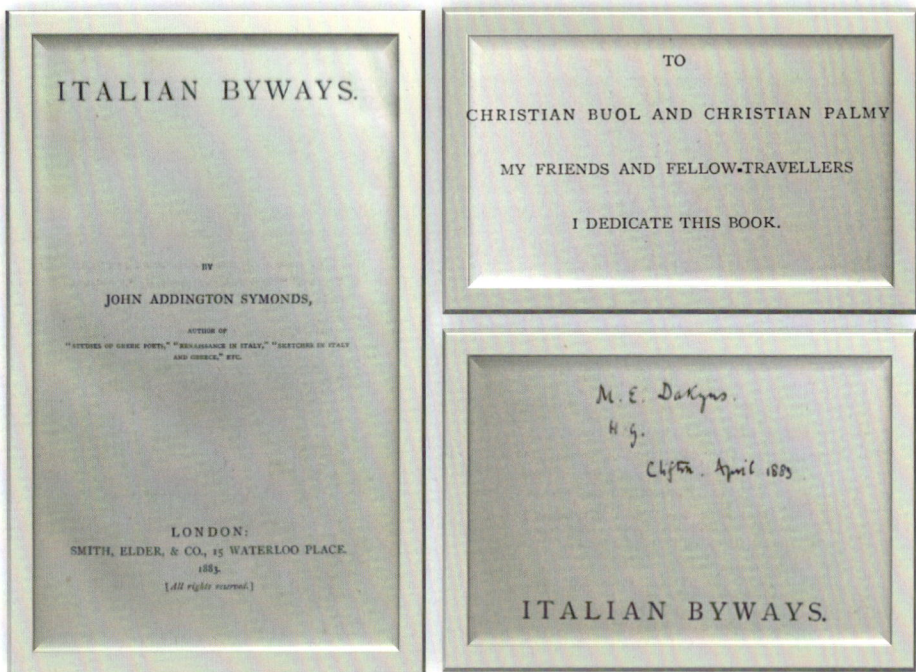

左:《意大利侧记》英国版版权页；右上：献词；右下：西蒙兹赠好友戴金斯夫妇签名页截影（戴金斯夫人姓名在前，戴金斯姓名在后）（笔者藏）。另见《藏录》第87—88页（附记：戴金斯藏有多种西蒙兹的书籍，个别珍贵藏本曾进入拍卖行以高价叫拍）

① *The Letters I*, p. 39.

30 岁时的布奥尔像（笔者藏）[1]

---

[1] *The Letters II*, pp. 64−65.

老年时的布奥尔像（笔者藏）。[①] 图右上方的馆舍为布奥尔旅馆

《意大利侧记》目录如下：

1. 秋日漫游（Autumn Wanderings）

2. 奥利维托山（Monte Oliveto）

3. 蒙特普尔恰诺山（Montepulciano）

4. 达·桑·吉米纳诺的福尔格（Folgore Da San Gemignano）

5. 春日漫游（Spring Wanderings）

6. 翁布里亚的五月（May in Umbria）

7. 乌尔比诺宫（The Palace of Urbino）

8. 维多利亚·阿科兰博尼（Vittoria Accoramboni）

9. 威尼斯杂记（A Venetian Medley）

10. 贡多拉舵手的婚礼（The Gondolier's Wedding）

---

① *The Letters II*, pp. 64–65.

11. 一位 16 世纪的布鲁图（A Cinque Cento Brutus）

12. 斯卡拉剧院的切鲁比诺（Cherubino at the Scala Theatre）

13. 格劳宾登的酒神（Bacchus in Graubunden）

14. 达沃斯的冬晚（Winter Nights at Davos）

● 同年：西蒙兹私人印了 10 本《希腊伦理问题：特别写给医学心理学家、法学家的一项关于性倒错现象的咨询报告》[①]。

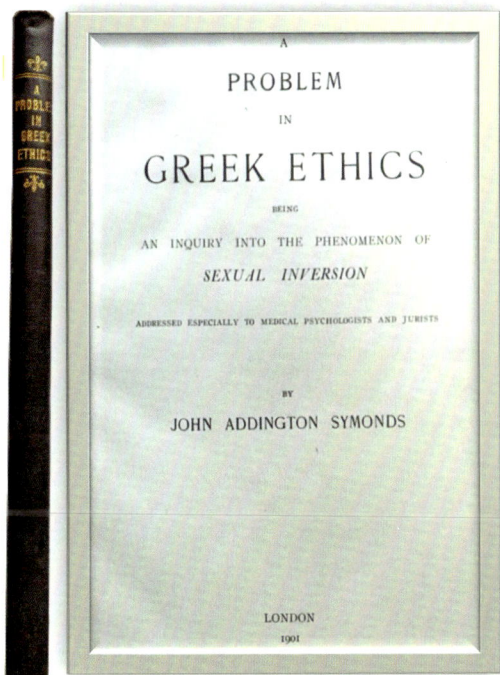

左：《希腊伦理问题》1901 年版私印本书脊；右：该书书名页（笔者藏）。另见《藏录》第 89 页（附记：1883 年私印本坊间已绝迹，即使是 1901 年的私印本也只有 100 本）

[①] J. A. Symonds, *A Problem in Greek Ethics: Being an Inquiry into the Phenomenon of Sexual Inversion, Addressed Especially to Medical Psychologists and Jurists*, privately printed, 1883. 通常简称《希腊伦理问题》。《希腊伦理问题》1883 年只私人印了 10 本，1901 年又印了 100 本。现在学人包括笔者在内能够得到的也就是 1901 年版。更具体的情况参见 Babington, p. 49。

《希腊伦理问题》由 20 章构成。该书有一个详细的目录设计，实际上就是一个浓缩了的文本内容勾勒。目录将古希腊的同性恋故事、人物、看法、文化内涵、社会影响、历史意义等用简单明了的概念提示出来。比较专业的学者在"按目索骥"的学术引导下可以进一步比对原书展开研究，一般的读者通过目录也大致能了解内容的梗概。目录如下：①

1. 导论：处理这个主题的方法；2. 荷马没有娈童恋的知识—阿基里斯—后来希腊人对荷马的看法；3. 阿基里斯与帕特洛克鲁斯的浪漫故事；4. 男性爱恋的英雄理想；5. 凡俗的娈童恋—如何介绍给了希腊人—克里特—拉伊俄斯—伽倪墨得神话；6. 两种爱恋的区别：英雄的与凡俗的（本论文所说的希腊爱恋定义中的娈童恋是混合类型的）；7. 作为一种情感类型的娈童恋之强度及其性质；8. 娈童恋的神话；9. 半传说中的爱恋故事—哈默迪乌斯与阿里斯托吉顿；10. 多利亚人的习俗—斯巴达与克里特—多利亚人生活的条件—多利亚人爱恋的道德属性—它最终的退化—对早期多利亚民族气质的思考—波依奥人的习俗—神圣的地带—亚历山大大帝—爱利亚斯与麦加拉的习俗—淫欲—伊奥尼亚；11. 抒情时代诗歌中的娈童恋—泰奥格尼斯与库努斯—索伦—伊比库斯，一位男萨福—阿纳克里翁与司美尔迪斯—饮酒歌—品达与台奥克诺思—品达对少年美的高尚概念；12. 阿提卡舞台上的娈童恋—埃斯库罗斯《密尔弥多尼斯》—索福克勒斯《阿基里斯的情人们》与《尼奥比》—欧里庇得斯《克利西波斯》—关于索福克勒斯的故事—希腊同性恋图解；13. 观点再现—柏拉图《会饮篇》中保萨尼亚斯演说摘录—对这篇演说的研究，雅典妇女的地位—阿提卡作为义务的婚姻概念—儿童陪伴制度——名希腊男孩的生活—阿里斯托芬尼斯《云》—琉善《爱经》—公园健身地—《吕西斯篇》—《查尔米德斯篇》—克赛诺芬《宴会篇》中的奥托里库斯—克里托布鲁斯论美与爱的演说—与娈童恋有关的锻炼重要性—爱神之子雕像—西塞罗的观点—有关此类锻炼的法律—墙上的涂鸦—爱情诗与赞颂—男孩献物—购物与奢侈享受—娈童恋中的妓—沦为妓的人—费东与阿卡托克勒斯，街头为男孩的争吵—《西蒙被告词中的利西阿斯》；14. 出自阿提卡

---

① 《藏录》有该目录的中英对照，可参考。

法律与习俗的区别—尚好的情色—赠礼与金钱—褫夺那些出售他们身体的自由人—赏赐的定义—爱者、妓女、性虐、区别—埃斯基内斯比对提马库斯—就阿提卡尊贵的变童恋情感之一般结论；15. 柏拉图主义关于希腊爱恋的理论—《法律篇》中的禁欲主义—苏格拉底—由大泰利乌斯确定的其地位—他的爱欲观—《费德鲁斯篇》中的理论：癖爱—《会饮篇》中的神秘主义：优美之爱—柏拉图式的变童恋与骑士之爱之间的关联性：癖爱与快乐；但丁的《新生》—柏拉图主义者与彼特拉克主义者—吉本论雅典哲学家的"轻微之恶"—琉善、普鲁塔克、西塞罗的陈述；16. 希腊自由与希腊爱恋在卡罗尼亚的灭迹—田园诗人—琉善的《爱经》—从未粗俗化的希腊诗人—《变童恋之神》—斐洛斯特拉图斯的《情书》—希腊神父们论变童恋；17. 希腊受变童恋侵袭的深深根底—气候—体育—共餐—军事生活—妇女的地位：附属的文化；娱乐场所的缺失—希腊的休闲；18. 变童恋与美术的关系—希腊雕塑中完美和健康的人—理想的女神—变童恋没有降低民族的想象力—希腊神话学意义下的心理分析—爱之心理学—荷马前的希腊神话学—艺术家喜欢研究女性的时机—艺术家的轶事—希腊人的审美气质，没有受道德与宗教的干扰，鼓励变童恋—霍拉—希腊人崇尚的身体与道德质地—希腊伦理的审美性—节制—希腊宗教的审美性—没有耶和华的概念—宙斯与美少年；19. 希腊妇女中的同性恋—从未获取似变童恋的尊崇；20. 希腊之爱不存在于罗马—基督教教义—骑士方式—近代世界的"生活方式"。

下面是西蒙兹为《希腊伦理问题》所撰简短"导论"的全文：

"在研究性倒错问题方面，古希腊提供了观察、反思的广阔领域。其重要性至今尚未得到医学家、法学家在此科研方面的关切。他们没有意识到，单就历史而言我们得到了一个范例，即那个伟大的、高度发展的民族不仅容忍同性恋的情感，还看重其中的精神价值，试图以此助益社会。通过这些经我们选定的大量文献，我们可以看到此等情感背后各种各样的内容，它们为高雅、理智的文明发展打开了自由的空间。希腊人所说的变童恋或男孩之爱是人类文化最为辉煌的一个时期中的现象，也是一个最高度组织起来的、最具高贵活力的民族中的现象。它作为希腊社会生活的特征是与其他希腊周边民族在道德或思想方面区别开来的最鲜明标志。为了追溯他们诸多城邦中如此具有标志性习俗的历史，为了希腊人在这方面的伦理情感，肯定需要得到心理学家的科研支撑。它可以使人从另一个角度来看待这个课题，而通常人们多半采纳近代法学家、精神病专家、法医学家的观点。"[1]

- 同年：《不列颠百科全书》第 9 版第 15 卷载有西蒙兹撰写的"马基雅维里"（Machiavelli）和"马努蒂乌斯"（Manutius 即 Manuzio）词条。西蒙兹在自己的著作中曾提到马基雅维里对世界和人生的认识有玩世不恭的成分。西蒙兹如是评论："世界不是整个都是坏的，但要真正地理解马基雅维里的结论，那我们就得设定世界的基本力量是恶的。"[2] 因此，"他个人的道德观念很淡漠。他毫不掩饰对软弱和愚蠢的蔑视。他对世界和人类的认识带着玩世不恭的意味。他的政治著述所表达的冷峻哲学、他尖刻幽默中蹦出的那些辛辣说辞，使其不落俗套。据说他在弥留之际说了些亵渎神灵的话，把所有人类本性中的神圣部分都给奚落了。透过这些迷里雾里般的传闻，我们能够体谅这位极度幻灭和失望心灵中的怨恨"。[3] 西蒙兹认为马基雅维里《君主论》中的治国之道是基于过去的经验和现实的状况。在文学方面，西蒙兹认为马基雅维里的喜剧作品《曼陀罗花》集中体现了他对现实社会的体验和看法。西蒙兹评论道："马基雅维里竭尽全力创作喜剧《曼陀罗花》。作品中那些阴险的和令人厌恶的内容可以视作对近代社会的一种体味，其震慑力是无可置疑的。……它质朴无华地给出了作者对佛罗伦萨生活沉思后可怕的想法。"[4]

- 同年：《不列颠百科全书》第 9 版第 16 卷载有西蒙兹撰写的"梅塔斯塔齐奥"（Metastasio）词条。

- 同年：西蒙兹的诗歌《自然流淌》（Natura Consolatrix）入选《世纪十四行诗选》[5]。

- 同年：西蒙兹 2 首诗《信仰的交融》（Versohnung）和《圣山》（Sacro

---

① Symonds, *A Problem in Greek Ethics*, p. 1.

② J. A. Symonds, *Renaissance in Italy*, Vol. V, New Edition, Smith, Elder, & Co., 1904, p. 146.

③ *A Short History of the Renaissance in Italy: Taken from the Works of John Addington Symonds*, by Lieut-Colonel A. Pearson, Smith, Elder & Co., 1893, p. 156.

④ *A Short History of the Renaissance in Italy*, p. 288.

⑤ *C Sonnets*, Ed. H. J. Nicoll, Macniven and Wallace, 1883.

Monte）入选《当世英国诗人诗歌集》[①]。被收入本诗集的还有本年谱提到的诗人丁尼生（"1864 年"条）、布朗宁（"1869 年"条）、阿诺德（"1860 年"条）、罗塞蒂（"1869 年"条）、斯温伯恩（"1872 年"条）、戈斯（"1875 年"条）、罗宾森（"1880 年"条）等的诗作。

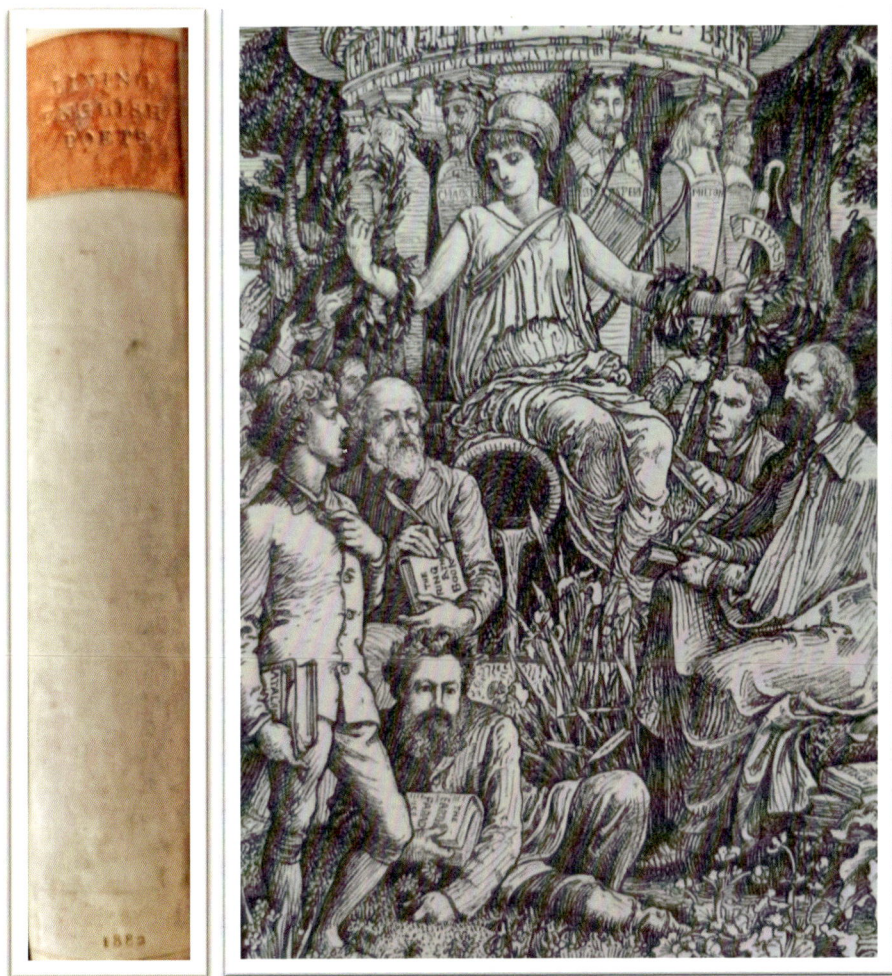

左：《当世英国诗人诗歌集》书脊；右：《当世英国诗人诗歌集》卷首插画——诗人群像图（笔者藏）（附记：本藏用牛皮纸装帧，手工纸印刷）

---

① *Living English Poets*, edited and published by Kegan Paul, Trench and Co., 1883.

1884 年

● 春天，诗集《漫游》(*Vagabunduli Libellus*) 出版。诗集有反映同性恋的内容。

左:《漫游》书脊；右:《漫游》书名页（笔者藏）。另见《藏录》第 100 页（附记：本藏由美国纽约 MACDONALD 工坊装帧）

《漫游·海神篇》第 1 首如是传达同性恋者撕心裂肺的缠绵之爱：

我念叨人间最后的悲怆：
　　那脆弱的灵魂在莫名的干渴中煎熬；
　　那茫然的心胸在长久地自我责难；
　　那只有他们明了的爱，腼腆又缥缈
此爱撕心裂肺、猛烈粗狂；
　　凝固的心在跳在跳，快要炸爆；
　　灵魂还希冀那痛苦万般的热望：
　　我哭叫着，躲到
这痛苦世界的背后，它在引诱淡出——

这个虚幻的世界，那里感觉是地狱，

感觉在酝酿行动，它打破封闭

像是把我们梦幻中的真理抓住——

就待在那里，曾经的出演不再被纠缠和众视睽睽，

我们钟情的玛雅世界难道不实在？①

● 春天：游圣雷莫、威尼斯、杰内罗索山等。

威尼斯男孩们在海边嬉戏图（笔者藏）。②西蒙兹曾在《威尼斯杂记》中描述过那些卷着裤脚的男孩在低矮的防水墙下面赤脚蹚海水玩耍的场景③

---

① J. A. Symonds, *Vagabunduli Libellus*, Kegan Paul, Trench and Co., 1884, p. 11.

② H. F. Brown, *Life on the Lagoons*, Rivingtons, 1909, p. 227.

③ J. A. Symonds, *Italian Byways*, Smith, Elder, & Co., 1883, p. 195.

● 11月28日，致函惠特曼，提及收到惠特曼发表于11月8日的《已故的男高音歌手》（The Dead Tenor）诗篇。[①]

● 同年：译文《美酒、女人与欢唱：中世纪拉丁文学生诗歌集》（*Wine, Women, and Song: Mediaeval Latin Students' Songs*）出版。第1版（Chatto & Windus, 1884）书影、书名页等见《藏录》。书出版后或出新版或再版，持续不断，可见其影响力。列举两种新版本如下：

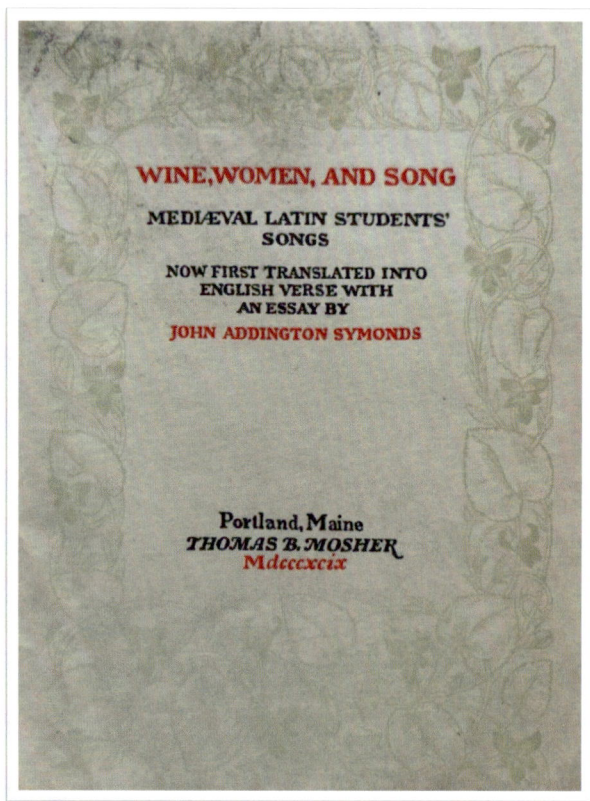

《美酒、女人与欢唱：中世纪拉丁文学生诗歌集》1899年莫舍（Mosher）出版社版封面（笔者藏）。另见《藏录》第114—117页

---

① *The Letters II*, p. 972. 中文版《已故的男高音歌手》诗篇见《草叶集》附录一"七十生涯"（楚图南、李野光译，人民文学出版社1987年版）。

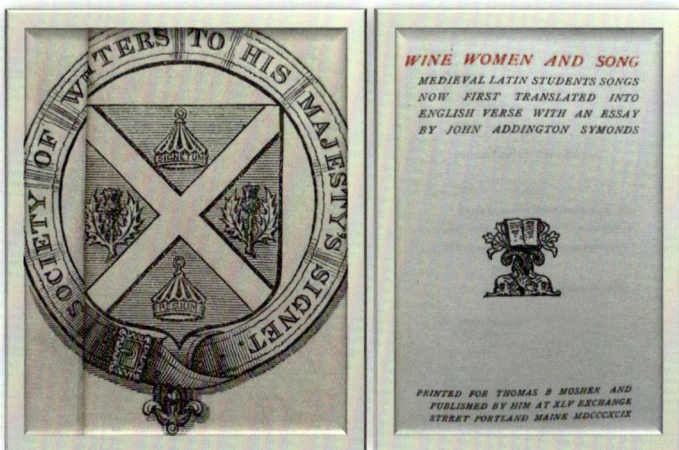

左：莫舍出版社版《美酒、女人与欢唱：中世纪拉丁文学生诗歌集》卷首的爱丁堡王室律师协会图书馆（Signet Library）藏书票，藏书票图案即"王室律师协会"（Society of Writers to His Majesty's Signet）[①]徽章；右：1899 年莫舍出版社版书名页（笔者藏）

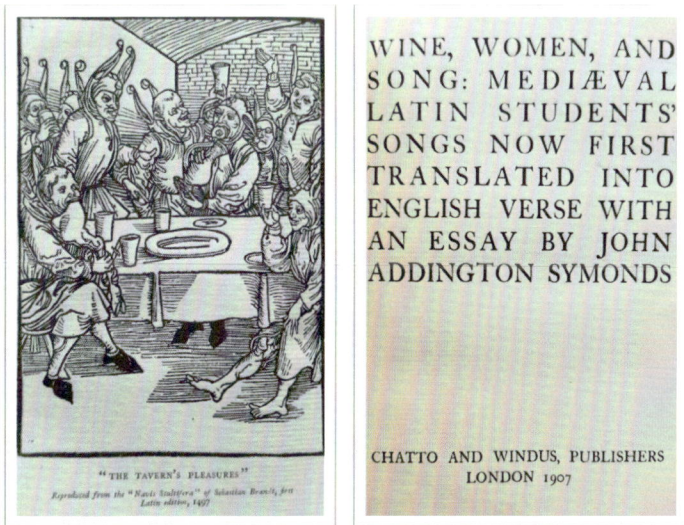

左：《美酒、女人与欢唱：中世纪拉丁文学生诗歌集》国王经典丛书版插图；右：该书书名页（Chatto and Windus, Publishers, 1907）（笔者藏）。该版本后被不断再版翻印。西蒙兹的许多著作都不断被再版翻印，这种情况反映出西蒙兹的文化创作成果的受欢迎程度，《美酒、女人与欢唱：中世纪拉丁文学生诗歌集》只是其中一例

---

① 该协会成立于 1594 年，其所在地就是王室律师协会图书馆，英国女王曾光顾此图书馆。

德国慕尼黑巴伐利亚州有一所布兰修道院（Burana），建于公元 8 世纪。那里保存着许多中世纪的文稿，其中包括两百多首中世纪的诗歌及其他戏剧作品等，19 世纪初被考古学家发现。后来学者们将其中的诗歌整理出版，称为《布兰诗歌》（*Carmina Burana*）。这些诗歌由带着抗议精神并四处流浪的大学生及其他神职人员撰写，诗篇中充满放荡不羁的世俗情感。在西蒙兹看来，人们对中世纪的欧洲社会风貌都有些固定的模式化概念。通过阅读《布兰诗歌》及另一些保存下来的中世纪文献，我们应该对中世纪的思想文化予以新的评价。西蒙兹第一次将 254 首《布兰诗歌》中的 60 首译成英文，并予以评注。确切地讲，西蒙兹是在写一篇中世纪《布兰诗歌》中 60 首诗歌的评注性论文，共分成 22 个章节，将 60 首诗歌有机地穿插在 22 个章节的评论之中。西蒙兹翻译并予以评论的诗歌被分成 9 个部分：第一部分说明这些游荡学子的性质并最终归入神父戈利亚（Golias）宗门的情况；第二、第三、第四、第五部分评论那些充满爱意的诗歌；第六部分涉及那些流浪、怀疑和悲凉的诗作；第七、第八部分就是那些酗酒出格和狂欢滑稽的诗歌；还有四五篇正经的作品放在第九部分评论。通过这些诗歌，作为性倒错诗人历史学家的西蒙兹向世人展示了中世纪社会文化中与基督教文化有明显反差的另一种场景。

● 同年：《英国戏剧史上的莎士比亚先驱者》出版。

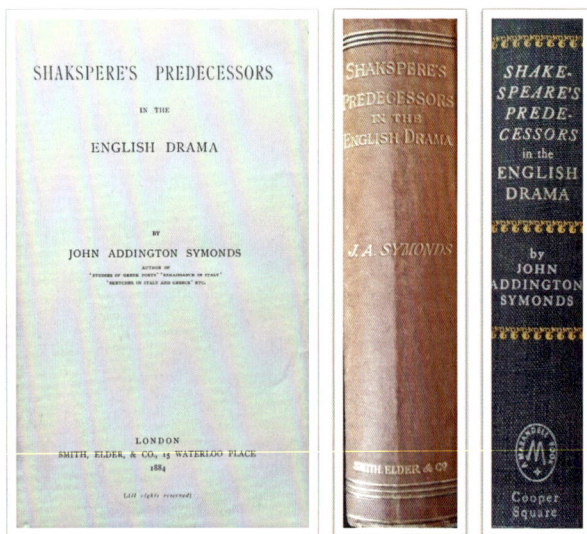

左：《英国戏剧史上的莎士比亚先驱者》第 1 版版权页；中：《英国戏剧史上的莎士比亚先驱者》第 1 版书脊；右：Cooper Square Publishers, Inc. 1967 年版书脊（笔者藏）。另见《藏录》第 112—113 页

西蒙兹想告诉读者，创作此书的根本目的是要搞清楚文艺复兴时期英国戏剧的发达与民族性格之间具有内在的关联性。西蒙兹写这本书的宗旨之一是梳理以莎士比亚（W. Shakespeare,1564—1616）为巅峰剧作家形象的伊丽莎白时代和早期斯图亚特王朝的戏剧史脉络。[1]按照西蒙兹的观点，那个时期的英国戏剧可分成3个阶段，即前莎士比亚阶段、莎士比亚阶段、后莎士比亚阶段。前莎士比亚阶段属于戏剧创作的准备时期；莎士比亚阶段则表明戏剧的成熟，那时以莎士比亚为代表的戏剧名扬英伦三岛内外；后莎士比亚阶段的特点是戏剧渐渐衰落下去。[2]戏剧研究学者不仅要关注戏剧的形式问题，更要关注深藏在戏剧背后的精神，而3个阶段产生出并不断延续着的正是人文精神（human spirit）。西蒙兹认为，有的文学批评着眼于个体的戏剧家、文学家如何展现内心的活动，此谓"传记式"（biography）的批评。另一种文学批评则着眼于群体的、民族的精神世界，也就是将个体与民族、时代关联起来考查，此谓"历史式"（history）的批评。西蒙兹更倾向于后一种文学批评实践。[3]

正如篇名所提示的那样，《英国戏剧史上的莎士比亚先驱者》的主体是戏剧史研究与戏剧家研究两个大的分类。在戏剧理论、戏剧史、剧种方面，《英国戏剧史上的莎士比亚先驱者》包括以下内容：导论（第1章）；民族与戏剧（第2章）；奇幻剧（第3章）；道德剧（第4章）；喜剧的兴起（第5章）；悲剧的兴起（第6章）；浪漫剧的走红（第7章）；剧场、剧作家、演员、观众（第8章）；宫廷假面剧（第9章）；英国历史剧（第10章）；国内悲剧（第11章）；喋血悲剧（第12章）。在人物评论方面有如下篇章，即约翰·黎里（第13章）；格林、皮里、纳什、洛基（第14章）；马洛（第15章）。其中对黎里（J. Lyly, 1554—1606）和马洛（C. Marlowe, 1564—1593）的评述最为突出，而马洛评述部分确切地讲就是一部马洛小传。西蒙兹研究戏剧理论、戏剧史、剧种有一个大的框架。西蒙兹认为各个剧种都有其自身产生的源流、特点、发展动因、存在土壤等。从戏剧创作环境来讲，英国的戏剧家有着得天独厚的条件。例如，那时的英国没有来自文化方面、来自政府

[1] J. A. Symonds, *Shakespeare's Predecessors in the English Drama*, Smith, Elder, & Co., 1884, "Preface".

[2] Symonds, *Shakespeare's Predecessors in the English Drama*, pp. 3–7.

[3] Symonds, *Shakespeare's Predecessors in the English Drama*, p. 9.

号令等条条框框的限制；戏剧家可以自由地进行想象和创作；[①] 如此等等。西蒙兹赞成英国戏剧从奇幻剧、道德剧、幕间剧（interlude）等慢慢演变而来的看法。[②] 随着古典文化的复兴以及意大利戏剧作品被译成英文介绍过来，英国人对拉丁语的悲剧作品有了进一步的了解，最为突出的是对古罗马塞涅卡（Seneca）作品的了解。[③] 这些对于悲剧在英国的形成至关重要。观众的欣赏趣味、性格也会影响戏剧的发展。例如，伦敦观众那种粗狂坚韧的性格对喋血悲剧的发展起着推波助澜作用。[④] 西蒙兹还强调编年历史剧（Chronicle Play）[⑤] 对于英国文学有着特殊的意义。或许在英国还缺少点史诗之类的文学作品，但历史剧的存在激发着该民族的史诗情结。那时的剧作家按照编年体的史实并用史诗般的形式呈现戏剧。这种呈现不是纯粹地借助历史材料去展示历史，它本身就是"历史的再创造"（reproduction of history）。[⑥] 西蒙兹特别举了莎士比亚、马洛等剧作家的历史悲剧来阐释这方面的观点。

西蒙兹在《英国戏剧史上的莎士比亚先驱者》一书的第 2 章中特别就戏剧与时代、英国的民族性等之间的关系发表了系列看法。西蒙兹要深究：不是任何一个国度的人们在如此时代背景下都能产生出如此发达的戏剧以及莎士比亚这样伟大的剧作家。西蒙兹以为这需要民族的天赋。正是英国的语言、英国人的诗性智慧选择了舞台来展示其中的魅力。[⑦] 接着追问：为何英国的文艺复兴在戏剧方面表现得最为突出？西蒙兹的回答仍旧脱离不开对民族性格的认识。西蒙兹认为："对于英国人来讲，戏剧提供了与伟大的兴味、充满激情的时代相当的形式。在所有这些事物中，戏剧展露出一种只属于我们自己的诗性灵魂。"[⑧] 简言之，民族性格造就戏剧的辉煌。英语的语言既丰富又

[①] Symonds, *Shakespeare's Predecessors in the English Drama*, pp. 55, 59–60.

[②] Symonds, *Shakespeare's Predecessors in the English Drama*, p. 73.

[③] Symonds, *Shakespeare's Predecessors in the English Drama*, pp. 179–181.

[④] Symonds, *Shakespeare's Predecessors in the English Drama*, Chapter VII.

[⑤] 翻译 "Chronicle Play" 这个词亦需要思量一番。在西蒙兹看来英国的 Chronicle Play 不是一般的借助历史题材写成的剧本，它有编年的史实、悲剧的意蕴、史诗的气势，故还是具体译成 "编年历史剧" 为佳。

[⑥] Symonds, *Shakespeare's Predecessors in the English Drama*, p. 291. 更详细的论述可参见 Chapter X.

[⑦] Symonds, *Shakespeare's Predecessors in the English Drama*, pp. 3, 7, 10–11.

[⑧] Symonds, *Shakespeare's Predecessors in the English Drama*, p. 10.

适用于口语，这种英语自身的特点又特别适用于戏剧艺术，西蒙兹在论白体诗中非常注重白体诗与戏剧的关系。^①此外，英国人的诗性冲动如此强烈，能够选择、融化其他文化的因素，使之汇聚到表现自己的适当场所即戏剧上来。^②

在西蒙兹看来，文化不只是表现民族性格，它还培育提升民族性格中的积极因素。正是戏剧将优美和卑劣等社会人性万花筒交给观众，让优雅的人性因素得到洗练，让人们在美的大梦中去释放"人性中最高的能量"（man's highest possibilities）。^③

• 同年：西蒙兹所译阿尔凯奥斯（Alcaeus）、品达（Pindar）、米开朗基罗等人的诗歌作品被收入《英国诗歌翻译选集》^④。

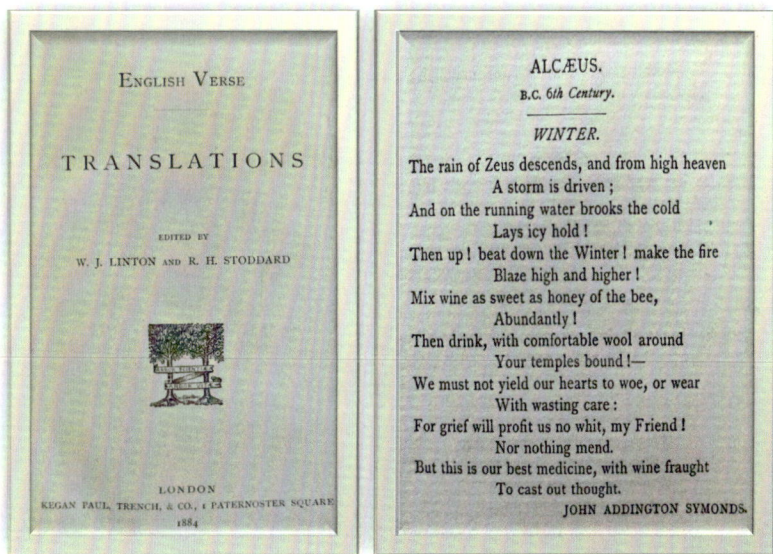

左：《英国诗歌翻译选集》书名页；右：西蒙兹译诗书影（笔者藏）

---

① J. A. Symonds, *Blank Verse*, John C. Nimmo, 1895, Chapter II "The History of Blank Verse". 其中对文艺复兴时期英国戏剧家们在白体诗的运用方面做了历史梳理。
② Symonds, *Shakespeare's Predecessors in the English Drama*, p. 4.
③ Symonds, *Shakespeare's Predecessors in the English Drama*, p. 28.
④ *English Verse: Translations*, Eds. W. J. Linton and R. H. Stoddard, Kegan Paul, Trench, & Co., 1884.

● 同年:《花颂》(*Fragilia Labilia*)出版,它是西蒙兹私印的诗集,印了 25 本,仅供自己保存,因此坊间很难搜到。后人能够买到的是莫舍出版社的 1902 年版,即使是莫谢尔的版本也留存不多了。《花颂》共计 13 首诗作,大多创作于 1860—1862 年之间,其中第一首题名为《爱与死亡》(Love and Death)。"爱与死亡"是西蒙兹诗歌的重要主题,以这一主题为名的诗歌还寄送给美国诗人惠特曼(参见年谱"1871 年"条、"1872 年"条、"1878 年"条等)。

上左:1902 年版封面;上右:该书书名页;下左:标明原藏者萨切尔(Herbert Boyce Satcher)的票章截影;下右:450 本限量版、手工纸印刷等提示信息截影(笔者藏)〔附记:本藏原为美国 20 世纪初专门收集同性恋书籍的藏家及教堂音乐文献编撰者萨切尔所有,后其丰富收藏被拍卖,并由美国著名同性恋社团先驱格雷厄姆(Jim Graham)拍得,许多书籍包括本藏逐渐流入坊间〕

1885 年

- 1 月，在英国《时代》（*Time*）杂志发表《组诗 3 首》（A Lieder Kreis: I. The Shadow Passeth; II. At Waking; III. Oh Who Will Bring My Love To Me？）。同年又在该杂志发表同类组诗数首，这些诗歌均出自上文提及的西蒙兹诗集《花颂》，关于《花颂》参见年谱"1884 年"条。除此之外，还在《时代》杂志发表其他诗文 2 篇。[1]

- 5 月，游威尼斯。西蒙兹在信函中对当时自己的身体仅仅是肺的不舒服而其他安然无恙甚感欣慰，到威尼斯后可以尽情享受。同时心灵和道德情感中的纠结却阴魂不散。[2]一副人生舟楫飘荡的样子。

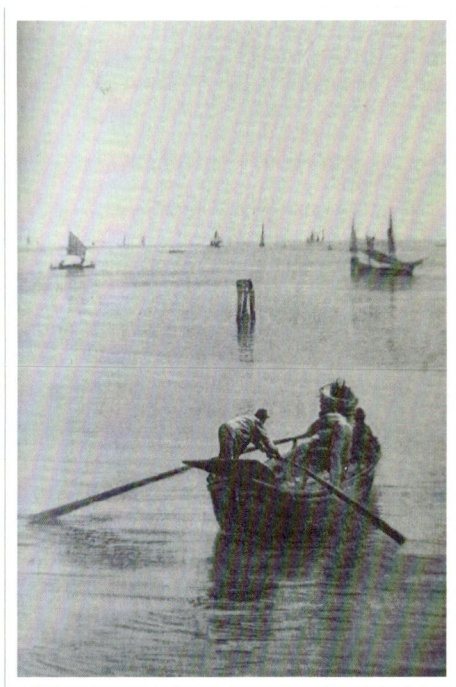

威尼斯泛舟水景（笔者藏）[3]

---

① 详见 Babington, pp. 187-188。
② *The Letters III*, p. 47.
③ H. F. Brown, *Life on the Lagoons*, Rivingtons, 1909, p. 9.

● 10月24日，致函伯顿（Richard Francis Burton, 1821-1890）。伯顿是西蒙兹时代颇具名声的英国探险家、语言学家和人类学家。伯顿的一生充满传奇色彩，[①] 像伯顿那样既有勇气去探险，又能静下心来翻译评注人类文化的重要成果，这在学术界算是奇葩。特别是伯顿翻译的英文本《一千零一夜》用力甚勤，流传很广，至今都是不可逾越的学术高峰。在《一千零一夜》第10卷的"卷后论文"（Terminal Essay）中，伯顿将北纬43度至北纬30度的地带称作"索达迪克地带"（Sotadic Zone），即与同性恋现象有关的地带。伯顿"卷后论文"的论述范围不限于《一千零一夜》作品本身，还涉及历史、宗教、地域等方方面面的内容。[②] 除《一千零一夜》译文外，伯顿还有不少探险著述传世。在这封信函中，首先提及伯顿注意到西蒙兹在《学院》杂志评论《一千零一夜》的文字内容，随后西蒙兹就同性恋禁区等问题发表了自己的看法。西蒙兹十分赞赏这部逐字逐句对译并充满文学性、思想性和学术性的译著，并对时人未高度关注此书感到困惑 [③]（伯顿的观点及西蒙兹的观点详见年谱"1891年"条）。

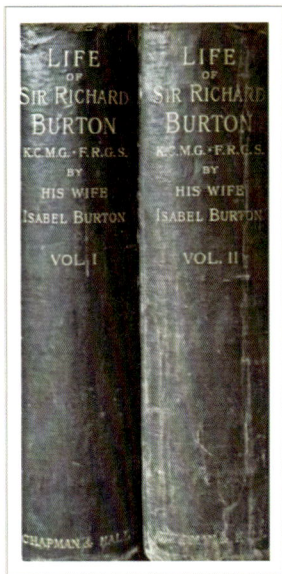

伯顿夫人《伯顿传》厚厚2卷书脊（笔者藏）。该传记配有很多插图。第2卷第402页有伯顿夫妇与西蒙兹在达沃斯短暂会面的记载

① 参见伯顿夫人撰写的《伯顿传》（Isabel Burton, *Life of Sir Richard Burton*, Chapman & Hall, LD., 1893）。

② *The Book of the Thousand Nights* and a Night, Tr. Richard F. Burton, Vol. Ten, privately printed by the Burton Club, 1885, pp. 179, 193, 201, 218-219, etc. 伯顿的论述逐渐受到学人的关注，后来雅各布斯（Jacobus）博士在其《未涉足的人类学领域》一书中重点引介伯顿的著述和观点，参见 Jacobus, *Untrodden Fields of Anthropology; Based on the Diaries of His Thirty Years' Practice as a French Government Army Surgeon and Physician in Asia, Oceania, America, Africa, Recording His Experiences, Experiments and Discoveries in the Sex Relations and Racial Practices of the Arts of Love in the Sex Life of the Strange Peoples of Four Continents (Two Volumes in One)*, Falstaff Press Inc., 1937。另参见《淫：索达迪克地带》（Richard Francis Burton, *The Vice, Containing Sir Richard Burton's Sotadic Zone and Extracs from Dr. Jacobus' Untrodden Fields of Anthropology*, M. G. Thevis, 1967）。

③ *The Letters III*, p. 90. 西蒙兹在《学院》杂志评论《一千零一夜》的内容亦附于《伯顿传》第2卷第619页。

《伯顿传》第 2 卷卷首插图——伯顿像（笔者藏）[1]

---

① Isabel Burton, *Life of Sir Richard Burton*, Vol. II, Chapman & Hall, LD., 1893, Frontispiece.

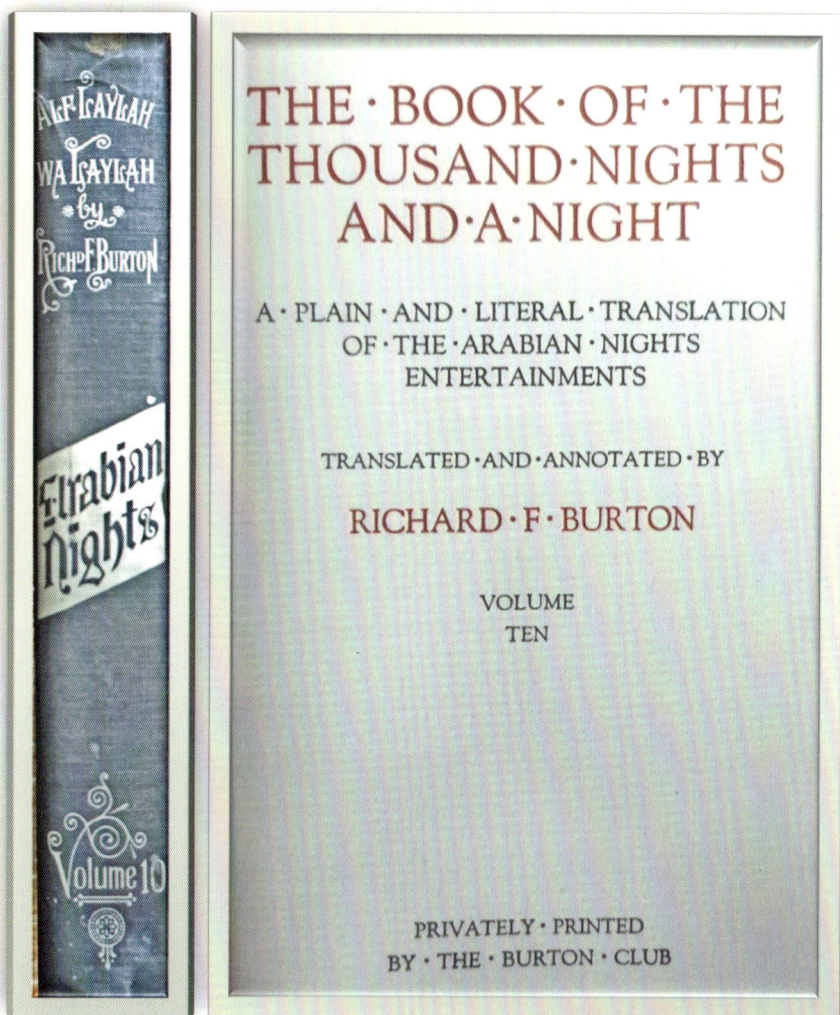

左：伯顿所译《一千零一夜》第10卷书脊；右：《一千零一夜》第10卷书名页（笔者藏）。书名页显示，该翻译作品是由"伯顿俱乐部"（Burton Club）自印的，无出版日期。现在学术界一般认为此10卷本初次出版于1885年

《一千零一夜》第 10 卷卷首插画（笔者藏）

● 12 月 2 日，致函西蒙斯（Arthur Symons, 1865–1945），谈及西蒙斯赠送的评论莎士比亚早期戏剧《泰特斯·安德洛尼克斯》的文章。同时，西蒙兹对自己的著作《英国戏剧史上的莎士比亚先驱者》发表了看法，认为资料充足的话还可以做进一步的学术深化。更有意思的是，信中谈及两家的亲戚血缘关系。[1]

1900 年时的西蒙斯像（笔者藏）[2]

---

① *The Letters III*, pp. 95–98.
② R. Lhombreaud, *Arthur Symons: A Critical Biography*, The Unicorn Press, 1963, p. 52.

西蒙斯是诗人、翻译家和评论家。他曾经在自己的著作中撰文专题评论西蒙兹。西蒙斯认为，不要单从学者或艺术家的角度去看西蒙兹的人生，说到底西蒙兹的一生就是在寻找自我，试图活出一个明明白白的自我、善和美。[①] 这一观点对指导今人研究西蒙兹的人生和学术仍具有重要的启示意义。西蒙斯自己的诗歌创作则带有象征主义的特点，[②] 其影响不容小觑，例如诺贝尔文学家获得者 T. S. 艾略特（T. S. Eliot, 1888-1965）的诗歌创作就受到西蒙斯的启示。学术界需要对西蒙斯在这方面的成就予以足够的重视。西蒙斯有著作集 9 卷存世。

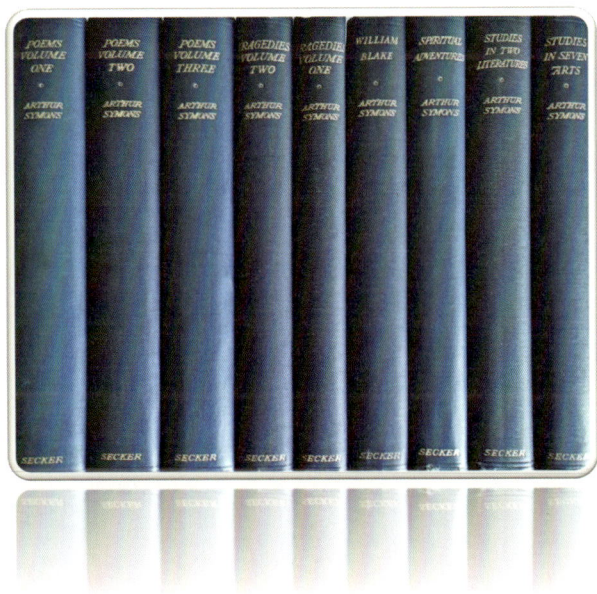

《西蒙斯文集》9 卷[③] 书影（笔者藏）。原来 1897 年版《两种文学研究》中有专门评论西蒙兹的内容，到了 9 卷本的《两种文学研究》则删掉了评论西蒙兹等的内容。这套文集原来要出 16 卷，但只出了 9 卷，可能有些内容要在 16 卷中出现，但作者并未在 9 卷文集中予以特别的说明，在此存疑

① A. Symons, *Studies in Two Literatures*, Leonard Smithers, 1897, pp. 249, 253, 254-255.
② A. Symons, *The Symbolist Movement in Literature*, William Heinmann, 1899; A. Symons, *The Collected Works of Arthur Symons*, Vol. I, Vol. II and Vol. III, Martin Secker, 1924.
③ A. Symons, *The Collected Works of Arthur Symons*, 9 Vols, Martin Secker, 1924.

● 同年:《不列颠百科全书》第9版第18卷载有西蒙兹撰写的"彼特拉克"（Petrarch）词条。

彼特拉克在小屋里沉思写作图（笔者藏）[1]

---

[1]　见周春生译《西蒙兹论文艺复兴》，上海三联书店 2025 年版。

该词条对彼特拉克做了如下的定评。当我们试图评估彼特拉克在近代文化史上的地位时，首先让我们印象深刻的是，他作为人文主义奠基人、意大利文艺复兴的宣告者的英名更甚于其作为一个意大利诗人的名声。他为近代世界取得的成就，不只是将无与伦比的完美抒情艺术技巧和杰作留给他的意大利仿效者，而且还为欧洲开辟了一个新的精神活动领域。他站在中世纪的门槛上，他审视了近代精神的王国，凭着他在学术和研究领域的不懈努力，确定了我们所谓的学问复兴。通过使他那一代人与古代产生情感，他给予欧洲那场恢复自由、恢复自我意识、恢复人类智力进步能力的运动以决定性的冲动。他一生中得到的热烈认可和他直接继任者那非凡的活动确实证明了：迎接这一划时代变化的时机已经成熟。然而同样可以肯定的是，彼特拉克把他的天赋印在了当时的精神上，他是人文主义者奋斗的英雄。他是第一个收集图书、收藏钱币、主张保护古董古迹和整理手稿的人。虽然他不懂希腊语，但他是第一个意识到它巨大重要性的人；在他的影响下，薄伽丘为希腊语研究奠定了最早的基础。不仅如此，他还是第一个以智慧接近古代伟大作家的人。让他比前辈们有无限优势的地方，不是程度上的高低而是他广博的观察力，不是知识内容的多寡而是他的学术精神。当我们比较但丁在他的《君主论》中对古典知识的使用与彼特拉克在他众多散文作品中对古人的描写时，我们感觉得到我们已经从中世纪过渡到近代的文学概念。对他来说，希腊和拉丁世界的作者都是活生生的人——事实上比他与之通信的人更真实；他写给西塞罗（Cicero）、塞涅卡和瓦罗（Varro）的文辞飞扬信函证明了他是以同情的亲密关系口吻与他们栖息相处。占据其身心的人文主义能耐是如此深远，相比之下他作为一名意大利抒情诗人的成就便显得微不足道了……[1]

- 同年：《不列颠百科全书》第 9 版第 19 卷载有西蒙兹撰写的"波吉奥"（Poggio）、"波利希安"（Politian）、"蓬塔努斯"（Pontanus，即蓬塔诺Pontano）词条。
- 同年：西蒙兹所译萨福诗歌入选《萨福生平与诗集》[2]。书影见《藏录》

---

[1] 见周春生译《西蒙兹论文艺复兴》，"彼特拉克"词条，上海三联书店 2025 年版。

[2] *Sappho, Memoir, Text,* selected renderings and a literal translation by Henry Thornton Wharton, David Stott, 1885.

第 216 页。

- 同年：私下刊印《西蒙兹文集》，共 246 页，主要内容是评论歌德《"神与世界"序论》及序论的韵文译稿（附记：坊间难觅。另见年谱"1870年"条）。

- 同年：私下刊印另一部《西蒙兹文集》，共 113 页，其中包括《文化：它的含义与用处》等论文（附记：坊间难觅）。

- 同年：西蒙兹的数首诗歌被收入《玫瑰诗颂》[①]。书影见《藏录》第217 页。

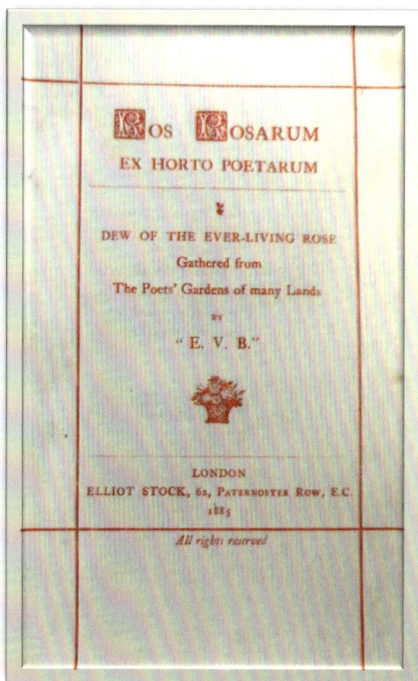

《玫瑰诗颂》版权页（笔者藏）。"E. V. B"即 19 世纪作家、插画家博伊尔（Eleanor Vere Boyle, 1825-1916）夫人的缩写。博伊尔夫人后来嫁给第 8 代考克伯爵埃德蒙·博伊尔（Edmund Boyle, 1767-1865）最小的儿子理查德·博伊尔（Richard Cavendish Townshend Boyle, 1812-1886）。博伊尔夫人的创作理念受"前拉斐尔派"影响很大。关于"前拉斐尔派"参见年谱"1861 年"条

① *Ros Rosarum ex Horto Poetarum: Dew of the Ever-Living Rose Gathered from the Poets' Gardens of Many Lands*, Ed. E. V. B., Elliot Stock, 1885.

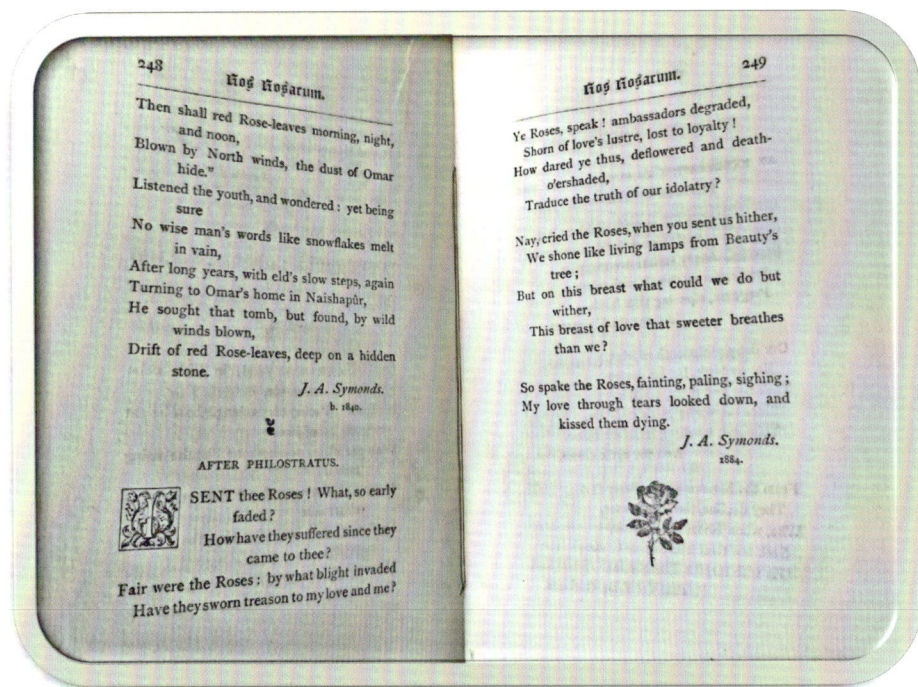

248

Ros Rosarum.

Then shall red Rose-leaves morning, night,
　　and noon,
Blown by North winds, the dust of Omar
　　hide."
Listened the youth, and wondered : yet being
　　sure
No wise man's words like snowflakes melt
　　in vain,
After long years, with eld's slow steps, again
Turning to Omar's home in Naishapûr,
He sought that tomb, but found, by wild
　　winds blown,
Drift of red Rose-leaves, deep on a hidden
　　stone.

J. A. Symonds.
b. 1840.

AFTER PHILOSTRATUS.

SENT thee Roses ! What, so early
　　faded ?
How have they suffered since they
　　came to thee ?
Fair were the Roses : by what blight invaded
Have they sworn treason to my love and me ?

249

Ros Rosarum.

Ye Roses, speak ! ambassadors degraded,
　Shorn of love's lustre, lost to loyalty !
How dared ye thus, deflowered and death-
　　o'ershaded,
　Traduce the truth of our idolatry ?

Nay, cried the Roses, when you sent us hither,
　We shone like living lamps from Beauty's
　　tree ;
But on this breast what could we do but
　　wither,
　This breast of love that sweeter breathes
　　than we ?

So spake the Roses, fainting, paling, sighing ;
　My love through tears looked down, and
　　kissed them dying.

J. A. Symonds.
1884.

《玫瑰诗颂》中的西蒙兹入选诗歌页（笔者藏）

257

1886 年

西蒙兹全神贯注读书像，1886 年摄（笔者藏）。[1]这一年是西蒙兹创作成果颇丰的岁月

---

① Grosskurth, *A Biography*, p. 231.

另一张 1886 年时的西蒙兹像，图像显示西蒙兹的面容略显苍老（笔者藏）[1]

---

① *The Memoirs*, p. 209.

西蒙兹夫妇与女儿凯瑟琳像（笔者藏）①

- 9—11月，翻译《切利尼自传》。
- 同年：漫游瑞士。

---

① *The Letters III*, p. 192.

● 同年:《意大利文艺复兴》第6、第7卷《天主教会的反应》(The Catholic Reaction) 出版。

左:《意大利文艺复兴》第6、第7卷（即《天主教会的反应》）书脊；右:第7卷即《天主教会的反应》第2部版权页（笔者藏）。另见《藏录》第65—70页（附记:本藏2卷为重新装订本）

　　《意大利文艺复兴》共7卷。从实际的出版情况看，前5卷是一个整体，并在第5卷后附有索引。第6、第7卷亦是一个整体，并在第7卷后附有索引。《意大利文艺复兴》第1卷就有涉及天主教会的内容。西蒙兹觉得应当用专门的卷数来处理这些历史事实。这样，就有了第6、第7卷《天主教会的反应》的构思、写作和出版。第6、第7卷《天主教会的反应》虽然是前面的补充，但又是前面5卷的延续。在第6、第7卷中，西蒙兹向读者完整地叙述了天主教会在那段时期的历史，也向读者展示了人文主义者在16世纪时的文化创作行为。在西蒙兹的叙述中，文艺复兴到1527年已经衰落了，这其中的原因及以后的历史都要涉及天主教会的所作所为。但与以前相比，整个氛围已发生很大变化。此时的文化发展有何特点，西蒙兹试图给出独到的解答。西蒙兹试图展示这样一种历史情境，即反宗教改革同样不反文艺复兴。就文艺复兴的历史事实而言，对古典文化的兴趣原本就是文化精英的文化态度和创作热情，并未影响大多数群众的天主教信仰。"文艺复兴只是少数精英的创作，它所带来的社会变化并未波及广大群众。那么还会觉得大多数人去反思陈年过往最佳的方式有点怪吗？这就是他们赞同天主教复兴的理由。"① 所以宗教领域发生的反宗教改革现象、天主教复兴现象与文化精英的创作实践之间不是相互对立的关系。以此说明何以在反宗教改革的历史现象中仍有艺术化民族性格在起推动作用的问题。西蒙兹反对这样一种假设，"似乎我们所说的天主教会的变化很快将意大利的精神都丢弃了"。② 西蒙兹提醒学人，即使在教皇保罗三世时期（1534—1549 年在位），米开朗基罗、切利尼、奎恰迪尼、班戴洛（M. Bandello）、提香（Titian）等文学艺术大家还在从事诸多宏大的文学艺术创作工程。③ 回顾历史：当人文主义势头旺盛时，天主教会只是各种政治势力的一种，④ 而各个城邦国家又逐渐从封建的势力中解脱出来，形成了一种城邦精神，这种城邦精神也影响到文化的氛围。到了 15 世纪末 16 世纪上半叶，天主教会面对复杂的宗教局面，需要强化其势力。那时的天主教徒渴望有一场天主教会的改革与复兴。这样，在其他城邦的文化优势渐渐消退的情况下，罗马反而因其特殊的历史境遇抬高了其政治、文化地位。加上教皇个人的人文主义热情与艺术家由更宏大的艺术创作需求所引起的艺术冲动，当然更重要的是艺术化民族性格在新历史情境下的延续，这些最终促成罗马的艺术繁荣。不过对于人文主义者而言，这时的历史状况毕竟不同以往。原因之一是先前文学艺术领域风光无限（与那时的艺术品市场和需求有关），到了一定的饱和度，也慢慢消退下去。同时，文人对古典文化的兴趣也到了尾声。在此形势下，人文主义者的各种表现自然带有当时历史的印记。⑤ 西蒙兹则在《意大利文艺复兴》之《天主教会的反应》

---

① *A Short History of the Renaissance in Italy: Taken from the Works of John Addington Symonds*, by Lieut-Colonel A. Pearson, Smith, Elder & Co., 1893, p. 316.

② *A Short History of the Renaissance in Italy*, p. 316.

③ *A Short History of the Renaissance in Italy*, pp. 316-317.

④ J. A. Symonds, *Renaissance in Italy*, Vol. V, New Edition, Smith, Elder, & Co., 1904, p. 462.

⑤ 关于此等情况特别可以参见布夫斯马（Bouswsma）的著作：W. J. Bouwsma, *The Waning of the Renaissance: 1550-1640*, Yale University Press, 2000。

卷里就相关情况对重要人文主义者的生平和创作行为做了详细的描述。第 6 卷篇章如下：第 1 章　西班牙的统治；第 2 章　教皇与特伦托会议；第 3 章 宗教裁判所与裁判令；第 4 章　耶稣会；第 5 章　社会与家庭道德（第 1 部分）；第 6 章　社会与家庭道德（第 2 部分）。第 7 卷篇章如下：第 7 章　托夸多·塔索；第 8 章　《被解放的耶路撒冷》；第 9 章　乔达诺·布鲁诺；第 10 章　保罗·萨尔比修士；第 11 章　瓜尔利尼、马尔利诺、基阿布雷拉、塔索尼；第 12 章　帕莱斯特里纳①与近代音乐的起源；第 13 章　博洛尼亚画派；第 14 章　结论。

- 同年：《不列颠百科全书》第 9 版第 20 卷载有西蒙兹撰写的"文艺复兴"（Renaissance）词条。②

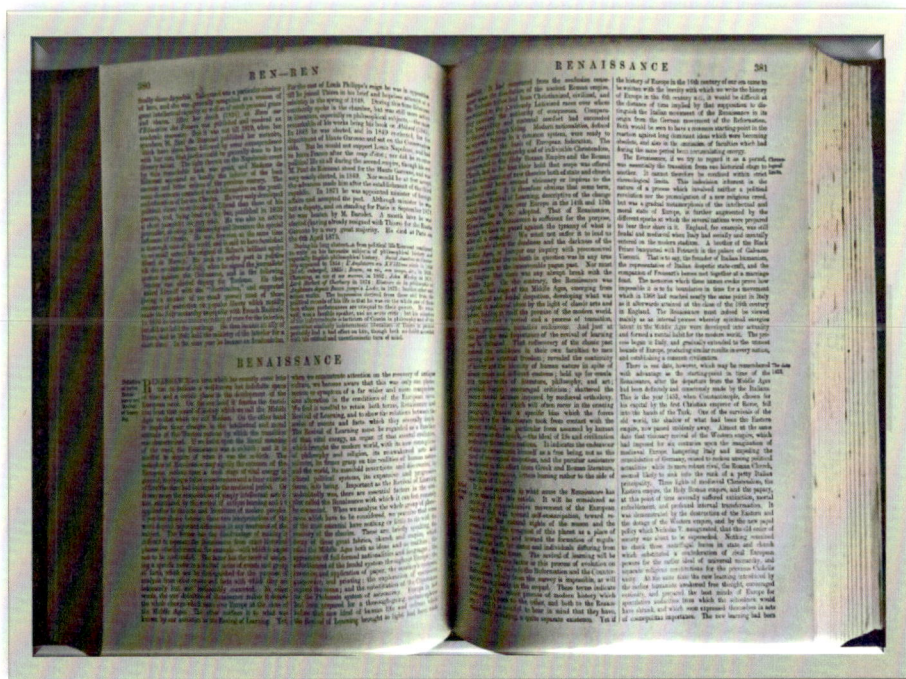

西蒙兹为《不列颠百科全书》第 9 版所撰"文艺复兴"词条书影（笔者藏）

---

① 音乐家乔瓦尼·皮耶路易吉（Giovanni Pier luigi）的另一称呼。
② 见周春生译《西蒙兹论文艺复兴》，上海三联书店 2025 年版。

　　该词条对"文艺复兴"概念做了如下阐释。文艺复兴此术语近来被指称一个广为人知的欧洲民族发展之特定阶段。一方面，文艺复兴表示从我们称为中世纪的历史时期到近代的过渡；另一方面，它意味着西方国家在转型时期发生了思想和道德上的显著变化。如果我们落脚于这个词的字面意思，那么文艺复兴意指再生，同时有必要询问再生的意义是什么。文艺复兴通常比喻欧洲国家具有了新的活力，也就是具有比中世纪更健全的意识和更自由的创造力。或者说，文艺复兴意指由古代学问刺激引起的智力活动复苏，并应用于近代人群的艺术和文学活动。我们基于不同论题的处理而对两种解释加以择取。前者解释的缺点是，很难将文艺复兴与其他历史阶段区分开来，例如会与宗教改革相混淆。后者的优点是明确指称限定的事件和事例，这些事例可以根据不同的分析目的而与其他相关的事例区分开来，不至于相互混淆。换言之，文艺复兴的定义之一就是它标示欧洲从中世纪末期以来的整体变化。另一定义就是我们前人所说的学问复兴。然而，当我们集中关注古代文化的复苏时，我们会意识到这只是欧洲民族更广泛、更全面变化的现象或象征之一。我们觉得有必要保留文艺复兴与学问复兴这两个术语，同时点明两个词各自所指一系列事件和事例之间的关系。学问的复兴必须被视作生命的能量和精神进化的器官，它们包含哲学和宗教的新概念、艺术与科学的觉醒、对人性和世界现实更坚定的把握、众多的发明和发现、政治制度的改变、广泛的进步力量等，正是这些使近代世界得以存在。学问的复兴无疑是重要的，有许多复杂的基本要素在复兴的名义下互相串联在一起。当我们去分析所有必须考虑的诸多现象时，我们觉得某些最基本的现象与古典的复苏没有或很少有关联。简言之，这些基本现象是：统治着中世纪观念和现实的庞大教会及帝国机构之衰落；完整的民族和语言之出现；整个欧洲封建制度之解体；纸、航海指南针、火药和印刷术之发明和应用；探险大西洋彼岸大陆；哥白尼天文体系取代托勒密体系；等等。事实上，由学问复兴点亮的人类和文化新理想在显现出来之前，欧洲已经做好了一次彻底蜕变的准备。它早就从古罗马帝国解体后的混乱局面中恢复过来。日耳曼部落被基督教化、被开化、被先前拉丁种族所同化，并对拉丁种族实施征服者的统治。相对意义上的安宁和物质宽舒已经取代了不惬意和简陋的生活。近代国家作为欧洲联邦的基础独立出来。作为神圣罗马帝国和罗马教会组成部分的那种统一君主制和不可分割的基督教世界观念已经在如下理论范围内失去了它们的控制力，此理论范围即看上去有远见并与中世纪心灵有悖的新国家与新教会观念。因此很明显，一些在 14 和 15 世纪开始席卷欧洲的变化不得不被采纳。有三种拼法（即 Renaissance、Renascimento、Renascence）的文艺复兴一词足够传达用意了，尽管我们需要注意不能滥用此词的喻意。我们不能让文艺复兴的概念导出中世纪之死亡和黑暗这样一种说辞，或者用先入之见的假设去阻碍我们探究再生是任何真正意义上对无法恢复的过往异教世界之回归问题。我们也不能想象它是与中世纪任何突然的断裂。相反，文艺复兴恰是中世纪的最后阶段，它从教会和封建专制中浮现出来，它用包含着近代世界心愿的古典艺术和文学之光去发展源于中世纪的观念。因此它是一个转型、融合、准备、试探性努力的时期和过程。正是在这一点上，学问复兴的真正重要性会被提示出来。对古典过往世界的重新发现，使追求精神自由的人们恢复对自己能力的信心；揭示出历史的连续性和人性的同一性，尽管人们具有各自的信条和不同的习俗；着力模仿文学、哲学和艺术大师的作品；激发好学好问；鼓励批评；打破根植于中世纪正统的狭隘的精神藩篱。人文主义这一后文会经常提及的词语提示了一种特殊的偏爱，即文艺复兴时期那种与古代世界接触而焕发出的势能——被认为是那个时代人类自尊的特殊形式——由近代国家演化出的生活和文明之理想。它表明人类努力将自己重塑为一个自由的存在，而非神学专制的奴仆，同时表明人们专注于希腊和罗马的文学、人文学科及那些更贴近人而非神的文字。①

- 同年：《锡德尼传》（*Sir Philip Sidney*）出版。

菲利普·锡德尼（Philip Sidney, 1554-1586）是英国伊丽莎白时代的廷臣、诗人、文坛庇护人。西蒙兹的《锡德尼传》被收入莫利主编的《英国文人丛书》。西蒙兹的《锡德尼传》篇章结构如下：第 1 章　家谱、出生和童年；第 2 章　国外行纪；第 3 章　进入宫廷生活和出使；第 4 章　法国婚配

---

① 见周春生译《西蒙兹论文艺复兴》，"文艺复兴"词条，上海三联书店 2025 年版。

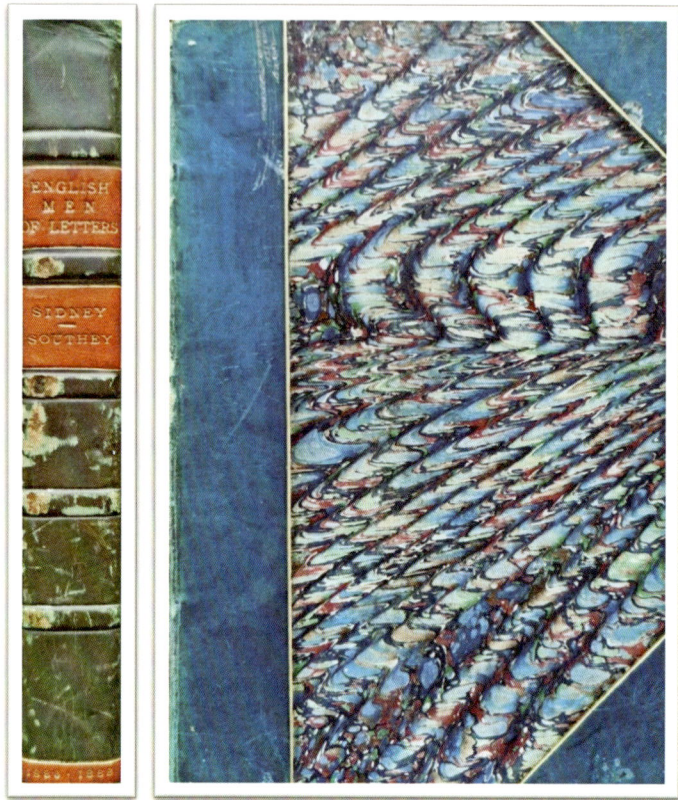

左：《锡德尼传》与《骚塞传》合订本书脊；右：合订本封面（笔者藏）。另见《藏录》第 129 页

事件与《阿卡迪亚》[1]；第 5 章　再度进入宫廷与成婚；第 6 章　《爱星者和星星》；第 7 章　《诗辩》；第 8 章　最后的岁月与谢世。锡德尼的舅舅莱切斯特（Leicester）是名噪一时的伊丽莎白女王之宠臣。莱切斯特很看好自己外甥的前途，于是推荐其步入宫廷，开始仕宦生涯。[2]西蒙兹以为，锡德尼作为一名朝臣还是有很好的名声。

---

[1] 读这一章时需要同时参考锡德尼的朋友格雷维尔（Greville）撰写的《锡德尼传》（Fulke Greville, *Sir Fulke Greville's Life of Sir Philip Sidney, etc.*, first published in 1652, with an introduction by Nowell Smith, Oxford University Press, 1907）。因为他们两人是当时法国朝廷向英女王求婚事件的重要反对者。

[2] J. A. Symonds, *Sir Philip Sidney*, Macmillan and Co., 1886, p. 34.

《锡德尼诗歌集》[1]卷首插图——锡德尼像（笔者藏）

---

① *The Poems of Sir Philip Sidney*, Ed. W. A. Ringler, Jr., Oxford University Press, 1962.

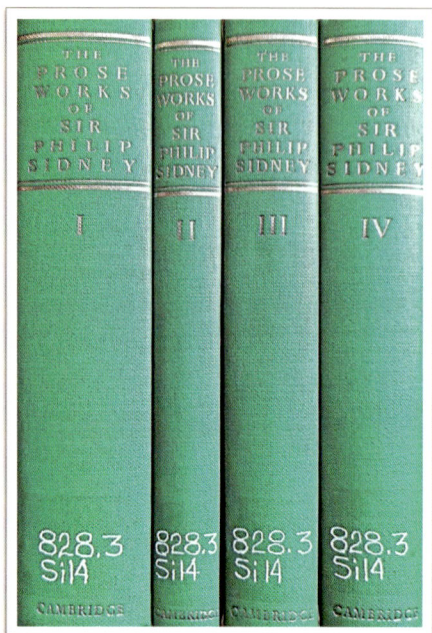

《锡德尼散文集》①4 卷书影（笔者藏）

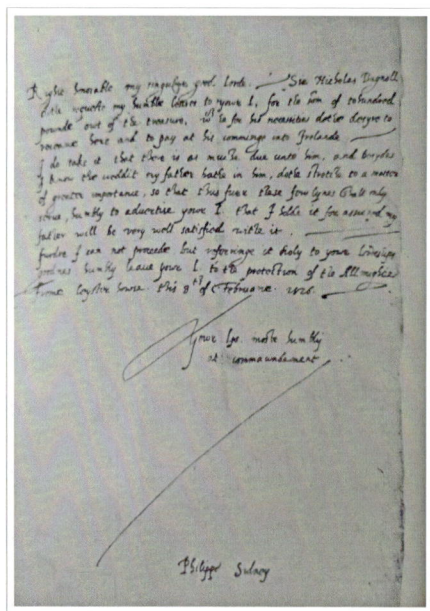

《锡德尼散文集》第 3 卷卷首插图——锡德
尼手迹（笔者藏）

---

① *The Prose Works of Sir Philip Sidney*, Ed. A. Feuillerat, Cambridge University Press, 1963.

● 同年：《本·琼森传》（*Ben Jonson*）出版。

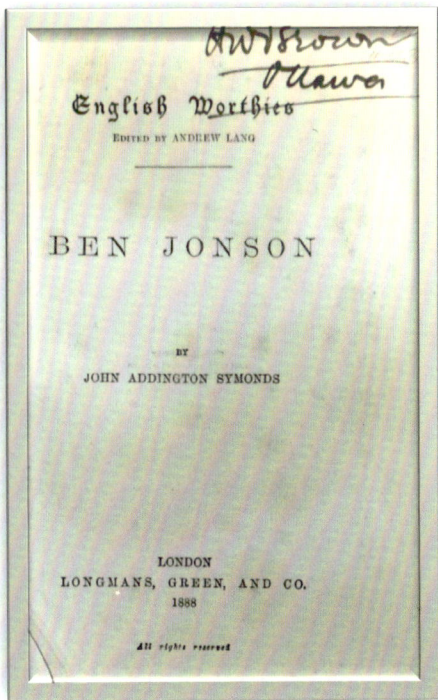

《本·琼森传》第 2 版版权页（笔者藏）。
另见《藏录》第 125—126 页

　　本·琼森（Ben Jonson, 1572-1637）是英国文艺复兴时期剧作家、诗人、文论家。《本·琼森传》[1]是朗格（Andrew Lang）主编的《英国名人传》（*English Worthies*）系列丛书的一种。除撰写《本·琼森传》外，西蒙兹还编撰《本·琼森戏剧著作与情诗集》[2]等。《本·琼森传》由如下章节构成：第

[1]　J. A. Symonds, *Ben Johnson*, Longmans, Green, and Co., 1886.

[2]　*The Dramatic Works and Lyrics of Ben Jonson*, selected with an Essay, Biographical and Critical by John Addington Symonds, Walter Scott, 1886. 还有多种琼森著作的选本可以参考：*Ben Jonson: A Collection of Critical Essays*, Ed. J. A. Barish, Prentice-Hall, Inc., 1963; *Ben Jonson and the Cavalier Poets*, selected and edited by H. Maclean, W. W. Norton & Company, 1974; *Ben Jonson's Plays and Masques*, selected and edited by R. M. Adams, W. W. Norton & Company, 1979。

1章：出生与求学；第2章：成年初期；第3章：琼森的戏剧形式；第4章：杰作；第5章：宫廷假面剧与情诗；第6章：成年第2阶段；第7章：老年。西蒙兹认为琼森具有大气风格：第一，琼森不是一般的舞笔弄墨者，而是超出世俗见解的智者；第二，琼森作品融文学想象力与思想力于一体；第三，琼森具有强烈的批评意识。正因为有上述考虑，西蒙兹在传记的最后将琼森的地位与弥尔顿（Milton）等相提并论。[1]

11卷本《本·琼森全集》第1卷[2]卷首插图——琼森像
（笔者藏）

---

[1] Symonds, *Ben Jonson*, p. 198.

[2] *Ben Jonson*, Vol. I, Ed. C. H. Herford and P. Simpson, Oxford University Press, 1925.

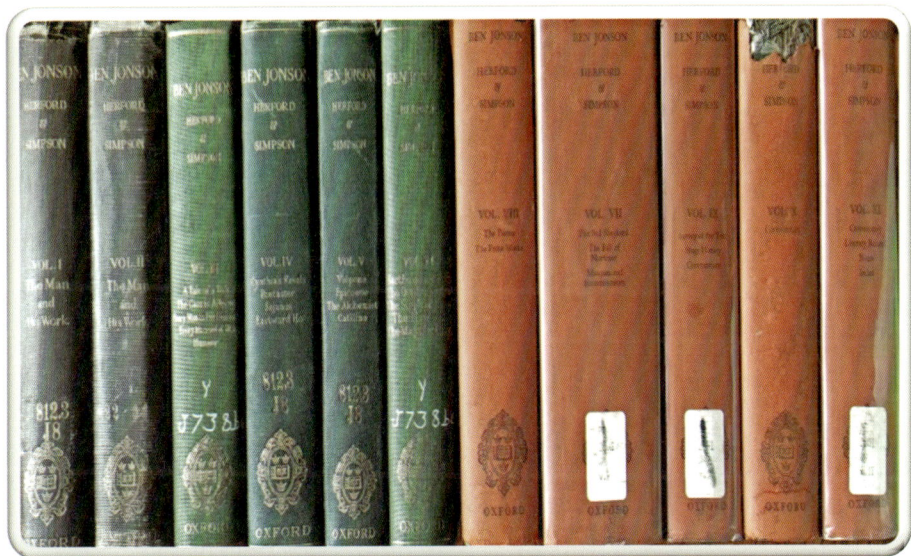

11 卷本《本·琼森全集》^① 书影（笔者藏）（附记：本藏为初印和重印混搭的本子，且前 6 卷的护封已丢失。可见资金局促情况下断续购书是何等的窘况）

- 同年：西蒙兹编选《本·琼森戏剧著作与情诗集》出版。书影见《藏录》第 219 页。
- 同年：由西蒙兹编选、作导读的《托马斯·布朗^②爵士的〈医生的宗教〉〈瓮葬〉〈基督徒道德〉及其他论说》^③出版。书影见《藏录》第 220 页。

---

① *Ben Jonson*, 11 Vols, Ed. C. H. Herford and P. Simpson, Oxford University Press, 1925. 从 1925 年起分卷出版。

② 布朗（Sir Thomas Browne, 1605−1682），文艺复兴时期英国作家。

③ *Sir Thomas Browne's Religio Medici, Urn Burial, Christian Morals, And Other Essays*, edited with an introduction by J. A. Symonds, Walter Scott, 1886.

• 同年：西蒙兹所译米开朗基罗诗歌等被收入《欧洲十四行诗译文集》①。

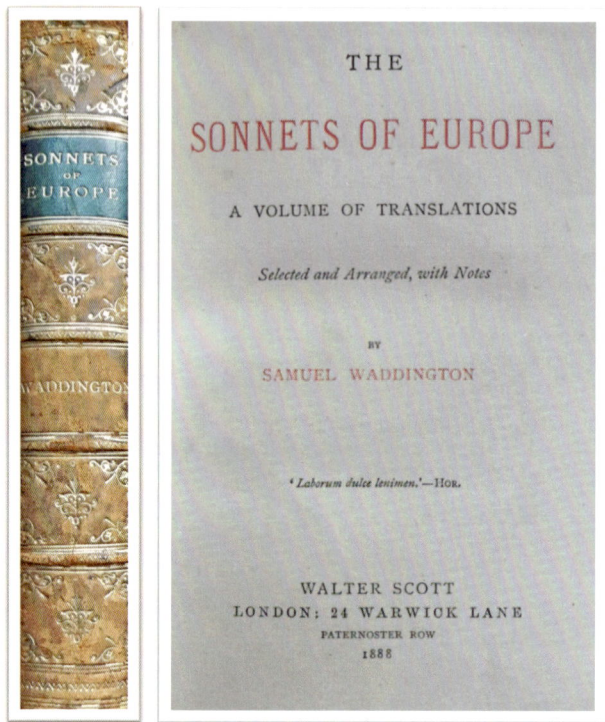

THE

SONNETS OF EUROPE

A VOLUME OF TRANSLATIONS

Selected and Arranged, with Notes

BY

SAMUEL WADDINGTON

'*Laborum dulce lenimen.*'—HOR.

WALTER SCOTT
LONDON: 24 WARWICK LANE
PATERNOSTER ROW
1888

左：《欧洲十四行诗译文集》1888 年版书脊；右：该书
1888 年版书名页（笔者藏）

• 同年：西蒙兹《威尼斯的朝阳》等 7 首十四行诗被收入《本世纪十四
行诗歌集》②。书影见《藏录》第 221 页。

---

① *The Sonnets of Europe: A Volume of Translations*, Ed. Samuel Waddington, Walter Scott, 1886.
② *Sonnets of This Century*, edited and arranged with a critical introduction on the sonnet by W. Sharp, Water Scott, 1886.

1887 年

● 4 月 7 日，大女儿珍妮特因肺结核去世。西蒙兹姐姐玛丽·伊莎贝拉·西蒙兹也是因肺病去世，参见年谱 "1883 年" 条。

● 5—6 月，在英国。

● 7 月中旬，返达沃斯。

● 10 月，与女儿玛格丽特一起游威尼斯。那次旅行没有租布朗的居处，而是另行外租，多感不便。[1]

威尼斯街景（笔者藏）[2]图下方河边有贡多拉码头。水城威尼斯的一些居所临运河而筑，并配有贡多拉码头等，对此西蒙兹曾有描述[3]

---

① *The Letters III*, pp. 273–274.

② H. F. Brown, *Life on the Lagoons*, Rivingtons, 1909, p. 97.

③ J. A. Symonds, *Italian Byways*, Smith, Elder, & Co., 1883, p. 195.

• 10 月，在《世纪行会玩具马》（*The Century Guild Hobby Horse*）杂志发文《十四行诗两首：水仙——I. 那喀索斯之花；II. 巴尔德之花》（Two Sonnets—The Daffodil—I. Narcissus'Flower. II. Balder's Flower）。

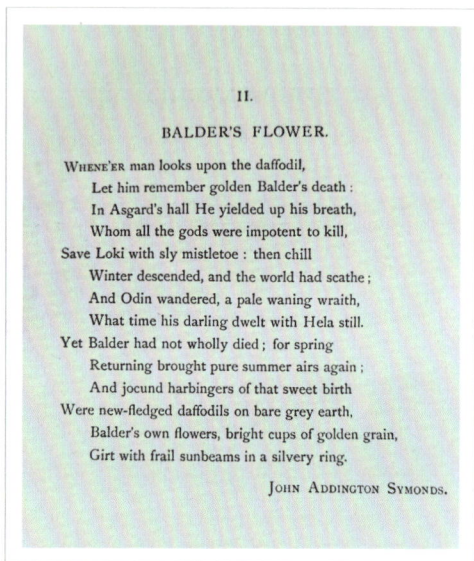

左：《世纪行会玩具马》杂志 1887 年 10 月封面；右：西蒙兹的诗歌 1 页（笔者藏）。1882 年，伦敦的一些艺术设计家成立自己的行会，称"Century Guild"。1884 年，该行会出版了自己的杂志，称为"Hobby Horse"。这本浸透美学气息的艺术杂志至 1892 年停刊，历时 8 年。《世纪行会玩具马》杂志发行量并不大，主要在圈内人士中订阅。从 1887 年至 1891 年，西蒙兹在该杂志发文 6 篇[①]

---

① 参见 Babington, pp. 190–191。

• 11 月 17 日，致函友人坦南特（Margot Tennant, 婚后称 Margot Asquith, 1864-1945），谈及坦南特对西蒙兹《切利尼自传》"导论"的看法等。[①] 后来西蒙兹 1890 年出版的《论文、思索与设想》（*Essays, Speculative and Suggestive*）就是献给坦南特的（参见年谱"1890 年"条）。[②]

《坦南特自传》第 1 卷卷首插图——坦南特读书像（笔者藏）。[③] 坦南特丈夫 H. H. 阿斯奎思（Herbert Henry Asquith, 1852-1928）曾任英国首相（1908 至 1916 年间），坦南特是其第二任妻子

---

① *The Letters III*, pp. 278-279.

② J. A. Symonds, *Essays, Speculative and Suggestive*, Vol. I, Chapman & Hall, 1890, "Dedication".

③ M. Asquith, *An Autobiography*, Vol. I, George H. Doran Company, 1920, Frontispiece.

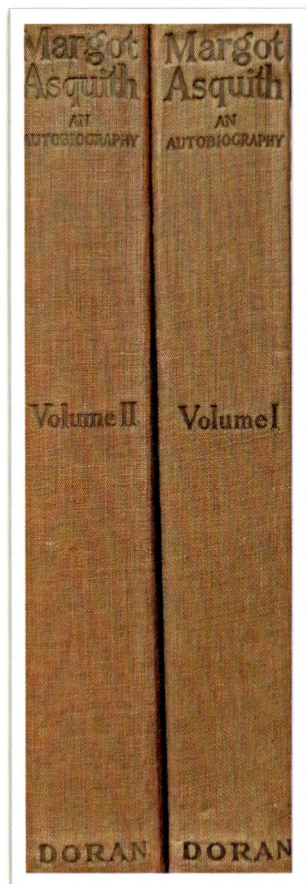

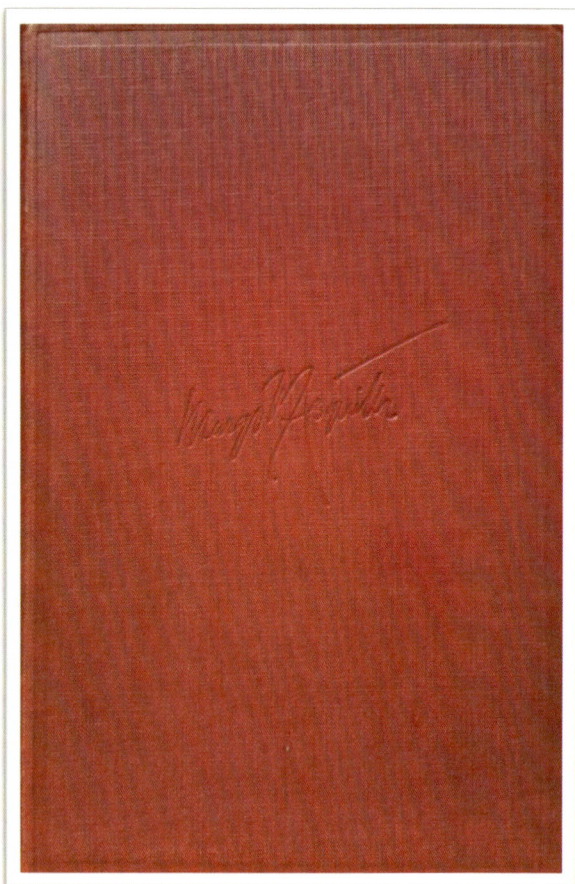

左：《坦南特自传》2卷书脊；右：《坦南特自传》红绸布封面，封面上有坦南特手迹刻印（笔者藏）

- 同年:《雪莱传》第 2 版面世。

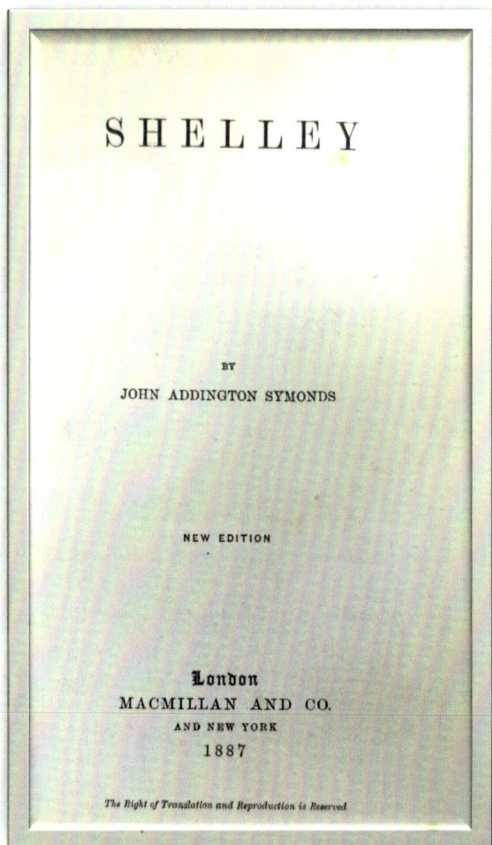

《雪莱传》1887 年版即第 2 版版权页（笔者藏）。另见《藏录》第 79 页

西蒙兹在撰写《雪莱传》时参考不少前人的传记作品。在第 2 版的前言中还提到作家道登（Dowden）的经典作品《雪莱传》。[①] 道登《雪莱传》的特色之一是大量引用雪莱书信等第一手资料来展示其生平、作品的风貌。后来

---

① E. Dowden, *The Life of Percy Bysshe Shelley*, Routledge and Kegan Paul, 1886.

的《雪莱全集》有 3 卷是书信方面的内容。[①] 出于种种原因，西蒙兹并没有很好地利用上述道登的研究成果修改自己的作品，这实为一件憾事。如果西蒙兹能够像道登那样利用尽可能丰富的资料来重新全面地评述雪莱的生平，可能这位诗人的形象会更饱满、更动人。从编撰规模看，那套丛书的篇幅、结构、编撰要求难以容纳大部头的学术探讨文字。这可能是后来西蒙兹修改《雪莱传》时未有大幅改动的原因之一。

● 同年：西蒙兹作导论的《马洛戏剧集》[②] 出版。书影见《藏录》第222 页。

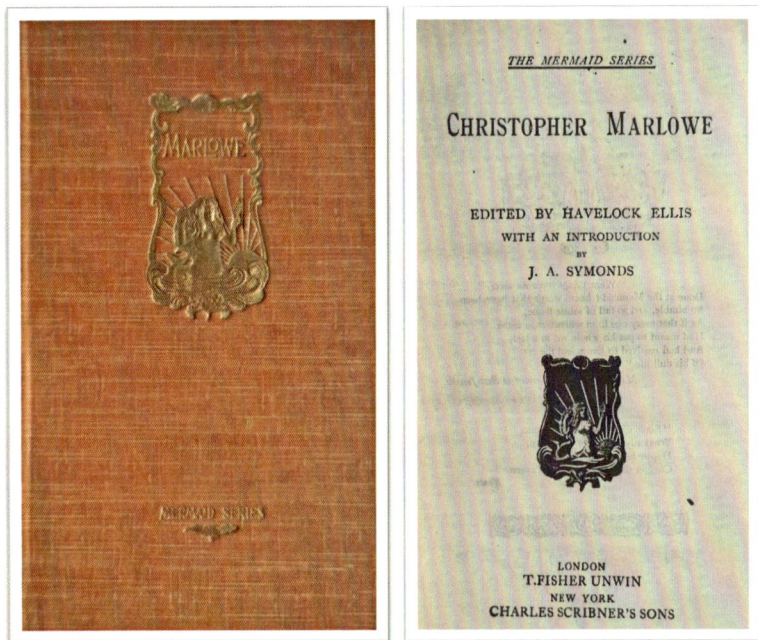

左：T. Fisher Unwin 版《马洛戏剧集》封面，此为《美人鱼戏剧丛书》的一种；右：T. Fisher Unwin 版书名页，此版未注明年份（笔者藏）

[①] *The Complete Works of Percy Bysshe Shelley*, newly edited by Roger Ingpen and Walter E. Peck in ten volumes, Ernest Benn Limited, 1927. 其中第 8、9、10 卷为书信。

[②] *Christopher Marlowe*, Ed. Havelock Ellis, with a general introduction on the English drama during the reigns of Elizabeth and James I by J. A. Symonds, Vizetelly & Co., 1887. 马洛，文艺复兴时期英国戏剧家、诗人。

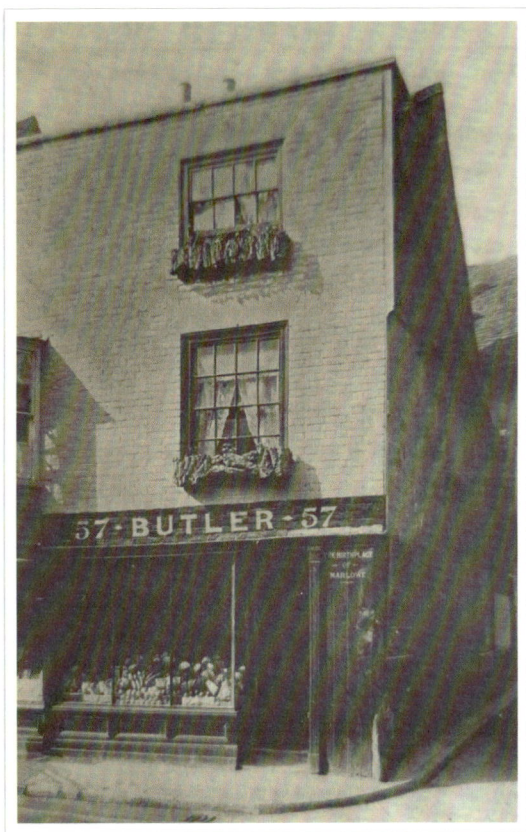

T. Fisher Unwin 版《马洛戏剧集》卷首插图——马洛出生地（笔者藏）①

　　西蒙兹曾特别提到马洛的"不可能的爱"（Impossible Amour）。根据西蒙兹的解释，马洛的口头禅"Impossible Amour"与批评家们的各种说辞可能并不一致。马洛青年时代在性生活方面有许多出格的举动，但马洛自认为这是精神性的性冲动。所以马洛笔下的"不可能"其确切含义并非指存在着超越人的能力之不可能，而是指人们在追求无限美、力量、知识的过程中耗尽了存在于人身上的能量。这才是马洛诗歌的真正意蕴所在。②

---

① *Christopher Marlowe*, Ed. Havelock Ellis, with a general introduction on the English drama during the reigns of Elizabeth and James I by J. A. Symonds, T. Fisher Unwin, Frontispiece.

② J. A. Symonds, *Shakespeare's Predecessors in the English Drama*, Smith, Elder, & Co., p. 486.

1888 年

● 1 月 28 日，致函《世纪行会玩具马》杂志[①]编辑霍恩（Herbert P. Horne,1864-1916），就自己的文章《音乐是整个生命的形式和尺度吗？》（Is Music the Type or Measure of All Life?）交流看法。[②]西蒙兹的文章着重就文论家佩特（Walter Pater, 1839-1894）在《半月评论》杂志[③]1877 年第 28 期上的文章《论乔尔乔内[④]画派》（The School of Giorgione）[⑤]发表评论。佩特是西蒙兹的同时代人，一位唯美主义者。他比西蒙兹早出生 1 年又晚去世 1 年。佩特与西蒙兹都曾师从乔伊特[⑥]学习古希腊哲学和文化。佩特从唯美主义的角度来审视艺术和艺术史，其"为艺术而艺术"的主张就是为艺术超越性所做的学理辩护。此主张强调艺术是超越功利的人类创造行为，艺术创作就是将美自身的意蕴开掘出来，并引导欣赏者进入唯美的世界。[⑦]佩特《论乔尔乔内画派》这篇文章就诗歌、绘画、音乐各自的特点及其与美之间的关系展开分析，认为就纯粹的美而言，三者之间又有关联性，音乐尤其是纯粹美之体现。但在西蒙兹看来，任何艺术的美感世界不能仅仅被视作纯粹的超然美，它还涉及人的感觉和理性，还涉及具体审美主体的特定美感意念。西蒙兹下了这样一个结论：美是一种观念（idea 或译"理念"）的感性显现。[⑧]无疑，这一观点受到黑格尔美学理论的影响。不过与黑格尔的美学理论相比，西蒙兹更强调具体的艺术特点及其与具体审美者的理性、感性认知之间的关系。总之，要结合具体的审美实践、结合特有的理性和感性认知底蕴来分析美、美感等现象。我们不妨做这样一种理解：就具体的创作实践如绘画、赋诗、作曲等而言，不同的创作者面对创作对象所产生的美感境界是不同的，

---

① 关于该杂志的具体情况参见年谱"1887 年"条。

② 西蒙兹这篇文章后被收入论文集《论文、思索与设想》，参见年谱"1890 年"条。

③ 关于《半月评论》杂志参见年谱"1868 年"条。

④ 乔尔乔内（Giorgione da Castelfranco, 1477-1510），文艺复兴时期意大利艺术家。

⑤ 佩特的这篇文章曾是论文集《文艺复兴：艺术与诗歌研究》（W. Pater, *The Renaissance: Studies in Art and Poetry*, Macmillan and Co., 1907，初次出版于 1873 年）中的一章。

⑥ 关于乔伊特参见年谱"1858 年"条。

⑦ 10 卷本佩特著作集（麦克米伦出版公司在 20 世纪初分卷出版）中的每一部直接或间接与文艺复兴史研究内容有关联，且渗透作者的唯美主义倾向。

⑧ J. A. Symonds, *Essays, Speculative and Suggestive*, Vol. II, Chapman & Hall, 1890, p. 195.

其创作成果亦不能等量齐观。显然，西蒙兹与佩特、西蒙斯（见年谱"1885年"条）等评论家的美学理论代表着近代西方两种颇具影响力的审美潮流：前者强调审美主体用自己的感受去凝视、表现美和美的意象；后者则刻意让审美主体自失于审美客体之中，从而让美和美的意象自然而然流露出来。

赖特《佩特传》① 卷首插画——佩特像（笔者藏）

---

① T. Wright, *The Life of Walter Pater*, Vol. II, Haskell House Publishers Ltd., 1969.

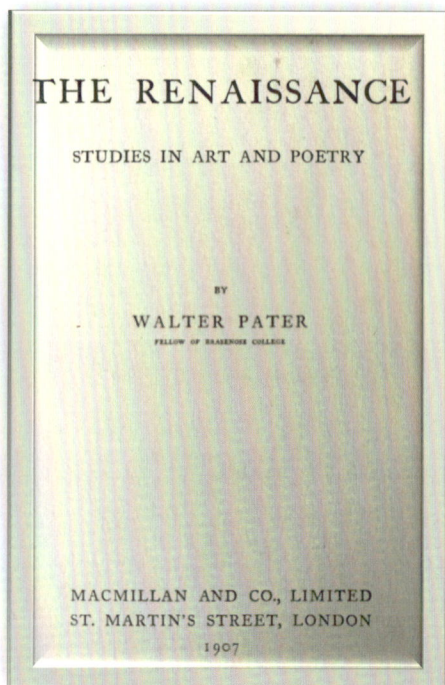

佩特《文艺复兴：艺术与诗歌研究》书名页（笔者藏），该书初次出版于 1873 年

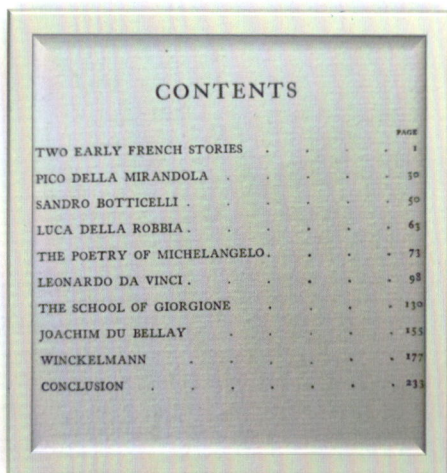

佩特《文艺复兴：艺术与诗歌研究》目录页（笔者藏），其中的第 7 部分就是《论乔尔乔内画派》

● 春天，全家游威尼斯。住在好友布朗的威尼斯扎特河畔居所，西蒙兹很满意这里的居住环境。

布朗在威尼斯扎特河畔的居所——Ca'Torresella, 560 Zattere（笔者藏）。[1] 有时西蒙兹与家人游威尼斯会租用布朗的居所[2]

① Grosskurth, *A Biography*, p. 279.
② 参见 D. K. Furse, *Hearts and Pomegranates: The Story of Forty-Five Years, 1875 to 1920*, Peter Davies, 1940, p. 45.

- 同年：译作《切利尼自传》①出版。

*《切利尼自传》卷首插画——切利尼像（笔者藏）*②

---

① Benvenuto Cellini, *The Life of Benvenuto Cellini*, 2 Vols, Tr. J. A. Symonds, John C. Nimmo, 1888.

② Benvenuto Cellini, *The Life of Benvenuto Cellini*, Frontispiece.

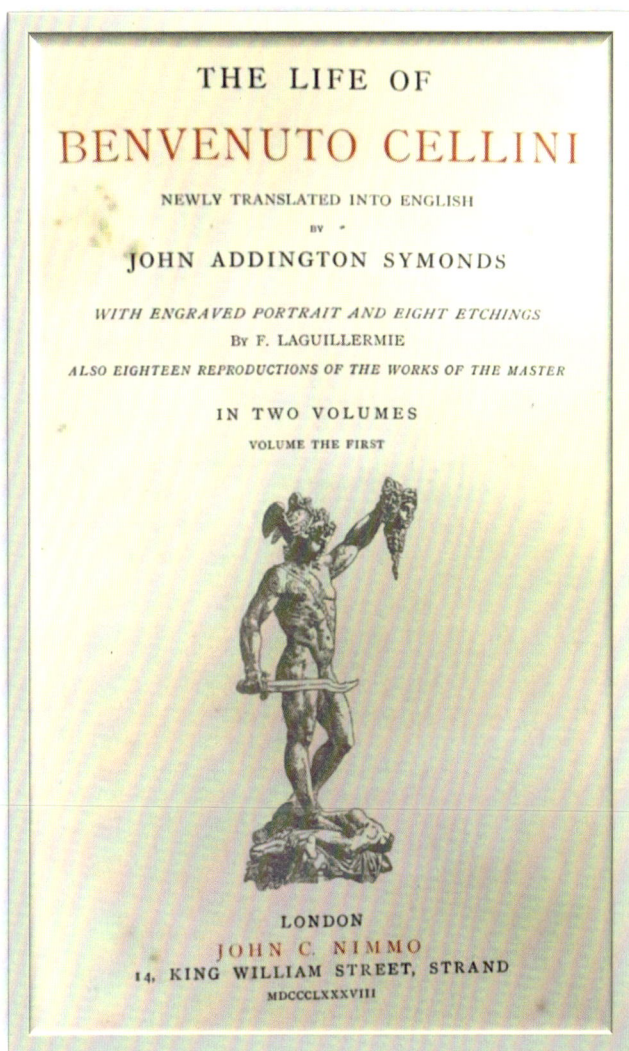

《切利尼自传》第 1 版书名页（笔者藏）。《切利尼自传》在西
蒙兹生前共出 3 个版次，参见《藏录》第 132—139 页［附
记：本藏为大开本（large paper edtion）。在 19 世纪的英国出
版界，为了体现某本书的价值往往附带出一个大开本。大开
本不一定像牛皮装帧那样奢华，大开本的特点是别致］

《切利尼自传》第1版第1卷中的插画——拉吉莱尔米耶（F. Laguillermie，1841–1934）《切利尼向波尔齐亚夫人敬献其雕琢的珠宝镶嵌工艺品》[1]（笔者藏）。此插画的创作者拉吉莱尔米耶是法国艺术家

　　西蒙兹在《切利尼自传》[2]译文前有一个"导论"。"导论"对先前各种译本的不足之处做了评论。[3]正是西蒙兹译笔的独到功力，《切利尼自传》英文版出版后受到学术界与读者的一致认同。可能出版商有点保守，第1版仅出版了750本。但读者的反响远远超出预期，一时洛阳纸贵，3个月后就出

---

① Benvenuto Cellini, *The Life of Benvenuto Cellini*, Vol. I, p. 55.

② Benvenuto Cellini, *The Life of Benvenuto Cellini*, Tr. J. A. Symonds, John C. Nimmo, First edition, 1888; Fourth edition, 1896.

③ 在西蒙兹之前，《切利尼自传》的译本大致有：歌德译的德文版、勒克朗谢（Leopold Leclanche）译的法文版、纽金特（Thomas Nugent）译的英文版、罗斯科译的英文版等。西蒙兹略提德文版和法文版的不足，对于罗斯科的英译则用较大篇幅进行英、意两种文字的比对研究，一一指出其中的瑕疵。参见 Benvenuto Cellini, *The Life of Benvenuto Cellini*, Fourth edition, "Introduction", pp. XVIII–LIV。但西蒙兹未对纽金特的英译本（*The Life of Benvenuto Cellini: A Florentine Artist. Containing a Variety of Curious and Interesting Particulars, Relative to Painting, Sculpture and Architecture; and the History of His Own Time*, written by himself in the Tuscan language, and translated from the original by Thomas Nugent, printed for T. Davies, 1771）加以评论。

了第 2 版。第 2 版"导论"后有一个附注，其中指出该版除修订一些刊印错讹并在自传前增加一段原作者的十四行诗外，其他没有太大的变化。只是第 1 版中的一些插图被删掉了。不久又出第 3 版。在第 3 版"序言"的字里行间，西蒙兹吐露出总算有了欣慰的感受。[①]第 3 版将原来的 2 卷合并为 1 卷，西蒙兹在"序言"中还提到这样做的考虑之一是方便更多的读者能够购买。由此可见此书及西蒙兹译本在当时读者中的受欢迎程度。西蒙兹去世后不久又出了第 4 版，恢复了原来的插图。在往后的岁月中，各种版本的西蒙兹所译的《切利尼自传》相继推出，略举几本笔者所藏："布伦塔诺版"（Brentano's, 1906）、"哈佛经典丛书版"（P. F. Collier & Son, 1910）、"布莱克版"（Walter J. Black Inc., 1927）、"近代丛书版"（The Modern Library, 1928）、"经典遗产版"（The Heritage Press, 1937）、"菲登版"（Phaidon Press, 1995）等，甚至 2023 年还有新的版本（Legare Street Press, 2023）面世。这些令人目不暇接。因为切利尼的生平广受研究者、读者关注，不时有其他译本推出如马克多内尔（Anne MacDonell）译本等。[②]但那些非常学术性的版本会充分考虑西蒙兹的翻译成果，例如 20 世纪卡斯特（Cust）的《切利尼自传》可称作详注版或学术版。它根据 1901 年巴奇（Bacci）教授编辑的意大利本、鲁斯科尼（Rusconi）和瓦莱里（Valeri）编辑的意大利本翻译而成。尤其是鲁什考尼和瓦雷利本搜集了切利尼的所有论述、艺术创作成果，并在此基础上对原来的自传文字加以注释。这同时映衬了卡斯特英译的学术价值。这个译本有大量的插图。译本很关注西蒙兹翻译中的诸多想法，甚至顾及一些很细微的翻译问题。如 "To which I replied: 'I did so this very last night.' At this the doctor said: 'With what sort of person, and how much.'" 这一句后有一译注："Mr. J. A. Symonds suggested that quanto = 'how much' in the text here should be quando = 'when'."[③]由此可见西蒙兹译本的受重视程度。事实上，迄今为止所有译本中最流行、最受读者欢迎的仍数西蒙兹的译本。

① Benvenuto Cellini, *The Life of Benvenuto Cellini*, Fourth edition, "Translator's Preface to Third Edition".
② Benvenuto Cellini, *The Life of Benvenuto Cellini*, Tr. A. MacDonell, J. M. Dent and Sons Ltd., 1926.
③ Benvenuto Cellini, *The Life of Benvenuto Cellini*, Vol. I, Tr. R. H. H. Cust, The Navarre Society Limited, 1935, p. 101.

- 同年:《切利尼自传》出版 3 个月后又出第 2 版。见《藏录》第 132—139 页。

- 同年:《不列颠百科全书》第 9 版第 23 卷载有西蒙兹撰写的"塔索"（Tasso）词条。

- 同年:西蒙兹作导读的《韦伯斯特与透纳戏剧集》[1] 出版。书影见《藏录》第 223 页。

《韦伯斯特与透纳戏剧集》卷首插画——1612 年时的环球剧场外景（笔者藏）。[2] 根据西蒙兹的描述，伊丽莎白时代的伦敦造了 11 座剧场。大多数剧场造在郊外。这些剧场有些是公共的，有些为私人所有。私人剧场都是有钱人去的娱乐场所，其票价要高出公共剧场好几倍。公共剧场的票价相对便宜，例如观众可以花 3 便士去看普通的演出，尽管这笔钱对于最底层的老百姓来讲也不是个小数目。不同票价的座位档次也不同，买 3 便士这种最便宜票的观众只能坐在入口、过道，或静静地站着看戏 [3]

---

[1] *Webster & Tourneur*, Ed. Havelock Ellis, with an introduction and notes by J. A. Symonds, Vizetelly & Co., 1888. 韦伯斯特（John Webster, 1580–1625）、透纳（Cyril Tourneur, 1575–1626）均为文艺复兴时期英国戏剧家。

[2] *Webster & Tourneur*, Ed. Havelock Ellis, Frontispiece.

[3] J. A. Symonds, *Shakespeare's Predecessors in the English Drama*, Smith, Elder, & Co., 1884, pp. 229–230.

● 同年：西蒙兹作导读的《托马斯·海伍德戏剧集》^①出版。书影另见《藏录》第 224 页。

《托马斯·海伍德戏剧集》卷首插图——1672 年时的红牛
剧院演出舞台内景（笔者藏）^②

---

① *Thomas Heywood*, Ed. A. W. Verity, with an introduction by J. A. Symonds, Vizetelly & Co., 1888. 海伍德（Thomas Heywood, 1574−1641），文艺复兴时期英国戏剧家。

② *Thomas Heywood*, Ed. A. W. Verity, Frontispiece.

● 同年：西蒙兹与威尼斯维斯科瓦纳区域皮萨尼大公庄园的皮萨尼公主
（Countess Pisani, Countess Evelina Millingen Pisani, 1832–?）会面。[1] 关于皮萨
尼大公庄园（即西蒙兹女儿玛格丽特《在大公庄园的日子里》的大公庄园）
情况另见年谱"1869 年"条、"1893 年"条等。

皮萨尼公主像（笔者藏）[2]

---

① *The Letters III*, p. 375.

② *The Letters III*, pp. 192–193.

1889 年

- 1 月 29 日，致函惠特曼，提到惠特曼的诗篇《十一月的树枝》（*November Boughs*）一直陪伴着自己。[①]
- 3 月，完成《卡罗·戈齐伯爵回忆录》的翻译。《卡罗·戈齐伯爵回忆录》的翻译准备前后用了近 4 年时间。
- 4 月，游威尼斯，并启动回忆录撰写事宜。西蒙兹十分崇敬的文艺复兴时期意大利诗人彼特拉克之墓就在威尼斯。

彼特拉克在威尼斯的墓地（笔者藏）。[②]彼特拉克去世的地方是离威尼斯不远的帕多瓦，其墓地后迁至威尼斯

---

① *The Letters III*, p. 343. 惠特曼《十一月的树枝》1888 年由戴维·麦凯（David McKay）出版社出版。

② H. F. Brown, *In and Around Venice*, Rivingtons, 1905, p. 249.

● 12 月 9 日，致函惠特曼，称呼其为"导师"（Master），并感谢赠送《惠特曼诗歌散文集》，西蒙兹称此著述为"惠特曼圣经"（Whitman's Bible）。[①] 信函中再次询问《芦笛集》的意蕴问题。

● 同年：《切利尼自传》第 3 版面世。另见《藏录》第 132—139 页。

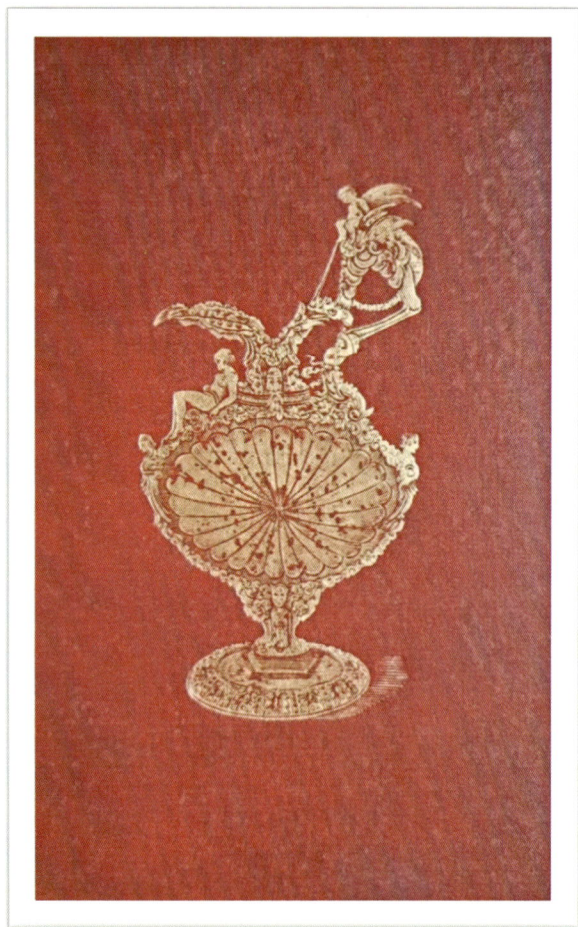

《切利尼自传》第 3 版封面（笔者藏），封面中的图案是切利尼雕琢的银器。从第 3 版起，原 2 卷本合为 1 卷

---

① *The Letters III*, p. 424.

● 同年：西蒙兹为其居处达沃斯的归属地格劳恩登州恩加丁地区撰写《格劳恩登史》（The History of Graubuenden）一文。格劳恩登是瑞士的一个州，其历史可以追溯到古罗马时代。

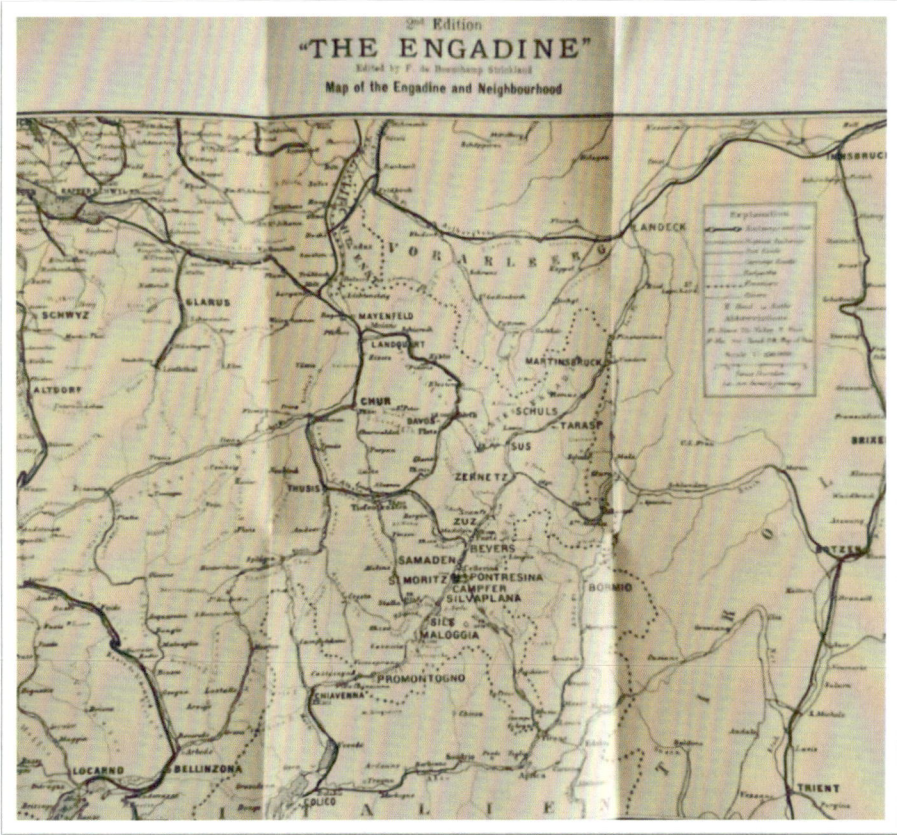

附于《恩加丁导游手册》中的恩加丁地图，地图正中就是西蒙兹居住的达沃斯小镇（笔者藏）

1890 年

- 3月，在《伊格德拉希尔》（*Igdrasil*）杂志发表文艺复兴时期阿尔伯蒂十四行诗（Sonnet. From the Italian of Leon Battista Alberti）。同年在该杂志另发文 2 篇。[①]

- 4月，游威尼斯。

- 5月13日，给高尔顿（Arthur Galton）去函。信中提到诗集《春之恋》[②]（详见后文）。

- 8月3日，西蒙兹致函惠特曼并再次提及先前赠送的《惠特曼诗歌散文集》，还提到《芦笛集》问题。[③]

- 8月9日在《学院》杂志[④]上发表对《春之恋》的评论短文。[⑤]

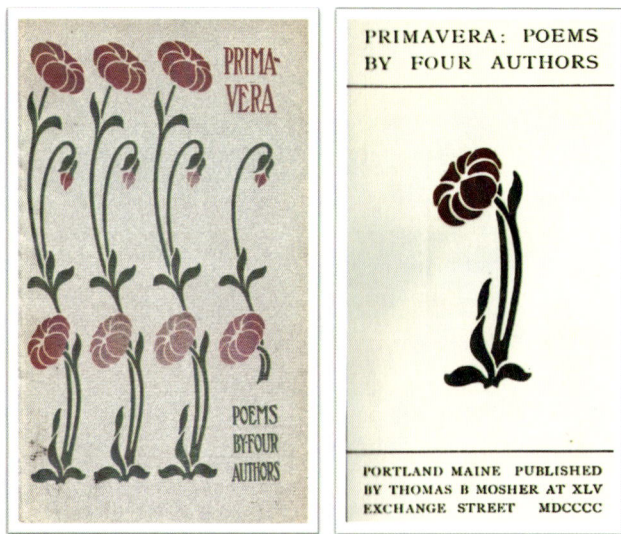

左:《春之恋》1900 年版封面；右:《春之恋》书名页（笔者藏）

[①] 详见 Babington, p. 192。

[②] Stephen Phillips, Laurence Binyon, Manmohan Ghose and Arthur Shearly Cripps, *Primavera: Poems by Four Authors*, B. H. Blackwell, 1890. Primavera 一词源于意大利语 prima vera，是一种植物名，又代指春天。结合诗集中的内容，笔者将之译为"春之恋"。

[③] *The Letters III*, pp. 481-484.

[④] *The Academy*, Volume XXXVIII.

[⑤] 参见 Babington, p. 178。

《春之恋》的诗人们曾希望西蒙兹为诗集写评论，西蒙兹很好奇他们对自己感兴趣。[①]诗集 1890 年初次出版时没有涉及西蒙兹的信息，也没有西蒙兹写的"序言"。后来莫舍出版社 1900 年再版时补上了西蒙兹的"序言"，从而使读者能更全面地领略这本诗集的内容。顺便指出，有些书商在介绍该诗集时指认是西蒙兹编辑的，这显然不符合事实。西蒙兹熟悉诗集中的 4 位作者，其中 3 位是牛津大学的本科生，从诗歌中可以见出他们身上有着奇特的、受压抑的爱欲特质，他们对西蒙兹提及的古希腊"爱奥尼亚式"爱恋再度产生了兴趣。西蒙兹在"序言"中评论《春之恋》的诗作情调为"温文尔雅、恰如其分和柔情忧郁"（a restrained refinement, a subdued reserve, a gentle melancholy）。[②]

● 8 月 19 日：惠特曼致函西蒙兹。西蒙兹曾与惠特曼通信，谈及同性恋问题。西蒙兹还特别将《草叶集》中的《芦笛集》与同性恋挂钩并私下询问

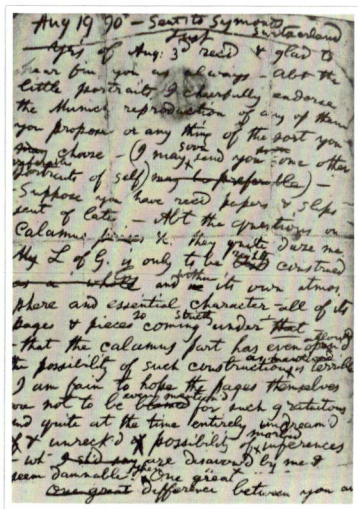

1890 年 8 月 19 日惠特曼致函西蒙兹手书第 1 页（笔者藏）[③]

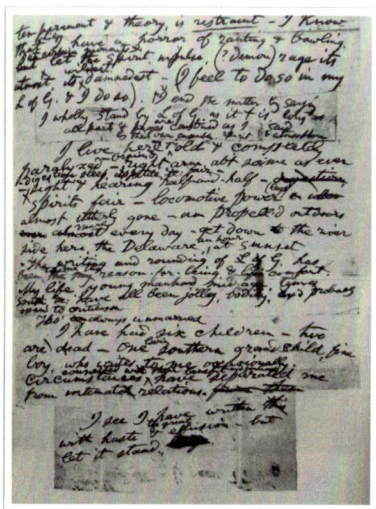

1890 年 8 月 19 日惠特曼致函西蒙兹手书第 2 页（笔者藏）[④]

---

① 更多关于《春之恋》与西蒙兹的关系可参见 *The Letters III*, pp. 461–163.

② Phillips and et al., *Primavera*, p. VIII.

③ *The Correspondence Vol. V: 1890–1892*, Ed. E. H. Miller, New York University Press, 1969, pp. 212–213.

④ 同上。

惠特曼对同性恋的看法，1890 年又提及此事（参见年谱前一封信），对此惠特曼做出"划清界限"的答复。惠特曼回复的大致意思是，他在《芦笛集》中的诗篇表达了作品本身所蕴含的情感等，并不表示作者自身在这个问题上的私下情感问题。惠特曼明言，他与西蒙兹在情感和精神上是有区别的。①

● 9 月 2 日，致函惠特曼，对惠特曼上一封信的回复表示理解，包括惠特曼指责西蒙兹"病态的推理"（morbid inference）一词。②

● 同年：收入西蒙兹《格劳恩登史》的《恩加丁导游手册》③ 面世。书影见《藏录》第 225 页。

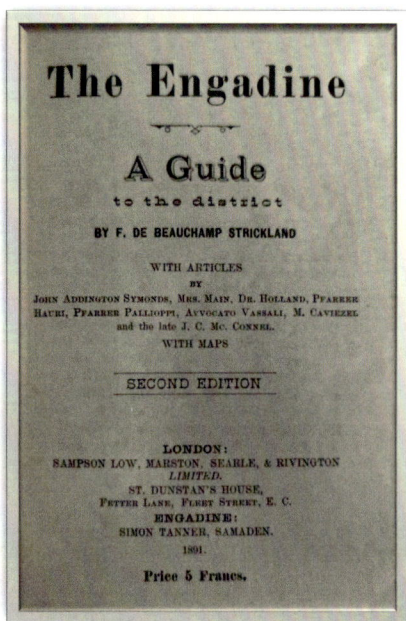

《恩加丁导游手册》书名页，此为第 2 版（笔者藏）

---

① *The Correspondence Vol. V: 1890-1892*, Ed. E. H. Miller, New York University Press, 1969, pp. 72-73.

② *The Letters III*, pp. 492-494.

③ *The Engadine: A Guide to the District*, Ed. F. B. Strickland, Sampson Low, Marston, Searle, & Rivington, Limited, 1891.

● 同年：译作《卡罗·戈齐伯爵回忆录》（*The Memoirs of Count Carlo Gozzi*）出版。

左：《卡罗·戈齐伯爵回忆录》2 卷书影；右：彩色插画，由画家桑德（Maurice Sand）创作（笔者藏）。[①] 另见《藏录》第 140—143 页（附记：笔者另藏有大开本《卡罗·戈齐伯爵回忆录》2 卷）

戈齐是 18 世纪意大利威尼斯的剧作家，以喜剧创作著称于戏剧界。但当时的英国学术界（包括西蒙兹在内）对戈齐所知甚微，涉及戈齐的著述也只有弗农·李《18 世纪意大利研究》[②] 一本。根据西蒙兹的各种学术判断，《卡罗·戈齐伯爵回忆录》应该被介绍给英语世界的读者，特别是西蒙兹认为戈齐的回忆录是研究 18 世纪意大利戏剧的重要资料。[③] 例如戈齐与威尼斯学院格拉塔罗（Gratarol）的矛盾、与感受法国自由文化较深的戏剧家哥尔多尼（Goldoni）的戏剧理论冲突等，这些不仅折射出戈齐相对保守的戏剧

---

① Carlo Gozzi, *The Memoirs of Count Carlo Gozzi*, Vol. I, Tr. J. A. Symonds, John C. Nimmo, 1890, p. 256.

② 参见年谱 "1880 年" 条，而且是根据二手材料转述的，参见 Gozzi, *The Memoirs of Count Carlo Gozzi*, p. XI。

③ Gozzi, *The Memoirs of Count Carlo Gozzi*, "Preface", p. VII.

观，也反映出当时意大利文化社会各个层面的风貌。西蒙兹还在"导论"中回顾了文艺复兴时期及文艺复兴以降的意大利喜剧创作历史状况。正是出于这种学术兴奋点的考虑，西蒙兹用了 4 年左右的时间完成译事，然后限量出版。译著前面有作者写的近 200 页篇幅的"导论"，几乎是一部简明的意大利戏剧史和戈齐评传。由于西蒙兹的译笔，加上卡罗·戈齐的丰富人生，读《卡罗·戈齐伯爵回忆录》与读《切利尼自传》一样精彩。中国读者可能对卡罗·戈齐伯爵的名字有点陌生，但只要提起 20 世纪意大利作曲家普契尼（Puccini）的歌剧《图兰朵》（Turandot）便好生耳熟。其实戈齐早在 18 世纪就已经用奇幻剧（fiabe）的形式将包含悲喜情节的阿拉伯民间故事《卡拉夫和中国公主的故事》①以《图兰朵》之名搬上意大利的舞台。

- 同年：论文集《论文、思索与设想》出版。

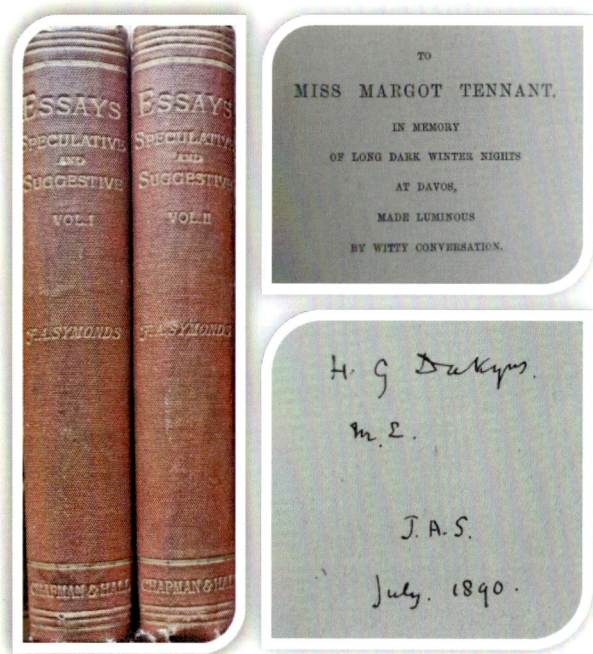

左：《论文、思索与设想》第 1 版 2 卷书脊。右上：西蒙兹献给坦南特的题词："在达沃斯寒冷冬夜中，正是那些充满智慧的交谈送出了暖光。"关于坦南特另见年谱"1887 年"条。右下：惠赠戴金斯夫妇的签名（戴金斯姓名在前，戴金斯夫人姓名在后）。现均为笔者续藏。另见《藏录》第 145—147 页

---

① Carlo Gozzi, *Five Tales for the Theatre*, Ed. and tr. A. Bermel and T. Emery, The University of Chicago Press, 1989.

《论文、思索与设想》篇目如下：

1. 进化哲学（The Philosophy of Evolution）

2. 艺术与文学进化原理之应用（On the Application of Evolutionary Principles to Art and Literature）

3. 论某些批评主义原则（On Some Principles of Criticism）

4. 几种艺术的范围（The Provinces of the Several Arts）

5. 论艺术与科学、道德之间的关系（On the Relation of Art to Science and Morality）

6. 现实主义与理想主义（Realism and Idealism）

7. 模式（The Model）

8. 美，构思组合，表达，描述（Beauty, Composition, Expression, Characterisation）

9. 讽刺，奇幻，诡诞（Caricature, the Fantastic, the Grotesque）

10. 形态论注（Notes on Style）：

    第 1 部分 语词的历史与运用（Part I History and Usage of the Word）

    第 2 部分 民族的形态（Part II National Style）

    第 3 部分 个体的形态（Part III Personal Style）

    第 4 部分 形态的艺术（Part IV The Art of Style）

11. 民主的艺术，特别参照沃尔特·惠特曼（Democratic Art. With Special Reference to Walt Whitman）

12. 风景（Landscape）

13. 自然神话与寓言（Nature Myths and Allegories）

14. 诗是生命批评的根底吗？马修·阿诺德的华兹华斯选本评论（Is Poetry at Bottom a Criticism of Life？ A Review of Matthew Arnold's Selection from Wordsworth）

15. 音乐是整个生命的形式和尺度吗？（Is Music the Type or Measure of All Life?）

16. 诗歌中的玫瑰感伤（The Pathos of the Rose in Poetry）

17. 伊丽莎白时代与维多利亚时代的诗歌比较（A Comparison of Elizabethan with Victorian Poetry）

18. 附录（Appendix）：

▲ 达尔文关于神的思想（Darwin's Thoughts about God）

▲ 知识的限度（The Limits of Knowledge）

▲ 一神论评注（Notes on Theism）

▲ 艺术的准则（The Criterion of Art）

▲ "现实主义与理想主义"注（Note on "Realism and Idealism"）

▲ "模式"注（Note on "The Model"）

▲ 思想对语言的优先地位（Priority of Thought to Language）

▲ 色彩感与语言（Colour-Sense and Language）

1891 年

● 7 月，在《艺术家》（*The Artist*）杂志发表诗歌《街光》（Ave Phosphor）。后在该杂志又发表诗文 4 篇。[①]

● 8 月 1 日，在《国家观察家》（*The National Observer*）杂志发表游记 1 篇《圣罗科的早晨》（A Morning at San Rocco）。

● 12 月，在《英国画刊杂志》（*The English Illustrated Magazine*）发表诗歌 1 首《睡吧，睡吧，宝宝！母亲之歌》（Sleep, Baby, Sleep! The Mother Sings）。

● 同年：为撰写《米开朗基罗传》前往罗马等地搜集资料。

● 同年：西蒙兹 1 篇论文入选《阳光艺术家》。[②]

● 同年：西蒙兹 3 首译诗被谱成曲子入选《苏格兰学生唱谱》。[③]

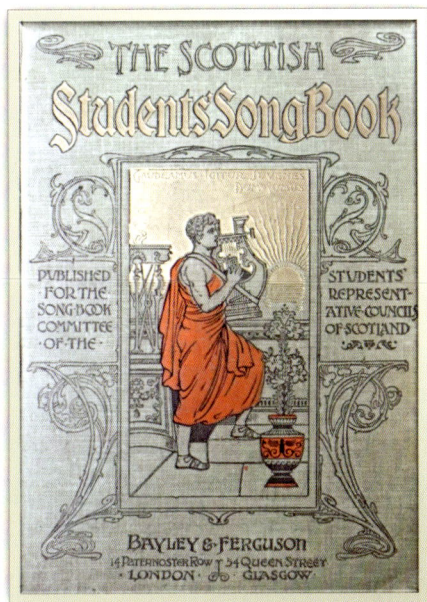

《苏格兰学生唱谱》封面（笔者藏）

---

① 详见 Babington, pp. 193–194。

② *Sun Artists*, Kegan Paul, Trench, Trubner and Co., 1891.

③ *The Scottish Students' Song Book*, Bayley and Ferguson, 1891.

18

LAURIGER HORATIUS.

A song of the Wandering Students of the Middle Ages.
Translation by John Addington Symonds.

1. Lau-ri-ger Ho-ra-ti-us,   Quam dix-is-ti   ve-rum:
1. *Lau-rel-crown'd Ho-ra-ti-us,*   *True, how true, thy*   *say-ing!*

"Fu-git, Eu-ro ci-ti-us,   Tem-pus e-dax   re-rum!"
"Swift as wind flies o-ver us   Time, de-vour-ing, slay-ing!"

U-bi-sunt, O! po-cu-la,   Dul-ci-o-ra   mel-le,
Where are oh! those gob-lets full   Of wine, ho-ney-la-den,

Rix-æ, pax, et os-cu-la   Ru-ben-tis pu-el-læ?
Smiles and tears, and bount-i-ful   Lips of rud-dy maid-en?

2.
Crescit uva molliter
Et puella crescit,
Sed poeta turpiter
Sitiens canescit.
Quid juvat æternitas
Nominis, amare
Nisi terræ filius
Licet, et potare?

2.
Grows the young grape tenderly,
And the maid is growing;
But the thirsty poet, see!
Years on him are snowing!
What's the use on hoary curls,
Of the bays undying?
If we may not kiss the girls,
Drink while time's a-flying.

《苏格兰学生唱谱》1 页——"戴桂冠的贺雷修斯歌"（笔者藏）。这首歌的歌词选自西蒙兹所译《美酒、女人与欢唱：中世纪拉丁文学生诗歌集》，参见年谱"1884 年"条

● 同年：西蒙兹私人印制《近代伦理问题：特别写给医学心理学家、法学家的一项关于性倒错现象的咨询报告》（通常简称《近代伦理问题》）①一书。

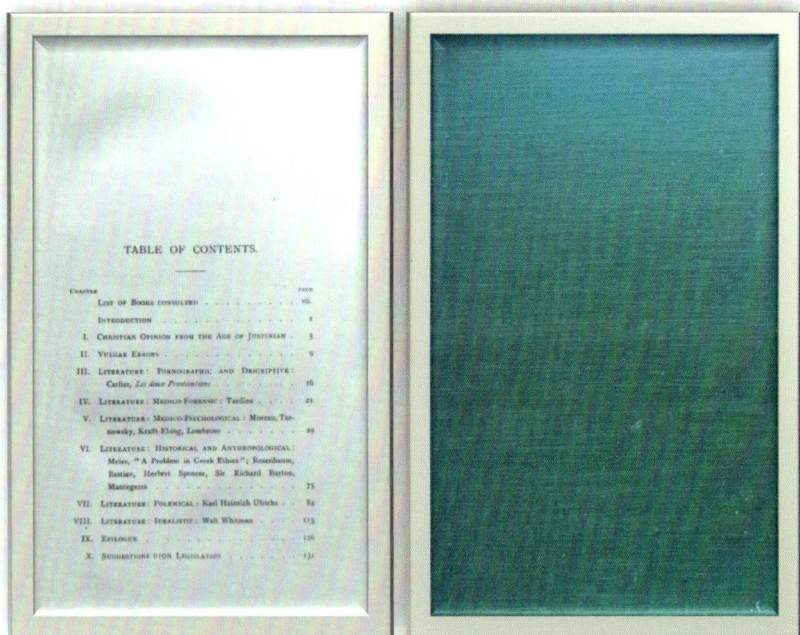

左：《近代伦理问题》1896 年私印本目录；右：该书非常简朴的封面（笔者藏）。另见《藏录》第 155 页（附记：1891 年版只印了 50 本，1896 年版印了 100 本。目前如果还能购买到的话，那就是 1896 年版）

《近代伦理问题》由 10 章构成。该著作从中世纪晚期一直论述到西蒙兹所在的 19 世纪。全书从不同的角度探讨性倒错现象，其中占较大篇幅的是对各种文字描述中的性倒错观念的系列研究。西蒙兹在"导论"中再次指出，无论是从善的角度还是从恶的角度去理解，性倒错是人类历史上的重要现象，只是因为基督教伦理等的制约尚未得到哲学的、科学的真正研究。在

---

① J. A. Symonds, *A Problem in Modern Ethics: Being an Inquiry into the Phenomenon of Sexual Inversion, Addressed Especially to Medical Psychologists and Jurists*, London, 1891. 以下简称 *A Problem in Modern Ethics*。其出版情况与《希腊伦理问题》非常类似。1891 年私人印了 50 本；1896 年重印 100 本。其中的第 7 章 "Literature: Polemical: Karl Heinrich Ulrichs" 被收入《性倒错》（见年谱"1897 年"条）的附录。

历史上，只有希腊人将同性恋提升到典雅情感的高度。但这一现象在全世界范围内都存在着。它原本也是属于人类的自然常态现象，但渐渐被人说成是"倒错"（inverted）的性现象，而且还受着法律的制裁。问题是每个家庭都有可能遇到性倒错的风险。现在该是理性地分析、对待这一现象的时候了。[①]全书首先评述基督教、一般大众对同性恋的偏见，随后对专家学者如卡利耶（Carlier）、乌尔里希斯（Ulrichs）等著述中的观点逐一进行分析，包括专题评论惠特曼诗歌中所表露出的性倒错象征问题。[②]具体如下：

第一，同性恋受禁回顾。西蒙兹在第 1 章"查士丁尼时代以来的基督教观点"中这样描述：打开《圣经》人们就能在"摩西律法"篇里读到严厉制裁性倒错的条文。后来罗马帝国承认了基督教的合法地位，在康斯坦丁（Constantine）和狄奥多西（Theodosius）时期通过了法律来制裁性倒错现象。但那时的强制效应并不明显，到《查士丁尼法典》面世，性倒错问题就严重了。新法典第 77 条以《圣经》为权威，明确如果发现性倒错现象，那么整个家庭、整座城市都要受到处罚。从此，尽管性倒错现象仍在发生，因为它是人类的自然现象，但因为查士丁尼（Justinian）法律的影响，信奉基督教的民族长期以来对性倒错采取不容忍的态度。[③]以上文字内容简略地回顾了性倒错受禁止的历史，同时告诉世人，要走出世俗偏见和社会文化禁锢的迷途会何等的艰难。

第二，世俗偏见查因。《近代伦理问题》"世俗的错误"一章以吉本（Gibbon）的《罗马帝国衰亡史》开篇，然后引出这样一些观点：世俗的偏见将性倒错视为非自然的，尤其是归因于未成年的男孩容易学坏。在西蒙兹看来，此类看法都是站不住脚的。[④]然后"文学：黄色的与性描述的"一章主要评介卡利耶《两种淫荡》[⑤]中的观点。西蒙兹认为作者对性倒错的认知是很表面化的，把同性恋者当作巴黎大街上的娼妓一样对待，而且作者也承认其关于性倒错的知识不会多于警察每天执行任务时头脑中具有的那些

---

① Symonds, *A Problem in Modern Ethics*, "Introduction", pp. 1-4.

② Symonds, *A Problem in Modern Ethics*, pp. 115-125.

③ Symonds, *A Problem in Modern Ethics*, "Introduction", pp. 5-8.

④ Symonds, *A Problem in Modern Ethics*, "Introduction", pp. 9-15.

⑤ F. Carlier, *Les Deux Prostitutions*, E. Dentu, 1889.

意识。^①这些想法在近代是很普遍的。在大多数人看来，性倒错问题应该交由医学、法学去处理。于是西蒙兹在《近代伦理问题》"文学：医学的与法医学的"一章继续介绍塔迪厄（Tardieu）等人的研究成果。塔迪厄著有《道德攻击》^②一书。塔迪厄与当时其他学人一样都是带着对性倒错根本性的厌恶情绪来谈论这一问题的。整本书就是在强调性倒错的非道德性。这种情况无异于去侦查那些被控有此行为倾向的对象。^③相比上述作者，西蒙兹认为卡斯珀（Casper）是第一位将天生的（inborn）性倒错与后天变态的（acquired perversion）性倒错加以区别的作者。^④西蒙兹十分看重这种区分。如果性倒错是后天发生的变态，那么学人就应当去寻找身体的、社会的等物理性（physical）原因；如果是先天的，那才谈得上追究道德上的原因。接着在"文学：医学心理学的"一章继续介绍莫罗（Moreau）、塔尔诺夫斯基（Tarnowsky）、克拉夫特·埃宾（Krafft-Ebing）、隆布罗索（Lombroso）等作者的医学心理学观点。莫罗著有《遗传性偏差》^⑤一书。正是在该书中莫罗提出"一般的物理原因"（General Physical Causes）与"一般的道德原因"（General Moral Causes）两种性倒错论定方法。其中物理方面的原因有：贫穷、年岁、制度、气质、季节、气候、食物等。而道德原因方面第一位则是遗传。至于以后表现是理想化的还是粗俗的，那就由教育等情况决定。^⑥尽管莫罗的这种区分蕴含着许多对分析性倒错问题具有启示意义的因素，但西蒙兹还是觉得莫罗对古希腊曾经有过的同性恋文化不甚了解。莫罗所接受的还是罗马时代往后的性倒错观念，即它是一种遗传性的疾病（malady）。^⑦不过西蒙兹觉得莫罗的出发点还是很好的，似乎要把那些被社会认为是有罪的性倒错者从监狱释放出来，并提供一个避难所，去拯救他们。^⑧但问题是学者必须将那些性倒错者身上的自然的、健康的方面讲清楚。这才是真正的拯救。

---

① Symonds, *A Problem in Modern Ethics*, p. 21.

② A. Tardieu, *Attentats aux Moeurs*, J.-B. Bailliere et fils, 1878.

③ Symonds, *A Problem in Modern Ethics*, pp. 23-24.

④ Symonds, *A Problem in Modern Ethics*, p. 25.

⑤ P. Moreau, *Des Aberrations du Sens Genesique*, Asselin & Houzeau, 1887.

⑥ Symonds, *A Problem in Modern Ethics*, pp. 32-33.

⑦ Symonds, *A Problem in Modern Ethics*, p. 36.

⑧ Symonds, *A Problem in Modern Ethics*, p. 38.

进一步的讨论涉及塔尔诺夫斯基的观点。塔尔诺夫斯基在《性变态现象》[①]中指出，那些后天的同性恋往往受着坏榜样的影响，诸如模仿、好时尚、负面文学、好奇等，由此走入淫荡的门径。而先天的同性恋者则不可抗拒地拥有此等情感、倾向。不过，西蒙兹觉得塔尔诺夫斯基尽管在研究中使用大量的例子来说明问题，但他并不知道这样一种情况，即先天的同性恋者具有男人通常有的情感，只是他们还有爱同性的倾向。[②] 说到底，近代的这些学者都是从病态的角度来考虑同性恋问题。又如克拉夫特·埃宾也在自己的著作《性变态心理》[③]中用后天的病态（morbid）与先天的病态来分类。至此，西蒙兹的观点也大致清楚了。简言之，同性恋在很大程度上是一种先天性的性生理或心理现象，必须放到文化的历史环境中去认知族群的、个体的同性恋史。

第三，民族地理说辨析。"文学：历史的与人类学的"一章的内容其实就是介绍作者西蒙兹自己的观点，只不过用了这样的署名"an Englishman in English"。[④] 同时还介绍罗森鲍姆（Rosenbaum）、伯顿等学者从历史的与人类学的角度所做的研究。对于这一章中的观点不妨做些展开：文化界人士都知道理查德·伯顿是《一千零一夜》的英文译者，西蒙兹则更关注伯顿在《一千零一夜》英译本第 10 卷后附上的论文，正是在这篇论文中伯顿就同性恋现象提出了自己独特的看法（参见年谱"1885 年"条）。伯顿将北纬43 度至北纬 30 度的地带称作"索达迪克地带"，认为处于这一地带（包括非洲、亚洲等地）的人群会涉及同性恋现象。由此看来，同性恋现象直接与地理、气候等自然环境因素有关，而不是某些种族特有的现象。这一学说通常称作"淫：索达迪克地带"（The Vice: Sotadic Zone）。[⑤] 这种说法无疑使西蒙兹产生许多联想。一方面，伯顿那些奇特的观点确实拓宽了认识同性恋现象的视野；另一方面，伯顿的分析弱于心理、社会、历史、文化等深层的同性

[①] B. Tarnowsky, *Die krankhaften Erscheinungen des Geschlechtssinnes*, Hirschwald, 1886.

[②] J. A. Symonds, *A Problem in Modern Ethics*, pp. 40–41.

[③] R. von Krafft-Ebing, *Psychopathia Sexualis*, Stuttgart, 1899. 另见 Symonds, *A Problem in Modern Ethics*, pp. 43, 49, 59.

[④] Symonds, *A Problem in Modern Ethics*, p. 76.

[⑤] Richard Francis Burton, *The Vice, Containing Sir Richard Burton's Sotadic Zone and Extracs from Dr. Jacobus' Untrodden Fields of Anthropology*, M. G. Thevis, 1967. 此书坊间很难寻找，为笔者私藏。

恋本质探讨，这无疑是一种缺憾。为此，西蒙兹还在伯顿去世前用了 3 个月的时间与其探讨同性恋问题，如在古希腊的同性恋文化认同情况、往后直至19 世纪的同性恋文化偏见等，并给出了诸多建议。伯顿也愿意去参考诸多学者的研究成果，当然此事最后不了了之。① 从中也可见出，西蒙兹的立意是全方位地去探讨同性恋现象，尽量避免在研究过程中出现各种片面性。

第四，心灵—文化关系寻出路。"文学：论辩性的"一章则集中探讨卡尔·亨利希·乌尔里希斯的观点。根据西蒙兹在该书中的说法，19 世纪德国法学家乌尔里希斯在 1864 年至 1870 年的系列著述中② 对性倒错问题给予了严肃、同情的对待和研究。③ 乌尔里希斯不同意男同性恋就是异性恋发展的一个折点，男同性恋的实际情况是其身体为男性的，而其心灵为女性的。因此同性恋不能仅仅当作两个同性的性交问题，而是出于一种身体与心灵合在一起的自然冲动。④ 乌尔里希斯的结论是，如果社会将同性恋当作是很自然的一件事，那么社会不会因此导致负面效应的产生。⑤ 这些学者的观点其实在西蒙兹的年代还没有引起社会的足够重视。同性恋尚未成为法学的主题，它暂时还是心理学家、医学家、道德学家等在讨论的问题。⑥ 这更加说明西蒙兹撰写《近代伦理问题》的学术价值与社会价值。西蒙兹从文化的角度揭示同性恋的深刻底蕴，其实就是乌尔里希斯"心灵的冲动"观点的自然延伸，因为只有文化体现心灵世界的所有内涵。⑦ 最后一章评介惠特曼笔下的同性恋描述。西蒙兹最后想表达的是：人类已经从各个角度描述了同性恋问题，现在十分有必要让整个社会从法律的角度来重新认识同性恋问题，并为最终解决同性恋问题找到法律的依据，营造出社会伦理的认可氛围。

---

① Symonds, *A Problem in Modern Ethics*, pp. 78–81.
② 西蒙兹在《近代伦理问题》中提到乌尔里希斯的许多著作，如 K. H. Ulrichs, *Prometheus*, Leipzig, 1870。
③ Symonds, *A Problem in Modern Ethics*, p. 84.
④ Symonds, *A Problem in Modern Ethics*, pp. 91, 92.
⑤ Symonds, *A Problem in Modern Ethics*, p. 102.
⑥ Symonds, *A Problem in Modern Ethics*, pp. 130–135.
⑦ 西蒙兹在《希腊伦理问题》中已经指出，根据柏拉图的理论，正是因为心灵的因素会使娈童恋走向优美之爱的境界。参见 Symonds, *A Problem in Greek Ethics*, p. 51。

1892 年

● 1 月 23 日，致函英国诗人、社会活动家卡彭特（Edward Carpenter，1844-1929），信中谈及自己和惠特曼的身体状况。与西蒙兹一样，卡彭特深受美国诗人惠特曼的影响，也是那个时代寻求同性恋解放的前卫人士。

卡彭特像（笔者藏）①

———

① *The Letters III*, pp. 192-193.

● 3 月 26 日，西蒙兹一生崇敬的美国诗人、异国友人惠特曼谢世。

1891 年时的惠特曼像（笔者藏）[1]

---

① *The Correspondence Vol. V: 1890–1892*, Ed. E. H. Miller, New York University Press, 1969, p. 213.

● 3月，在《新评论》（*The New Review*）发表评论诗人爱德华·克拉克罗夫特·勒弗罗伊（Edward Cracroft Lefroy, 1855–1891）的文章《爱德华·克拉克罗夫特·勒弗罗伊》（Edward Cracroft Lefroy），此文后被收入《勒弗罗伊生平与诗歌》[①]。后来西蒙兹在该杂志又发表文论3篇。[②]

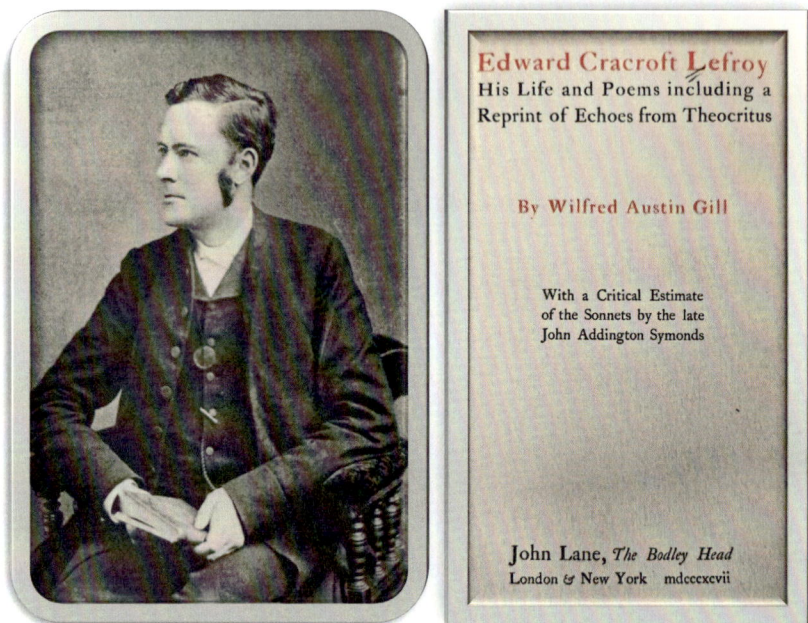

左：《勒弗罗伊生平与诗歌》卷首插画——勒弗罗伊像；右：《勒弗罗伊生平与诗歌》书名页（笔者藏）

● 7—8月，在英国牛津讲学。
● 同年：西蒙兹关于但丁的短论被收入《但丁插画集》[③]。此书难觅。

---

① Wilfred Austin Gill, *Edward Cracroft Lefroy: His Life and Poems, Including a Reprint of Echoes from Theocritus*, with a critical estimate of the sonnets by the late John Addington Symonds, John Lane, 1897.
② 详见 Babington, p. 197。
③ Jan van der Straet, *Illustrations to Dante:1892*, T. Tisher Unwin, 1892.

● 同年：与女儿玛格丽特共同署名的《我们在瑞士高地的生活》[①]出版，后于 1907 年再版。

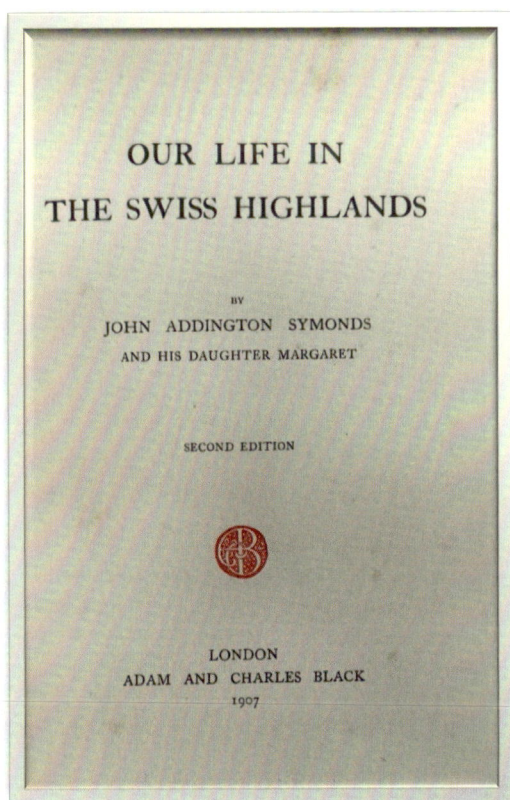

OUR LIFE IN
THE SWISS HIGHLANDS

BY
JOHN ADDINGTON SYMONDS
AND HIS DAUGHTER MARGARET

SECOND EDITION

LONDON
ADAM AND CHARLES BLACK
1907

《我们在瑞士高地的生活》1907 年版书名页（笔者藏）。另见《藏录》第 226 页

[①] J. A. Symonds and His Daughter Margaret, *Our Life in the Swiss Highlands*, Adam and Charles Black, 1892.

THE DAVOS VALLEY AND HAY-MAKING IN THE SUMMER OF 1877

From a pencil sketch by John Addington Symonds

《我们在瑞士高地的生活》1907 年版中的插画——西蒙兹 1877 年创作的速写《夏日达沃斯峡谷与晒干草图》[①]（笔者藏），一种生活情趣油然纸上

① Symonds and Margaret, *Our Life in the Swiss Highlands*, p. VIII.

- 同年：开始撰写回忆录。

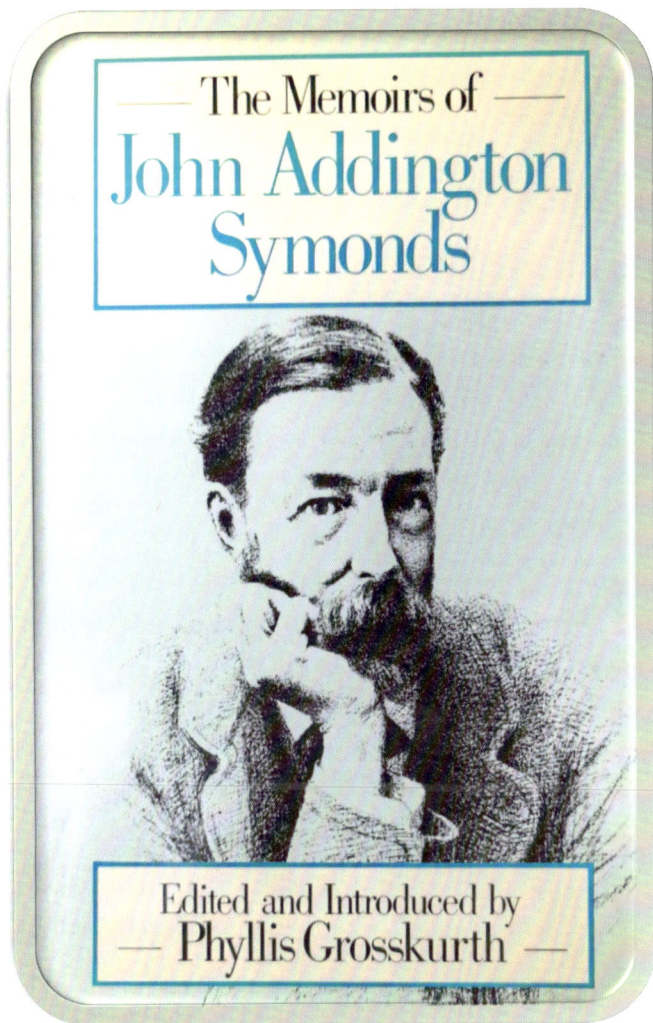

英国版初版《约翰·阿丁顿·西蒙兹回忆录》封面（笔者藏）。
《约翰·阿丁顿·西蒙兹回忆录》直至 1984 年才得以面世。美
国版《约翰·阿丁顿·西蒙兹回忆录》有一个副标题即"一位
19 世纪前卫文人的隐秘同性恋生平"（The Secret Homosexual
Life of a Leading Nineteenth-Century Man of Letter）。书影另见
《藏录》第 203 页

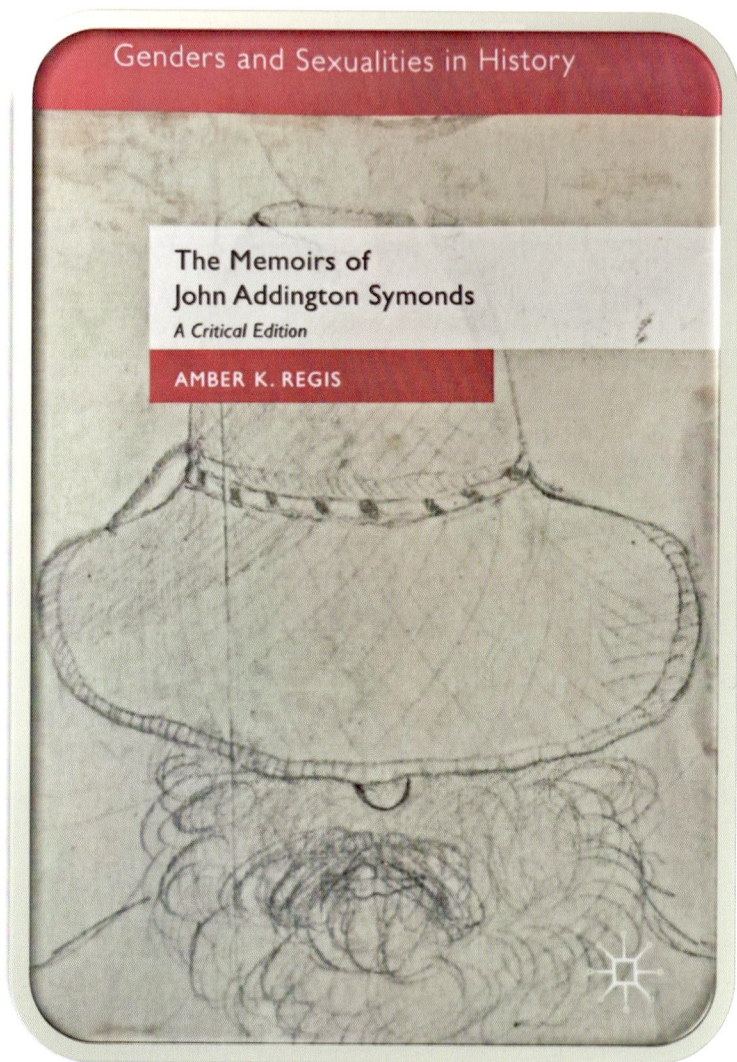

《批评版西蒙兹回忆录》[①] 软精装本封面（笔者藏）。书中有详细的注释

---

① A. K. Regis, *The Memoirs of John Addington Symonds: A Critical Edition*, Palgrave Macmillan, 2017.

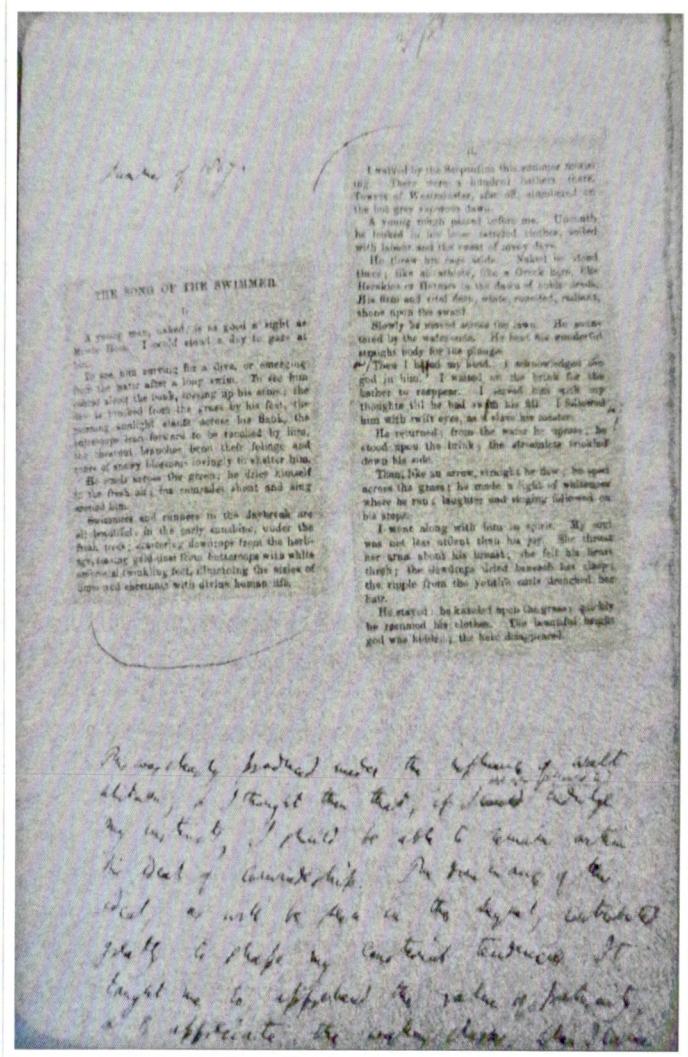

藏于伦敦图书馆的《西蒙兹回忆录》手稿 1 页（笔者藏）①

①　Regis, *The Memoirs of John Addington Symonds*, p. 559.

● 同年:《幸福生活回忆录:玛丽安娜·诺思自传》①(以下简称《诺思自传》)发表。玛丽安娜·诺思是西蒙兹的大姨子,另见"1864 年"条。在这部回忆录兼旅行记中,作者提到了西蒙兹在达沃斯的居住、疗养和著述等情况。参见该书第 2 卷第 83 页等。

《诺思自传》第 1 卷前的卷首插画——玛丽安娜·诺思像
(笔者藏)②

① *Recollections of a Happy Life Being the Autobiography of Marianne North*, 2 Vols, Ed. Mrs. John Addington Symonds, Macmillan and Co., 1892.

② *Recollections of a Happy Life Being the Autobiography of Marianne North*, Vol. I, Ed. Mrs. John Addington Symonds, Macmillan and Co., 1892, Frontispiece.

　　玛丽安娜·诺思是近代西方第一位女环球航行家，足迹遍及五大洲。她不仅喜好旅行和植物研究，还是出色的画家，她用画笔生动形象地记录了诸多重要的科学发现。聚焦诺思的科学人生，我们还可以从一个侧面了解 19 世纪西方的航海、植物学、博物学等。

《诺思自传》第 2 卷卷首插画——站在居处门口台阶上的诺思像（笔者藏）[1]

---

[1] *Recollections of a Happy Life Being the Autobiography of Marianne North*, Vol. II, Ed. Mrs. John Addington Symonds, Macmillan and Co., 1892, Frontispiece.

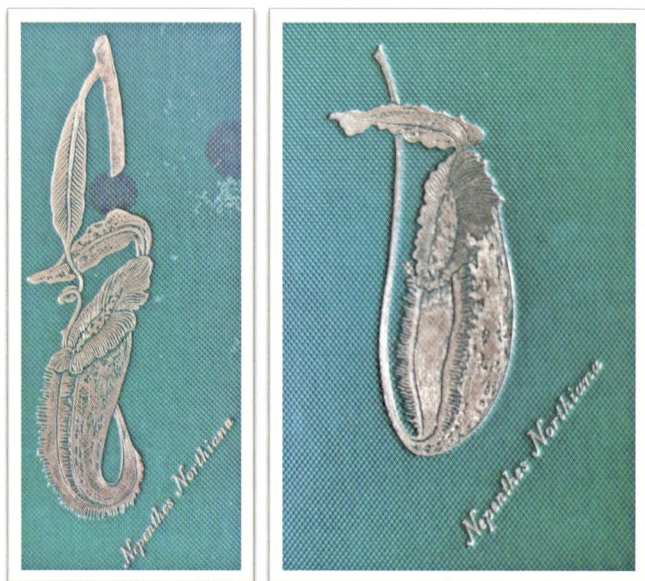

左:《诺思自传》第 1 卷封面上的"诺思猪笼草"图;右:《诺思自传》第 2 卷封面上的"诺思猪笼草"图(笔者藏)。两幅图取自诺思的同一幅画。该植物首次由诺思在东南亚的婆罗洲发现,故称之为"Nepenthes Northiana"即"诺思猪笼草",已被列入世界濒危植物

诺思绘"诺思猪笼草"实图(笔者藏)[①]

---

① Marianne North. *A Vision of Eden: The Life and Work of Marianne North*, Webb & Bower, 1980, p. 6.

以诺思命名的花卉植物还有以下 3 种：[①]

左：诺思文殊兰（Crinum Northianum）；右：诺思火把莲（Kniphofia Northiae）

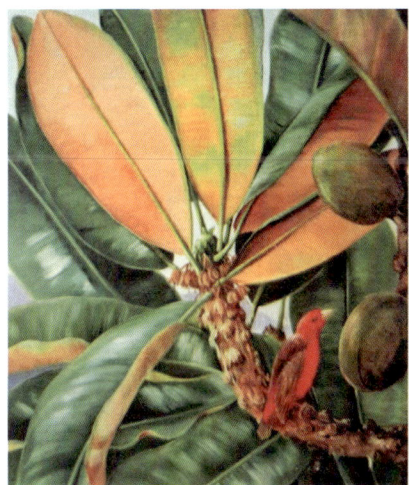

诺思僧帽榄（Northia Seychellana）

---

① 均选自 North, *A Vision of Eden*, p. 6. 诺思绘，笔者藏。另参见 M. Payne, *Marianne North: A Very Intrepid Painter*, Revised edition, Kew Publishing, 2016, pp. 16–17。

1893 年

● 同年:《沃尔特·惠特曼研究》^①出版。

左:《沃尔特·惠特曼研究》大开本书脊;右:《沃尔特·惠特曼研究》大开本封面(笔者藏)。另见《藏录》第 181—184 页

---

① J. A. Symonds, *Walt Whitman: A Study*, John C. Nimmo, 1893.

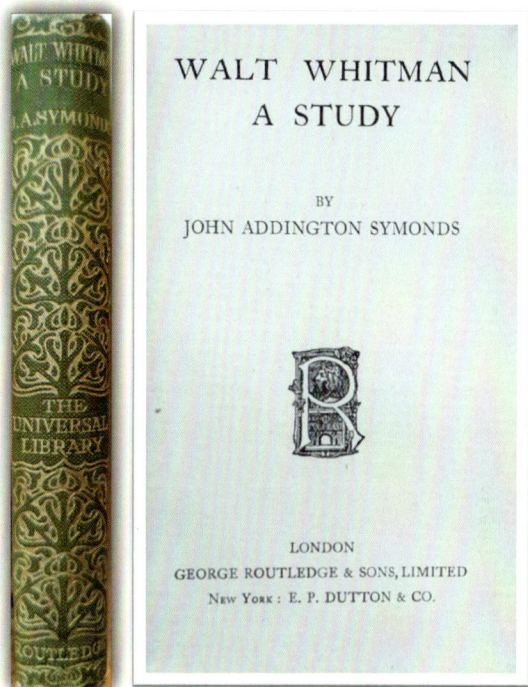

左：环球丛书版《惠特曼研究》书脊；右：环球丛书版《惠特曼研究》书名页（笔者藏）。该版本是1893年版《沃尔特·惠特曼研究》的重新编辑本，页码和原版不同，无插图，也无出版日期［附记：巴宾顿（Babington）说这一版是1893年版的重印，无插图，这样的说法是不准确的］

　　1892年，"美国文艺复兴"①代表惠特曼辞世后，西蒙兹结集整理文稿，埋头创作《惠特曼研究》，并于1893年大限之日发表。②发表数年后出了新版。③至于那些研究惠特曼在英国影响之类的著述更不会忽略西蒙兹的《惠特曼研究》，并以此为线索去收罗、评点两位文人之间的逸闻旧事、观念才气等。④《惠特曼研究》的篇章如下：⑤第1章　用任何纯粹的方法对待惠特曼

---

① 此提法出自马西森《美国文艺复兴：爱默生与惠特曼时代的艺术及表达》（F. O. Matthiessen, *American Renaissance: Art and Expression in the Age of Emerson and Whitman*, Oxford University Press, 1968）一书。
② 西蒙兹"序言"中的落款是3月10日，实际发表的日子是4月19日。
③ J. A. Symonds, *Walt Whitman: A Study*, New Edition, John C. Nimmo, 1896.
④ H. Blodgett, *Walt Whitman in England*, Russell & Russell, 1973. 另参见 *Whitman in His Own Time*, Ed. J. Myerson, University of Iowa Press, 1991, p. 149。
⑤ 原著没有注明章的名称，只标明两个部分即"沃尔特·惠特曼生平概览"与"沃尔特·惠特曼研究"。在"沃尔特·惠特曼研究"下面以Ⅰ、Ⅱ等数字序号分章撰写。笔者以为，Ⅰ、Ⅱ等数字序号下详细节目的第1个节目很能表达该章节的主要意思，故将其选为章的名称。

著述的困境；第 2 章　宗教；第 3 章　个性或自我；第 4 章　爱恋[①]；第 5 章
同志之爱[②]；第 6 章　民主；第 7 章　惠特曼的文学首创；第 8 章　惠特曼诗
人笔耕总结；第 9 章　再论批评惠特曼的困境。

● 同年：《米开朗基罗传》（ *The Life of Michelangelo Buonarroti: Based on
Studies in the Archives of the Buonarroti Family at Florence* ）出版。

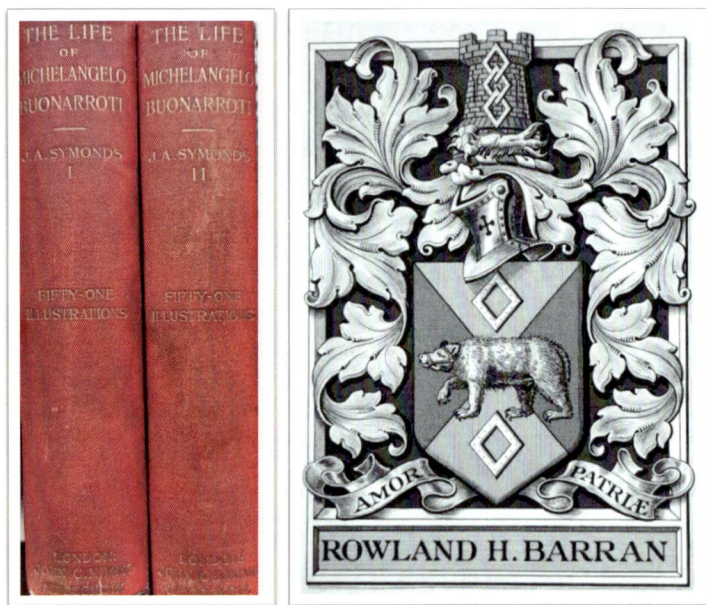

左：《米开朗基罗传》第 3 版 2 卷书脊；[③] 右：英国巴伦家族罗兰·H.
巴伦（Rowland H. Barran, 1858–1949）的藏书票。现由笔者续藏。另
见《藏录》第 171—173 页。该书第 1 版面世后不久便出了第 2 版，
西蒙兹还为第 2 版作序。现在学术界通常认第 2 版为定版。西蒙兹去
世后的 1899 年出了第 3 版，说明该书受欢迎的程度（附记：笔者为
了西蒙兹研究的学术严谨性，通常将西蒙兹著述的各种版本都收齐备
用，《米开朗基罗传》也不例外）

---

① 西蒙兹使用了 "Ex-love" 一词，很难翻译，大致意思是指通常所说的爱。
② "The Love of Comrade" 则涉及特殊的爱恋关系，注意与第 4 章 "Ex-love" 的对比。
③ J. A. Symonds, *The Life of Michelangelo Buonarroti: Based on Studies in the Archives of the
Buonarroti Family at Florence*, 2 Vols, John C. Nimmo, 1899.

《米开朗基罗传》第 3 版卷首插画——米开朗基罗像（笔者藏）

《米开朗基罗传》出版3月即售罄，西蒙兹有幸见到随即付梓的第2版。《米开朗基罗传》篇幅不小，译成中文约50万字左右。从《米开朗基罗传》第2版"序言"[①]中可以看出西蒙兹对自己力作的学术成就非常自信，西蒙兹有言："我的目的是公允而完整地论述这位英雄的生平与作品，并且集中地关注其个性。"[②]西蒙兹明确指出，不了解米开朗基罗的个性就无法对其人生、作品做进一步的研究。[③]

《米开朗基罗传》(第2版)两卷的篇章结构如下。[④]第1卷：第1章　出生，童年，在佛罗伦萨的青年，直至洛伦佐·德·美第奇去世（1475—1492年）；第2章　首度出访博洛尼亚和罗马，斐波拉圣母雕像及其他雕塑作品（1492—1501年）；第3章　寓居佛罗伦萨，大卫像（1501—1505年）；第4章　尤利乌斯二世召唤米开朗基罗前往罗马，教皇陵寝工程，圣彼得教堂再建，逃离罗马，比萨之战画（1505—1506年）；第5章　再度出访博洛尼亚，尤利乌斯二世铜像，西斯廷圆顶画（1506—1512年）；第6章　论作为绘图员、画家、雕塑家的米开朗基罗；第7章　利奥十世计划佛罗伦萨圣洛伦佐教堂，米开朗基罗在卡拉拉的生平（1513—1521年）；第8章　阿德里安六世与克莱门特七世，圣洛伦佐教堂的圣器收藏室和图书馆（1521—1526年）；第9章　罗马的洗劫和佛罗伦萨的围攻，米开朗基罗逃亡威尼斯，他与美第奇家族的关系（1527—1534年）。第2卷：第10章　论作为建筑家的米开朗基罗；第11章　最后定居罗马，保罗三世，最后的审判与保利纳小教堂，尤利乌斯陵墓（1535—1542年）；第12章　维多利亚·科隆娜与托马索·卡瓦列里；第13章　米开朗基罗被指定为梵蒂冈总建筑师，圣彼得的历史（1542—1557年）；第14章　生平的最后岁月，米开朗基罗的画像，老年的病状（1557—1564年）；第15章　在罗马去世，在佛罗伦萨的落葬与葬礼，轶事，作为常人与艺术家的米开朗基罗评价，博纳罗蒂·西莫尼家族谱系；附录：对批评的回应。

---

① Symonds, *The Life of Michelangelo Buonarroti*, "Preface to Second Edition".

② Symonds, *The Life of Michelangelo Buonarroti*, Vol. I, p. XX.

③ Symonds, *The Life of Michelangelo Buonarroti*, Vol. II, p. 332.

④ 西蒙兹在书前面的目录里对每一章做了非常简明扼要的提示。在具体展开每一章的叙述前再给出一个详细的节目和内容提要。从提要中也可见出作者对米开朗基罗生平每一阶段的勾勒都同时附上这位艺术家的代表作品，可谓提纲挈领。

整部《米开朗基罗传》基本上按年代展开，同时穿插多条与米开朗基罗性格、艺术人生有密切关联的线索，成为画面清晰的生平历史长卷和文艺复兴历史长卷。归纳起来，这些线索包括 5 个方面：第一，米开朗基罗与庇护人的关系；第二，作为艺术家的米开朗基罗其艺术创作如何注重心灵、崇高等因素；第三，与米开朗基罗个人柏拉图式情感世界有关联的人和事；第四，注意重大历史事件对米开朗基罗性格、人生各个环节的影响；第五，对作为常人和作为艺术家的米开朗基罗之总体评价。

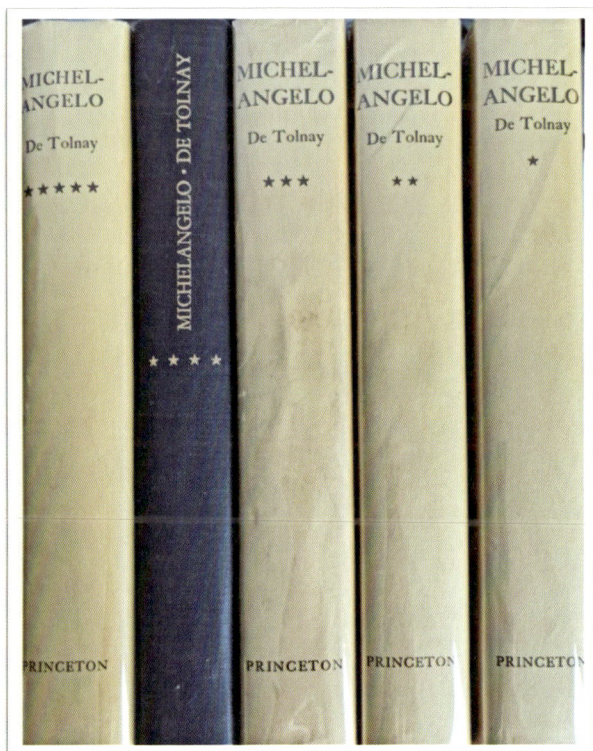

5 卷本《米开朗基罗论》(*Michelangelo*) 书影（笔者藏）。有了西蒙兹那一代学者及后继者的努力，20 世纪终于诞生一部米开朗基罗研究的集大成著述即托尔瑙伊（Tolnay）的《米开朗基罗论》。[①] 托尔瑙伊在这部巨著中多次提到西蒙兹的相关看法

---

① C. De Tolnay, *Michelangelo*, 5 Vols, Princeton University Press, 1969–1971.

● 同年:《蓝之抒怀与其他文论》(*In the Key of Blue and Other Prose Essays*)出版。

上左:《蓝之抒怀与其他文论》大开本书脊;上右:该书封面;下:50 本大开本说明词(笔者藏)。封面由里基茨(Charles de Soucy Ricketts, 1866–1931)设计。图案中月桂树花和风信子花是爱意的象征(附记:本藏是笔者从伦敦著名索斯兰(Sotheran)古旧书店购得的,价格不菲。笔者《藏录》第 175 页的书影图像不是很清晰,故再次拍摄呈现)

《蓝之抒怀与其他文论》集中体现了西蒙兹的文化观，篇目如下：

1. 蓝之抒怀（In the Key of Blue）

2. 在尤甘尼山之中（Among the Euganean Hills）

3. 论提埃波罗的祭坛画（On an Alter-Piece by Tiepolo）

4. 但丁式的与柏拉图式的理想之爱（The Dantesque and Platonic Ideals of Love）

5. 爱德华·克拉克罗夫特·勒弗罗伊（Edward Cracroft Lefroy）

6.《衣冠禽兽》（*La Bete Humaine*）①

7. 中世纪的诺曼唱诵（Mediaeval Norman Songs）

8. 克利夫顿与一个小伙的爱（Clifton and a Lad's Love）

9. 一处萨默塞特郡别墅记（Notes of a Somersetshire Home）②

10. 文化：它的含义与用处（Culture: Its Meaning and Its Uses）

11. 弗莱彻《瓦伦蒂尼安》评注（Some Notes on Fletcher's "Valentinian"）

12. 浪漫戏剧中的抒情方式（The Lyrism of the Romantic Drama）

13. 伊丽莎白唱本中的抒情诗（Lyrics from Elizabethan Song-Books）

---

① 指文学家左拉（Zola）的作品。
② 这里的一处别墅指的是 Sutton Court 城堡。西蒙兹与朋友游此城堡，写下此文。

● 同年:《希腊诗人研究》第 3 版面世。此版是在美国版（参见年谱"1880 年"条）基础上略加修饰而成的，应视为该著作的最后定版。

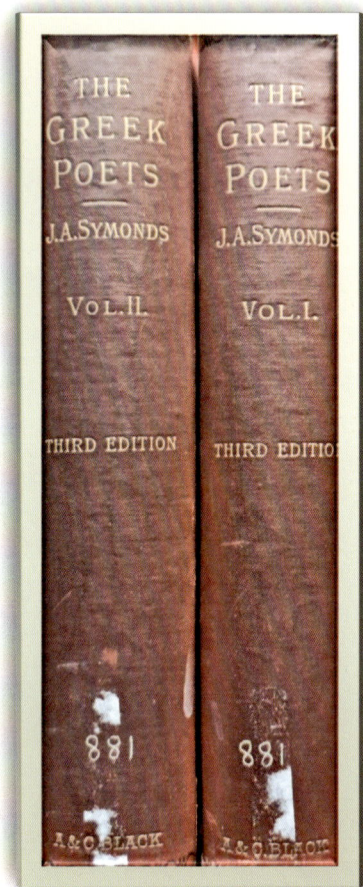

《希腊诗人研究》第 3 版 2 卷书脊（笔者藏）。另见《藏录》第 52—55 页

● 同年：皮尔逊编选的《意大利文艺复兴简史》（*A Short History of the Renaissance in Italy: Taken from the Works of John Addington Symonds*）出版。[①]

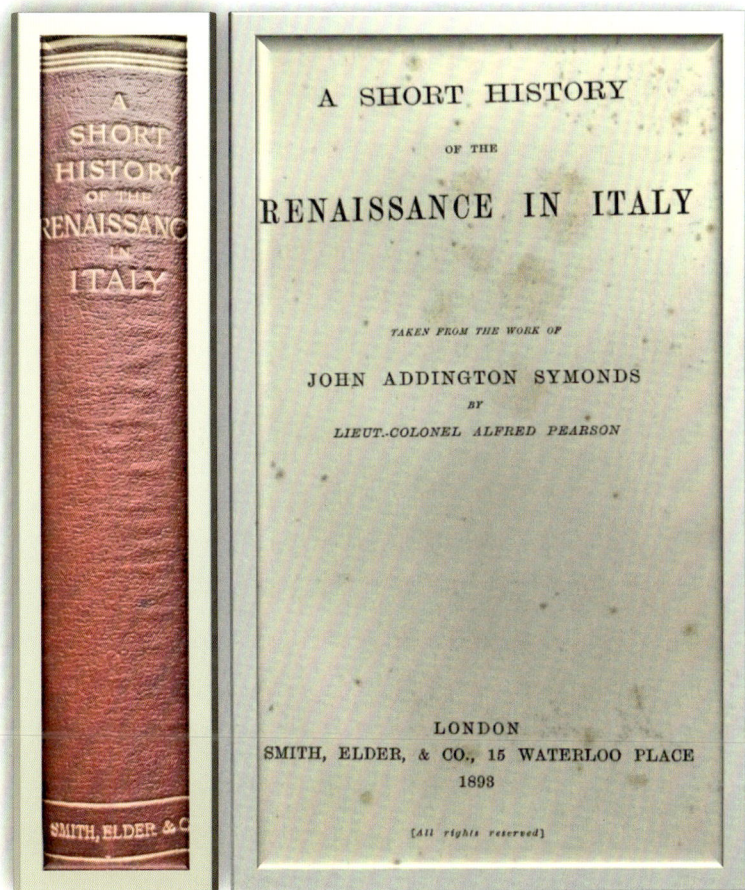

《意大利文艺复兴简史》书脊及版权页（笔者藏）。这个版本今天还在被复制，如 Cooper Square Publishers, Inc., 1966；Adamant Media Corporation, 2004；等等。另见《藏录》第 186 页

[①] 该书已译成中文，为《意大利文艺复兴简史》，潘乐英译、周春生校，商务印书馆即出。

皮尔逊是西蒙兹的好友，经常到西蒙兹在达沃斯的居处叙谈、交流看法。西蒙兹夫妇一家对皮尔逊的选编工作十分信任。遴选的特色在于既勾勒意大利文艺复兴的核心内容，又兼顾原著 7 卷的学术宽度。例如《意大利文艺复兴简史》的第 14 章 "天主教会的反应" 便简略地勾画出反向应对宗教改革的历史背景。由于简本所选文字均来自西蒙兹的原著，可读性强，加上简本合适的容量，因此出版后广为流传。这里需要特别提及的是，简本在人物专题方面唯一选入的是佛罗伦萨的宗教改革人物萨伏那洛拉（Savonarola）。这同时反映出西蒙兹与皮尔逊共同具有的历史眼力。学者罗德（Roeder）的《文艺复兴时期四位道德代言人》首选的政治人物也是萨伏那洛拉，可谓史家共识。[①]

选本共分 14 章，分别是：

第 1 章　文艺复兴的精神（The Spirit of the Renaissance）

第 2 章　公社的兴起（The Rise of Communes）

第 3 章　暴君的统治（The Rule of the Despots）

第 4 章　文艺复兴时期的教皇（The Popes of the Renaissance）

第 5 章　萨伏那洛拉：灾祸与预言家（Savonarola: Scourge and Seer）

第 6 章　查理八世的劫掠（The Raid of Charles VIII）

第 7 章　学术的复兴（The Revival of Learning）

第 8 章　佛罗伦萨的历史学家（The Florentine Historians）

第 9 章　佛罗伦萨的文学社团（Literary Society at Florence）

第 10 章　罗马与那不勒斯的文人（Men of Letters at Rome and Naples）

第 11 章　米兰、曼图亚与费拉拉（Milan, Mantua, and Ferrara）

第 12 章　美术（The Fine Arts）

第 13 章　方言文学的复兴（The Revival of Vernacular Literature）

第 14 章　天主教会的反应（The Catholic Reaction）

---

① R. Roeder, *The Man of the Renaissance, Four Lawgivers: Savonarola, Machiavelli, Castiglione, Aretino*, The Viking Press, 1933.

- 同年：《但丁研究导论》第 3 版面世。书影见《藏录》第 36—40 页。
- 同年：《论文、思索与设想》出新版。书影见《藏录》第 145—147 页。
- 同年：西蒙兹《旅行的画面》（Pictures of Travel）、《生命与艺术情歌》（Lyrics of Life and Art）等诗歌及评论诗人诺埃尔（Roden Noel, 1834-1894）的短论被收入《本世纪诗人与诗歌集：从莫里斯到布坎南》[①]一书。书影见《藏录》第 231—232 页。
- 同年：西蒙兹点评迈尔斯（Frederic W. H. Meyers, 1843-1901）与李-汉密尔顿（Eugene Lee-Hamilton, 1848-1907）的短论被收入《本世纪诗人与诗歌集：布里奇斯与当代诗人》[②]一书。书影见《藏录》第 231—232 页。
- 1893 年 4 月 19 日，西蒙兹在病榻上给太太写信，也是其人生最后一封信函。信中嘱托遗著处理等后事。

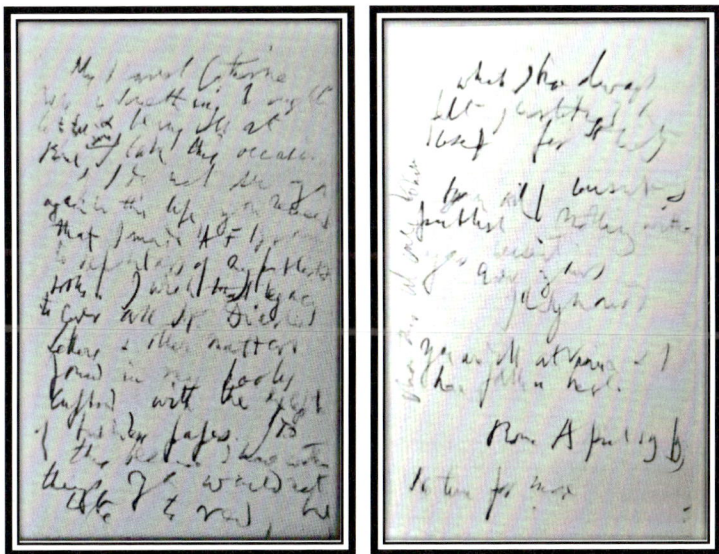

西蒙兹最后一封信手迹 2 页（笔者藏）[③]

[①] *The Poets and the Poetry of the Century: William Morris to Robert Buchanan*, Ed. A. H. Miles, Hutchinson & Co., 1893.

[②] *The Poets and the Poetry of the Century: Robert Bridges and Contemporary Poets*, Ed. A. H. Miles, Hutchinson & Co., 1893.

[③] *The Letters III*, p. 839.

• 4月19日，西蒙兹在罗马辞世。西蒙兹灵柩在罗马临近雪莱墓地处落葬。

19世纪罗马的英国人墓地一景（笔者藏）[1]

金字塔右面墙的后面就是西蒙兹与诗人雪莱墓地（笔者藏）[2]

[1] Brown, *John Addington Symonds*, Vol. II, p. 352.
[2] W. E. Peck, *Shelley: His Life and Work*, Vol. II, Houghton Mifflin Company, 1927, p. 298.

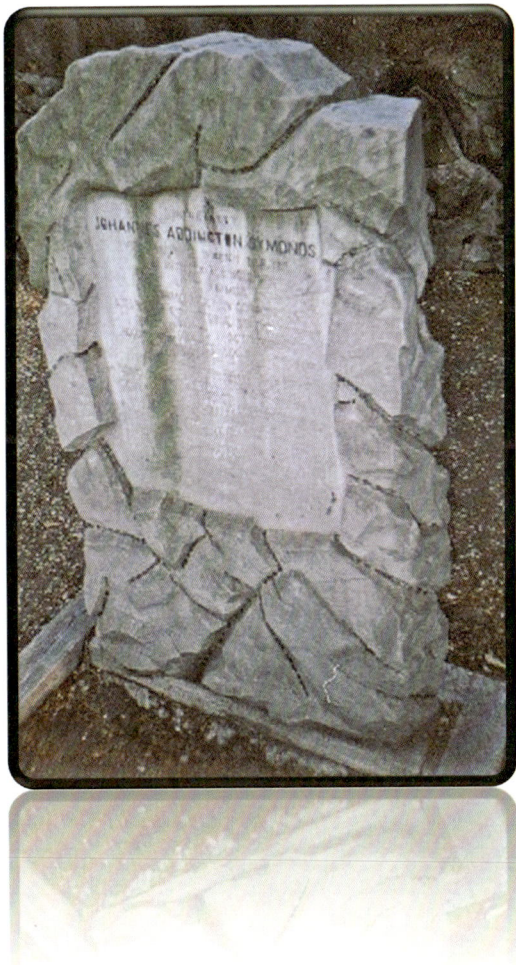

西蒙兹在罗马英国人墓地的墓碑。^①在他的墓碑下方刻有其翻译的古希腊斯多葛派哲学家克里安提斯（Cleanthes）之诗句："你们——上帝、法则、理性、情感、生活——指引着我 / 要用相似的名称来呼唤你们都是徒劳 / 你们指引我吧，我俯首听命 / 如果我有何反抗，到头来还是盲从。"这些诗句中蕴涵的思想其实就是西蒙兹一生的座右铭

---

① 源自 https://rictornorton.co.uk/symonds。

> ## Death of
> ## Mr. John Addington Symonds.
>
> ————＋＋————
>
> The sad and unexpected news, which was received here on Wednesday, of the death, at Rome, of Mr. John Addington Symonds, will be heard everywhere with feelings of sincere regret, not only by those who have been acquainted with his genial disposition and enjoyed the rich current of his conversation, but by that larger world who, in the absence of personal intercourse, have found their attraction in his writings. Of his position in the world of letters there will be much no doubt to be said in other quarters. It concerns us just now only to deplore the irreparable loss to Davos of one who for fourteen years past has been the most prominent member of its society, who has taken the lead in everything that might conduce to its welfare, and who has found a greater interest than this in extending to his Swiss neighbours all that sympathy and a large generosity can do. There may seem a fitness in his having breathed his last in the capital of the country which has filled his thoughts for so many years and inspired the charm of so much of his writings, but we may be permitted to wish that his body might rest with his eldest daughter in the place where his memory will always be retained with affection, and among the people he loved so well.

《达沃斯快讯》(*The Davos Courier*)于 1893 年 4 月 22 日发布的一则讣告(笔者藏),[1] 讣告中指出,文坛在未来的岁月中会更多地谈起西蒙兹

---

① *The Letters III*, p. 840.

• 同年：西蒙兹去世后，其女儿玛格丽特出版游记《在大公庄园的日子里》，此著扉页有女儿敬献父亲的题词。

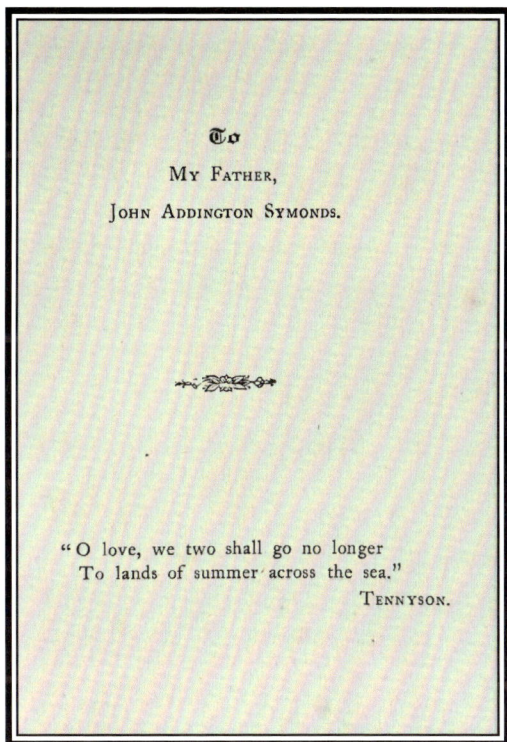

To

MY FATHER,

JOHN ADDINGTON SYMONDS.

"O love, we two shall go no longer
To lands of summer across the sea."
TENNYSON.

玛格丽特敬献词页面图像（笔者藏）。图像中所引
丁尼生的诗句是："有了爱呵，我俩不再远足他
乡。"或译"正是爱呵，我俩不分离。"另见《藏
录》第 233—235 页

• 去世后的 5 月，《世纪杂志》（*The Century Magazine*）刊载西蒙兹的文章《怀念丁尼生爵士》（Recollections of Lord Tennyson: An Evening at Thomas Woolner's）。

• 注：从 1879 年至 1893 年，西蒙兹还在国外的期刊发文十几篇，另外还有一些校对稿。[1]

---

① 详见 Babington, pp. 200-204。

1894 年

- 同年：西蒙兹的《西蒙兹英国家族史》[1]出版。

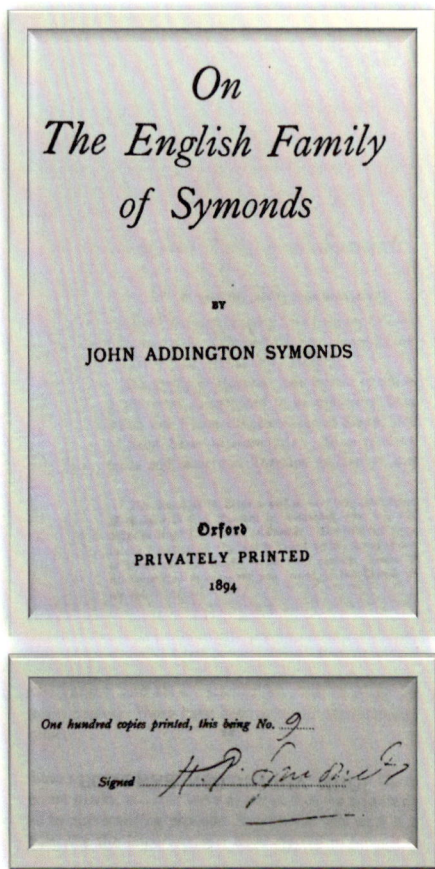

On
The English Family
of Symonds

BY

JOHN ADDINGTON SYMONDS

Oxford
PRIVATELY PRINTED
1894

One hundred copies printed, this being No. 9

Signed H. P. Symonds

上：《西蒙兹英国家族史》复印本书名页；
下：西蒙兹侄子 H. P. 西蒙兹（H. P. Symonds）
的签名和编号第 9 图像（笔者藏）。另见《藏
录》第 187 页（附记：此复印本开价不低）

- 同年：西蒙兹与诗友的往来诗文被收入诗集《亚德里阿提卡》[2]。

---

① J. A. Symonds, *On the English Family of Symonds*, privately printed, 1894.
② *Adriatica*, Ed. P. Pinkerton, Gay and Bird, 1894.

1895 年

- 西蒙兹去世后，布朗汇集西蒙兹书信等文件并间用自己的阐述、注释编撰而成《西蒙兹传》。[①]

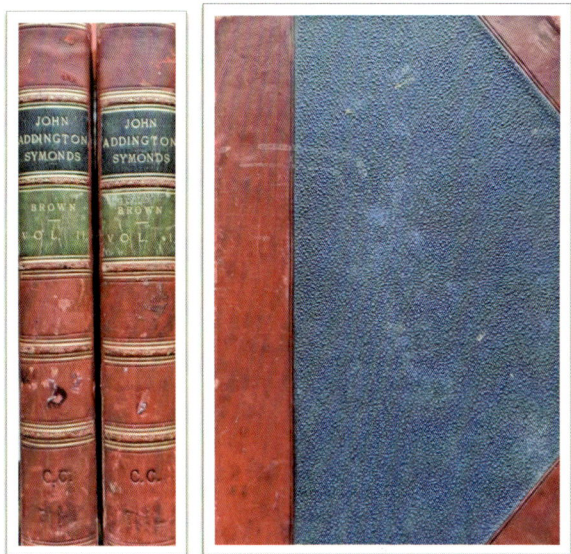

上左：《西蒙兹传》新装订本书脊；上右：该书封面；下：赠词图像（笔者藏）。另见《藏录》第 404 页［附记：本藏该传记第 1 版原为私藏，后归南澳大利亚政府图书馆所有，并将其赠予南澳大利亚塞杜纳研究院（Ceduna Institute），附加该书不得出售和处理的声明，但最终还是流入坊间］

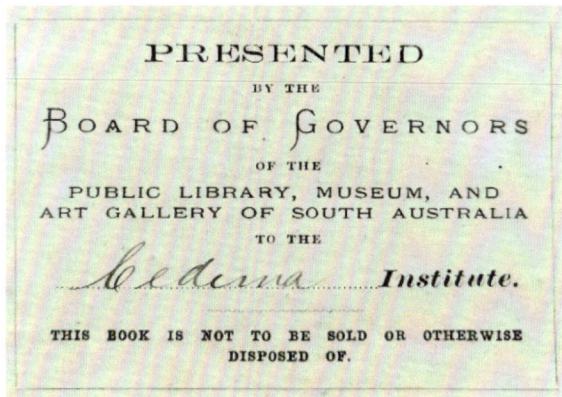

PRESENTED
BY THE
BOARD OF GOVERNORS
OF THE
PUBLIC LIBRARY, MUSEUM, AND
ART GALLERY OF SOUTH AUSTRALIA
TO THE
Ceduna Institute.
THIS BOOK IS NOT TO BE SOLD OR OTHERWISE
DISPOSED OF.

[①] 若干年后即 1903 年，上述 2 卷本《西蒙兹传》合为 1 卷出版（见 H. F. Brown, *John Addington Symonds: A Biography*, John Murray, 1903），并在页边配上年份的提示，十分便于阅读。

《西蒙兹传》的情况如下。第1卷：第1章 童年；第2章 少年；第3章 少年；第4章 青年；第5章 成年：从求学到研究员；第6章 成年：从研究员到成婚；第7章 成年：从事文学创作；第8章 成年：思考生命①。第2卷：第9章 成年：思考的危机；第10章 成年：从事文学；第11章 成年：从事文学；第12章 成年：宗教观的发展；第13章 成年：从克利夫顿到达沃斯；第14章 成年：定居达沃斯；第15章 成年：中期达沃斯生活；第16章 成年：晚期达沃斯生活；第17章 终点；附录。该传记第1版面世时书后附有西蒙兹家族史1篇，另附有系列族徽图案1页（参见年谱"1894年"条、"1834年"条）。布朗是西蒙兹的亲密朋友，也是处理西蒙兹遗著的执行人。在学术专业方面，布朗是威尼斯史研究的专家，著有《威尼斯史研究》②两卷，并翻译有莫尔门蒂的《威尼斯史》，共6卷。③布朗在同性恋问题上兴趣浓厚。④从以上情况看，布朗应该是体验、理解并撰写西蒙兹传记的最佳人选。即使如此，布朗仍认为："一个人要理解自己是件困难的事情，对于一个朋友哪怕是亲密无间的朋友而言，想走进自己好友的内在本性世界，这更是不可能的事情。"⑤在传记的学术深度方面，布朗指出，"有兴趣去撰写像西蒙兹这样人生的传记需要依赖心理学的发展"。⑥不难看出，这些说辞有言外之音。从表面上看，布朗编撰的这部传记作品尽可能选录西蒙兹的各种原著、原话，试图让读者通过这些材料去领悟西蒙兹的困惑人生和充满情趣的文人境界。而从深处透视，该传记尽可能隐匿其好友涉及同性恋方面的生平资料。所以布朗在西蒙兹研究方面的肇始之功再大，隐匿同性恋问题仍是一种缺憾。

---

① 该章英文标题为"Manhood, Speculative Life"。从篇章的实际内容看，这里的"Speculative"既可以作形容词用，又可以作动词用。

② H. F. Brown, *Studies in the History of Venice*, John Murray, 1907.

③ P. Molmenti, *Venice: Its Individual Growth from the Earliest Beginnings to the Fall of the Republic*, 6 Vols, Tr. H. F. Brown, John Murray. 从1906年起分卷出版。

④ B. Reade, *Sexual Heretics: Male Homosexuality in English Literature from 1850 to 1900*, an antholoogy selected with an introduction, Coward-McCann, Inc., 1971, pp. 39-40, 453.

⑤ Brown, *A Biography*, Vol. I, "Preface", p. XI.

⑥ Brown, *A Biography*, Vol. I, "Preface", p. XI.

● 同年：布朗又将西蒙兹《意大利游记与研究》中的一个"附录"即《白体诗》①单独出版。根据布朗为该书写的"序言"，我们了解到这样一个细节，即布朗是根据西蒙兹的生前意愿编辑出版此书的，因为西蒙兹觉得原本作为一个附录的话很不起眼，应该单独出版。②

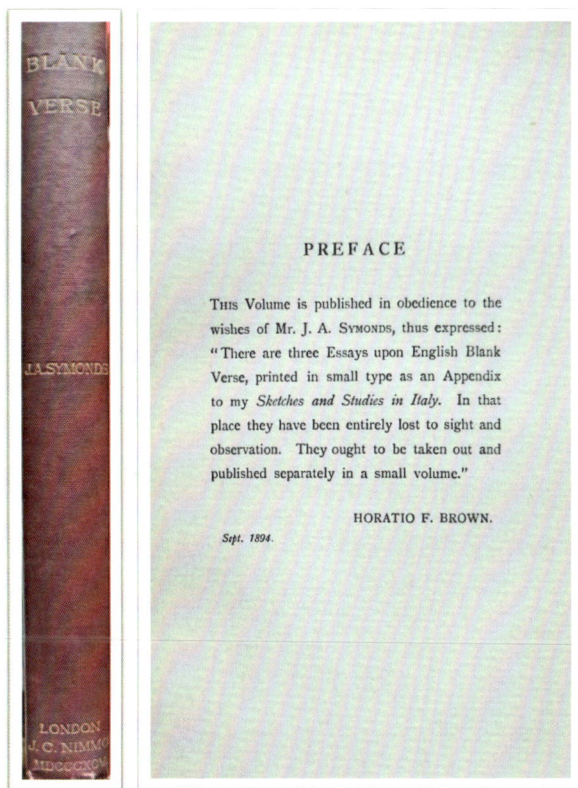

PREFACE

THIS Volume is published in obedience to the wishes of Mr. J. A. SYMONDS, thus expressed: "There are three Essays upon English Blank Verse, printed in small type as an Appendix to my *Sketches and Studies in Italy*. In that place they have been entirely lost to sight and observation. They ought to be taken out and published separately in a small volume."

HORATIO F. BROWN.

Sept. 1894.

左：《白体诗》书脊；右：布朗所作"序言"书影（笔者藏）。另见《藏录》第 190—191 页

---

① J. A. Symonds, *Blank Verse*, John C. Nimmo, 1895.
② Symonds, *Blank Verse*, "Preface".

● 同年：与《白体诗》相同版式和包装形式的西蒙兹《薄伽丘小传》（*Giovanni Boccaccio: As Man and Author*）出版。

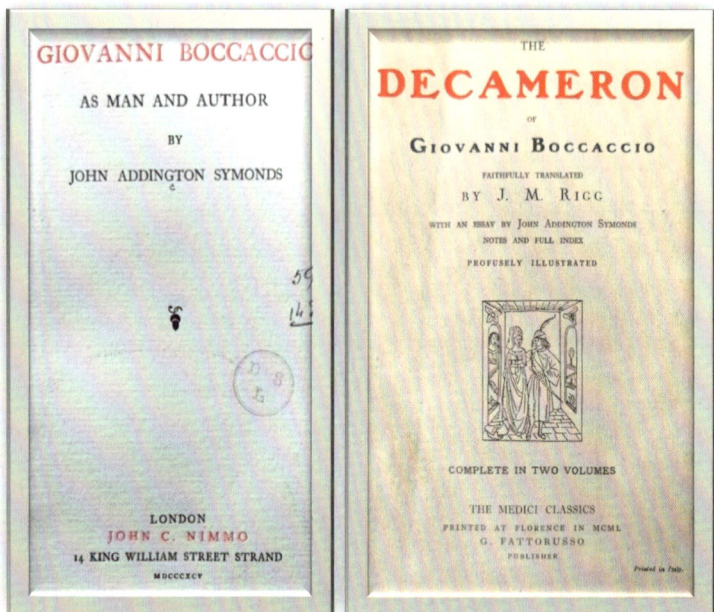

左：《薄伽丘小传》书名页；右：附西蒙兹"论文"的薄伽丘《十日谈》版权页（笔者藏）。另见《藏录》第188—189页。在西蒙兹的单本人物评传作品中，《薄伽丘小传》最为简短，于西蒙兹身后1895年发表。该著作的正式名称应该是《作为常人和作家的薄伽丘传》[1]，巴宾顿（P. L. Babington, 1877–1950）的《文献录》中谈到了这本小传的情况。[2]因为太短小，笔者改其名为《薄伽丘小传》。文虽短，内容却丰富，尤其在文学三杰的比较研究方面有着言简意赅的分析。《薄伽丘小传》大致分成6个部分。其中第1部分是关于但丁、彼特拉克和薄伽丘的3人比较论述，表达了西蒙兹对3人不同的文化创作特征、在近代文化史上的地位等的基本看法，可以视作简之又简的文学三杰论。第2至第4部分是关于薄伽丘生平的简述。第5部分是《十日谈》的专题评论。最后一部分是一个关于薄伽丘出生等情况的注释，引述不少文献加以辩证。西蒙兹原来写《薄伽丘小传》不是为了单独出版，而是为《十日谈》的英译本写一个介绍文，后被里格（Rigg）版《十日谈》英译本作为"论文"（Essay）收入[3]

---

[1] J. A. Symonds, *Giovanni Boccaccio: As Man and Author,* John C. Nimmo, 1895. 后来有各种再版、重印本，如太平洋大学出版社2004年版等。

[2] Babington, p. 93.

[3] Giovanni Boccaccio, *The Decameron of Giovanni Boccaccio*, Tr. J. M. Rigg, with an essay by John Addington Symonds, Routledge, 1905.

A SCENE FROM THE "ROMAN DE LA ROSE"
From an old manuscript

It is an illustration of a French poem written about 1235, by Guillaume de Lorris, presenting an allegory of the love philosophy of the troubadours. In a dream the LOVER visits a park to which he is admitted by Idleness; in the park he finds Pleasure, Delight, Cupid and other personages, and at length the Rose. Welcome grants him permission to kiss the Rose, but he is driven away by Danger, Shame, Scandal, and especially by Jealousy, who entrenches the Rose and imprisons Welcome, leaving the Lover disconsolate...

附西蒙兹"论文"的薄伽丘《十日谈》英译本卷首插画（笔者藏）①

① Giovanni Boccaccio, *The Decameron of Giovanni Boccaccio*, Frontispiece.

1896 年

● 同年：西蒙兹与埃利斯（Havelock Ellis, 1859-1939）共同撰写的《性倒错》德文版面世。[1] 埃利斯是西蒙兹年代的英国心理学家，有著作集《性学研究》[2] 等存世。埃利斯不仅在心理学研究方面造诣颇深，对文学亦兴趣甚浓，留下不少著述，西蒙兹称埃利斯为"大学者"。[3] 参见本年谱"1887 年"条、"1888 年"条等。

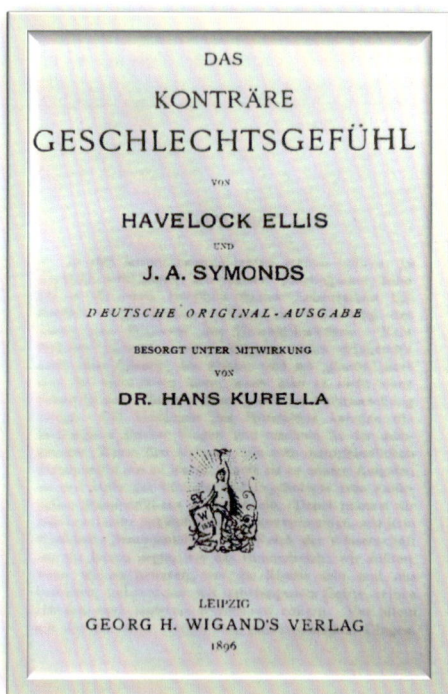

复印本《性倒错》德文版书名页（笔者藏）

---

① *Das kontrare Geschlechtsgefuhl von Havelock Ellis und J. A. Symonds*, Deutsche Original-Ausgabe besorgt unter Mitwirkung von Dr. Hans Kurella, Leipzig, Georg H, Wigand's Verlag, 1896. 德文版是《性倒错》真正意义上的初版。《性倒错》及埃利斯的系列性心理学研究成果很快就受到学术界的高度关注，参见雅各布斯博士的《未涉足的人类学领域》（*Untrodden Fields of Anthropology*）等。

② H. Ellis, *Studies in the Psychology of Sex*, 2 Vols, Random House, 1942.

③ *The Letters I*, p. 256.

1891 年时的埃利斯（笔者藏）[1]

---

① Grosskurth, *A Biography*, p. 263.

● 同年：哈里森所写的《约翰·阿丁顿·西蒙兹》^①出版。后收入其合集本《丁尼生、罗斯金、密尔及其他文学评述》^②。

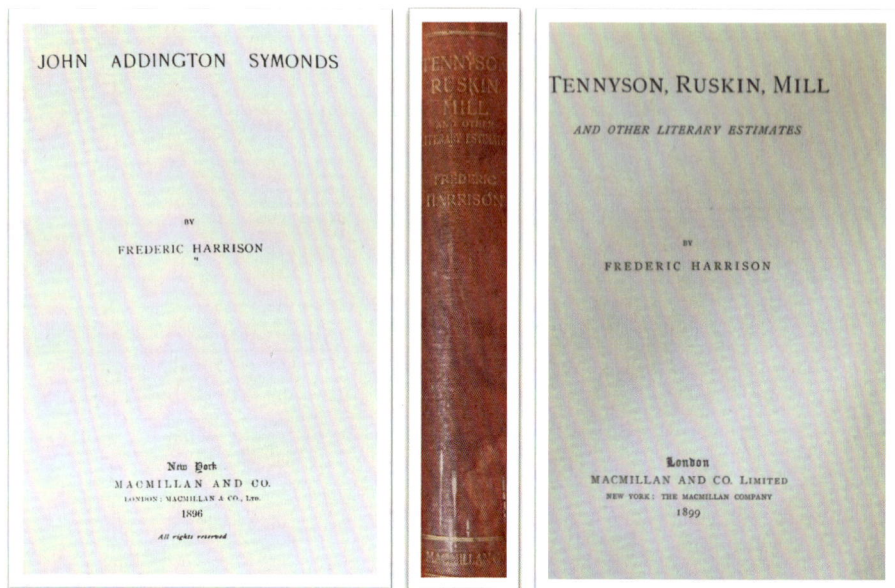

左：哈里森《约翰·阿丁顿·西蒙兹》单本书名页；中：合集本书脊；右：合集本书名页（笔者藏）

哈里森的纪念文很短，仅 23 页，但全篇没有赘言，学术含金量高。此文充分表达了作者对西蒙兹人生和创作的崇敬之情，其中以下几个方面的观点值得重视。第一，哈里森认为西蒙兹长期以来以各种形式与身心中的"孤独"因素进行搏击，而这些情况众人并不清楚。哈里森还注意到西蒙兹在《论文、思索与设想》书前用希腊文写的扉页语，"孤独宜于探寻真理"。^③西蒙兹发表《论文、思索与设想》是 1890 年，这时已经到了西蒙兹人生和创作的晚期。而在哈里森看来，人生后期的西蒙兹俨然一副达沃斯孤独者的样子。正是作为孤独者的西蒙兹在人生后期创作出价值高于先前的作品，例如

---

① F. Harrison, *John Addington Symonds*, Macmillan and Co., 1896.

② F. Harrison, *Tennyson, Ruskin, Mill and Other Literary Estimates*, Macmillan and Co., 1899.

③ Harrison, *John Addington Symonds*, pp. 2–3.

译作《切利尼自传》、著作《米开朗基罗传》等的价值甚至高于《意大利文艺复兴》。[①]与此同时，先前那种华美的文风也变得简洁了些。[②]第二，对西蒙兹的几部重要文化史著作进行评价，首先称颂西蒙兹的《希腊诗人研究》，认为西蒙兹是那个时代对希腊文化最有学术穿透力的学者。其次，哈里森自称一直很喜欢西蒙兹的几部游记作品。最后，对《意大利文艺复兴》的情况做了重点评介，认为它是对一个民族与整个欧洲两个半世纪文艺复兴运动关系的概括。[③]其中西蒙兹对意大利文艺复兴时期文学史的研究更是那个时代的精品，无出其右者。至于西蒙兹对意大利文艺复兴艺术史的研究虽然没有说透全部的内容，但给出了"成熟的理解和完美的批评"（ripe knowledge and consummate judgment）[④]。为此，哈里森就西蒙兹与罗斯金在文艺复兴艺术史方面的不同观点等做了比较研究。第三，对西蒙兹的诗歌创作和翻译风格做了概括，认为西蒙兹的诗歌有思想、有雅兴、有哀怨，不落俗套。[⑤]第四，总结西蒙兹的哲学和宗教观点，认为其比较注重情感、理性、宗教等的统一，注重生命本身。[⑥]所有这些意见都具有指导性的研究价值。

[①]　Harrison, *Symonds John Addington*, p. 2.

[②]　Harrison, *Symonds John Addington*, p. 3.

[③]　Harrison, *Symonds John Addington*, p.15.

[④]　Harrison, *Symonds John Addington*, p. 12.

[⑤]　Harrison, *Symonds John Addington*, p. 17.

[⑥]　Harrison, *Symonds John Addington*, p. 20.

1897 年

- 同年：由西蒙兹与埃利斯共同撰写的《性倒错》[1] 一书英文版正式面世。

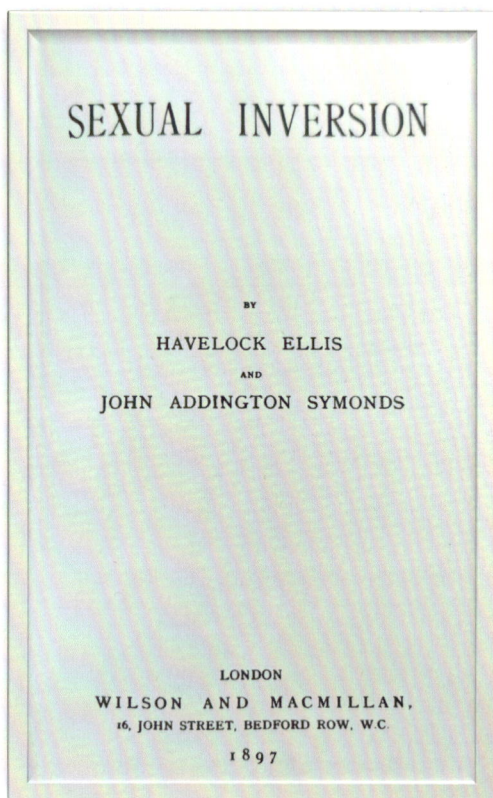

SEXUAL INVERSION

BY

HAVELOCK ELLIS
AND
JOHN ADDINGTON SYMONDS

LONDON
WILSON AND MACMILLAN,
16, JOHN STREET, BEDFORD ROW, W.C.
1897

1897 年英文版《性倒错》书名页（笔者藏）[2]

目前学术界通用克罗泽（Ivan Crozier）编辑的学术批评版《性倒错》[3]。

---

[1] H. Ellis and J. A. Symonds, *Sexual Inversion*, Wilson and Macmillan, 1897.

[2] *The Letters III*, pp. 192–193.

[3] *Sexual Inversion: A Critical Edition, Havelock Ellis and John Addington Symonds*, Ed. Ivan Crozier, Palgrave Macmillan, 2008.

Contents

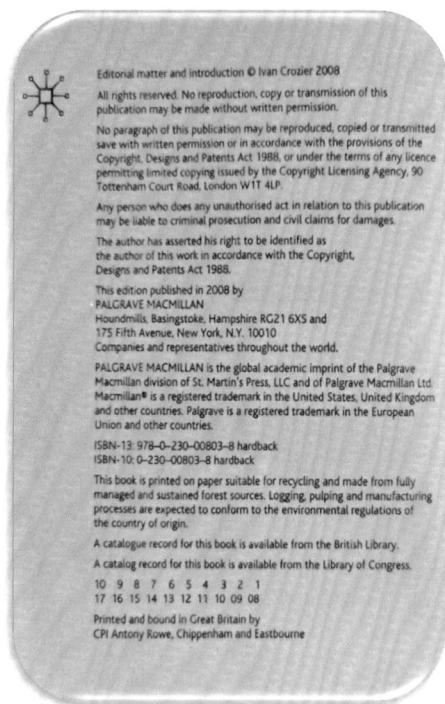

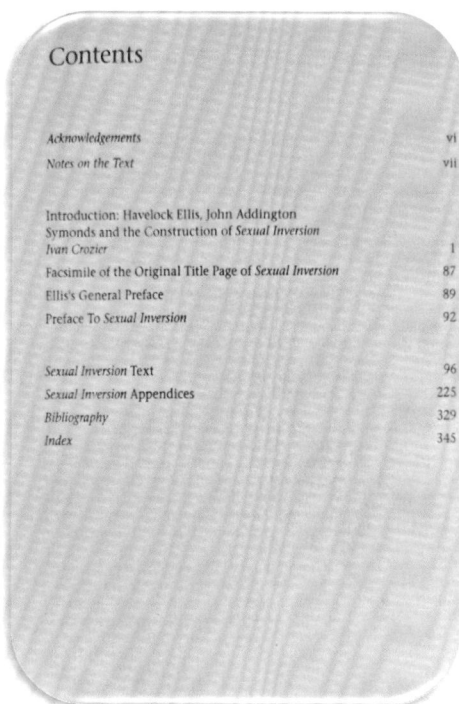

左：克罗泽编辑的学术批评版《性倒错》版权页；右：该书目录页（笔者藏）。另见《藏录》第238—239页

　　埃利斯在《性倒错》的"前言"中详细地向读者介绍了西蒙兹在该书写作中的作用。其中谈到，如果不是合作创作此书的话，西蒙兹自己也会写这样一本著作。在西蒙兹看来，那些内容很有吸引力，是"前卫人士对人性最佳效力的领域"，[1]并要求将自己的名字大大方方地落在作者署名处。《性倒错》的"案例XVIII"对西蒙兹那段时期的同性恋倾向做了历史性的回顾和具体的分析，内容已经很袒露了。[2]两人分工明确后便按要求开始各自的工作，从通信交往（如1893年2月12日西蒙兹致埃利斯的信函）[3]中可以看到两人创作此书的一些情况。但从《性倒错》第2版即作为埃利斯代表作的《性心

---

[1]　*Sexual Inversion*, Ed. Ivan Crozier, p. 92.

[2]　*Sexual Inversion*, Ed. Ivan Crozier, pp. 142-147. 这里记载的案例XVIII是解读西蒙兹性倒错人生不可或缺的第一手史料。

[3]　*The Letters III*, pp. 816-818.

理学研究》①中的《性倒错》开始,西蒙兹的名字消失了。这里面隐含着诸多原因。读者如果只是接触后来版本的《性倒错》一书,有可能疏忽该书与西蒙兹的关系。

● 同年:《意大利文艺复兴》新版②第1、2、3卷出版(另见年谱"1898年"条的相关内容)。

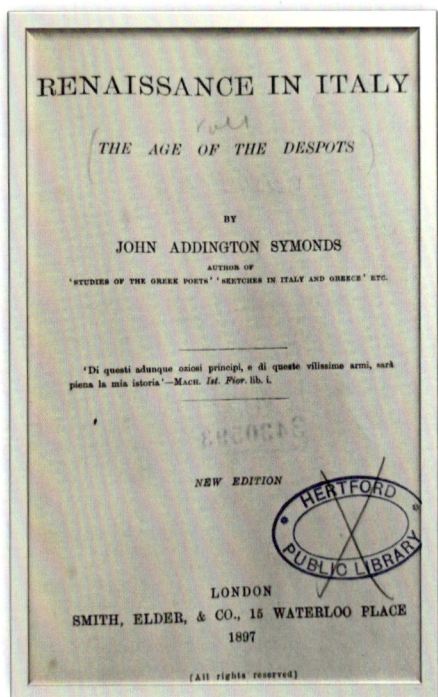

新版第1卷版权页(笔者藏)。另见《藏录》第70页

---

① H. Ellis, *Studies in the Psychology of Sex, Vol. I, Sexual Inversion*, The University Press, Watford, 1897. 1901 年又出了美国版, 参见 H. Ellis, *Studies in the Psychology of Sex*, F. A. Davis Company, 1901。还可参见埃利斯的两卷本《性心理学研究》(H. Ellis, *Studies in the Psychology of Sex*, 2 Vols, Random House, 1942)。

② J. A. Symonds, *Renaissance in Italy*, New Edition, Smith, Elder, & Co. 1897.

● 同年：单行本《米开朗基罗十四行诗》^①出版。另有"Smith, Elder, & Co., 1904"版单行本等。

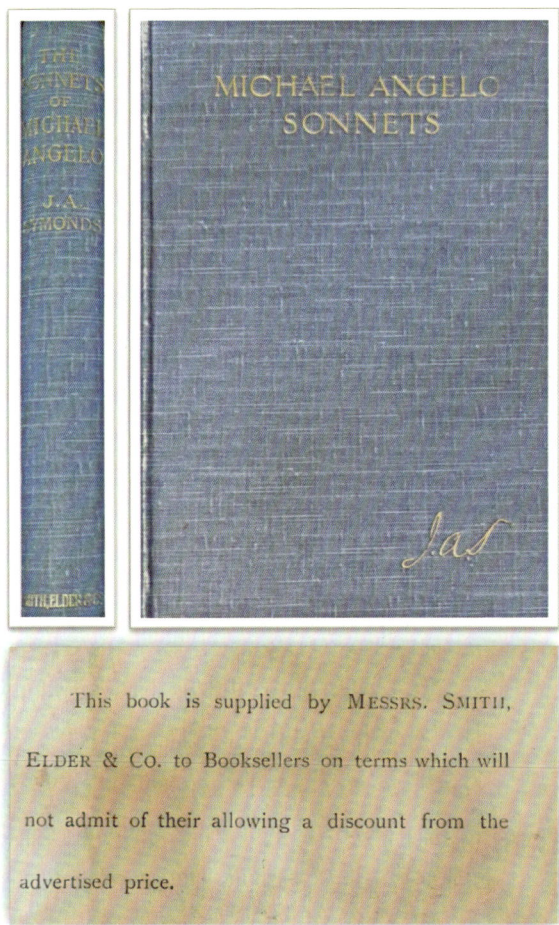

This book is supplied by MESSRS. SMITH, ELDER & CO. to Booksellers on terms which will not admit of their allowing a discount from the advertised price.

上左："Smith, Elder, & Co., 1904"版书脊；上右：该书封面；下：不准削价售卖的警示语（笔者藏）。另见《藏录》第80页

● 同年：由西蒙兹对勒弗罗伊诗作做简略评述的《勒弗罗伊生平与诗歌》出版。书影见《藏录》第240页。

---

① J. A. Symonds, *The Sonnets of Michael Angelo Buonarroti*, Thomas B. Mosher, 1897.

1898 年

● 同年：《意大利文艺复兴》新版 [①] 第 4、5、6、7 卷相继出版。

新版《意大利文艺复兴》第 7 卷 1898 年版封面（笔者藏）。另见《藏录》第 70 页（附记：本藏封面有污渍）

[①] J. A. Symonds, *Renaissance in Italy*, New Edition, Smith, Elder, & Co. 1898.

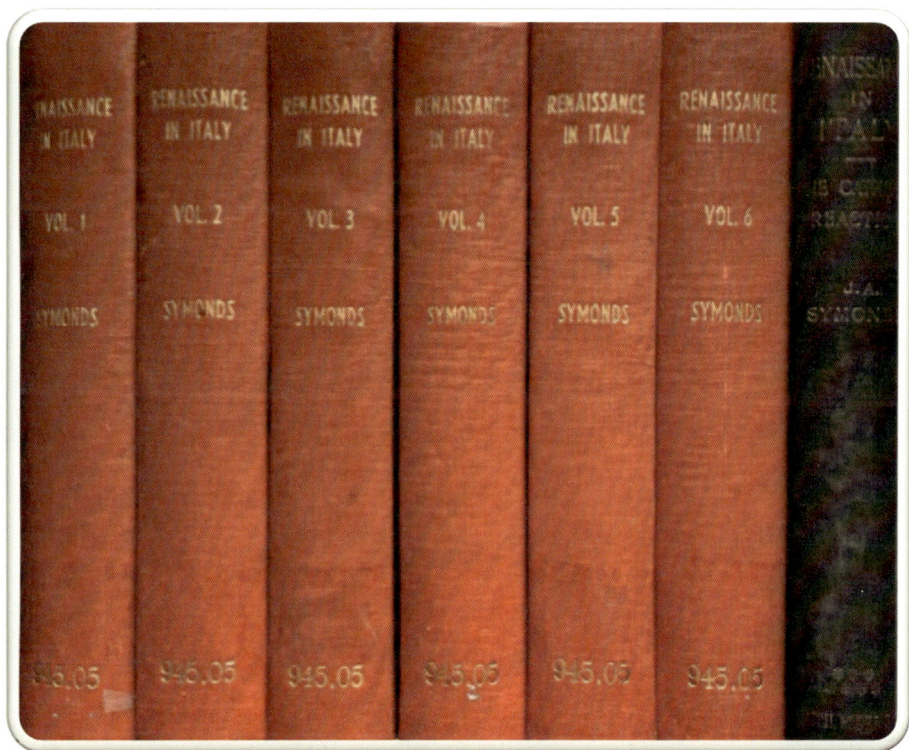

新版 7 卷书影（笔者藏）。从 1897 年到 1898 年，布朗将西蒙兹的巨著《意大利文艺复兴》重新加以编排，出了平价本，仍由 Smith, Elder, & Co. 出版公司从 1897 年起分卷出版，并标以 "New Edition" 的字样。此新版仅在版式上做了些变动，在内容上，与西蒙兹生前出版的版本相比，除页码、索引编排有调整外其余未见任何增减。新版在第 7 卷正文后附上全书索引，这极大地方便了研究，且价格便宜，逐渐在学术界普及开来。这一新版被一再翻印，后来又被著名出版商约翰·默里接手，继续印制 John Murray 版，文字、版式等没有任何改动（附记：本藏第 1 至 6 卷是重新装订本，第 7 卷为原装。尽管如此不协调，但能得到此 7 卷新版的完整 1 版 1 印各卷已经感到很满足了）

● 同年:《意大利、希腊游记和研究》[①] 新版 3 卷出版。以后又出 John Murray 版等。

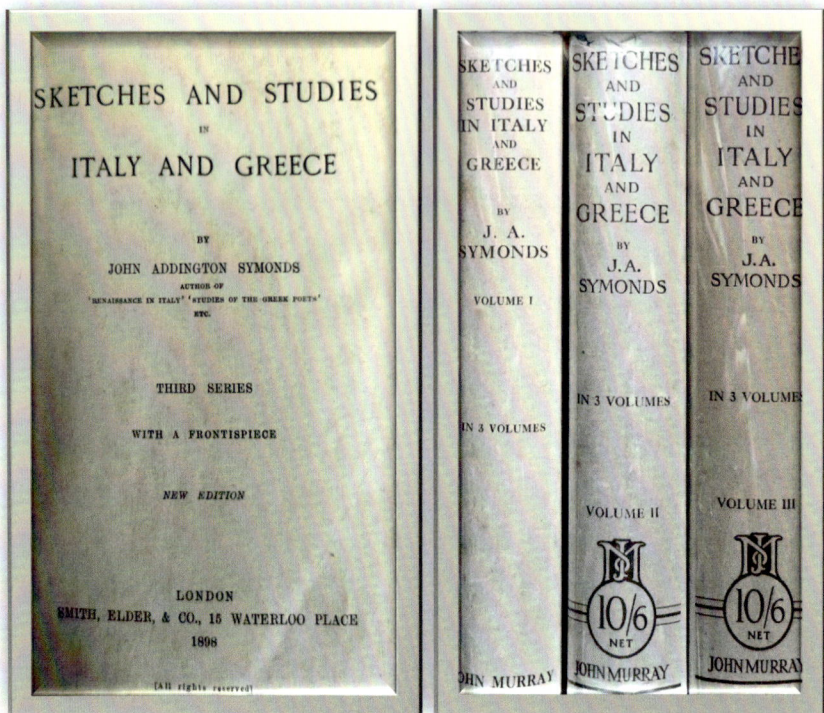

左:《意大利、希腊游记和研究》新版版权页;右:"John Murray, 1917"版 3 卷书脊(笔者藏)。另见《藏录》第 192—193 页

1898 年,布朗将西蒙兹的 3 部原本分别出版的游记作品加以整合,出了新版 3 卷本。标题统一为《意大利、希腊游记和研究》。[②] 与《意大利文艺复兴》一样,此新版《意大利、希腊游记和研究》也一再被翻印。

按从北至南旅游线路加以编目的 3 卷本《意大利、希腊游记和研究》目录如下:[③]

---

① J. A. Symonds, *Sketches and Studies in Italy and Greece*, 3 Vols, Smith, Elder, & Co., 1898.
② J. A. Symonds, *Sketches and Studies in Italy and Greece*, Smith, Elder, & Co., 1898.
③ 初版各卷中英文对照目录另见年谱"1874 年"条、"1879 年"条、"1883 年"条。

第 1 卷：

1. 阿尔卑斯山之恋

2. 达沃斯的冬晚

3. 格劳宾登的酒神

4. 普罗旺斯的老镇

5. 康尼斯

6. 阿雅克修

7. 杰内罗索山

8. 伦巴第散记

9. 科莫与美第基诺

10. 贝尔加莫与巴尔托洛梅奥·科莱奥尼

11. 克雷马与耶稣受难像

12. 斯卡拉剧院的切鲁比诺

13. 威尼斯杂记

14. 贡多拉舵手的婚礼

15. 一位 16 世纪的布鲁图

16. 上世纪两位剧作家

第 2 卷：

1. 拉文纳

2. 里米尼

3. 翁布里亚的五月

4. 乌尔比诺宫

5. 维多利亚·阿科兰博尼

6. 秋日漫游

7. 帕尔马

8. 卡诺莎

9. 佛诺沃

10. 佛罗伦萨与美第奇家族

11. 意大利文学对英国的贡献

12. 托斯卡纳民间歌曲

13. 文艺复兴时期的意大利大众诗歌

14. 波利齐亚诺的《奥菲欧》

15. 彼特拉克的 8 首十四行诗

第 3 卷：

1. 达·桑·吉米纳诺的福尔格

2. 意大利的圣诞思念

3. 锡耶纳

4. 奥利维托山

5. 蒙特普尔恰诺山

6. 佩鲁贾

7. 奥尔维耶托

8. 卢克莱修

9. 安提诺思

10. 春日漫游

11. 阿马尔菲，帕埃斯图姆，卡普里

12. 埃透纳

13. 帕勒莫

14. 叙拉古与吉尔真蒂

15. 雅典

　　布朗其他值得提及的西蒙兹文稿编订、整理成果尚有以下诸多。其一，西蒙兹的大多数文稿已经公开出版，还有一些文稿虽然经过编辑整理，但至今仍难以发现、拜读，其中就包括西蒙兹的 7 篇"小册子"。这些小册子包括大量的诗歌创作，而这些诗歌的提供者就是布朗。[1]其二，西蒙兹去世后，布朗将西蒙兹的一些发表已久的著作如《但丁研究导论》等重新再版。布朗为《但丁研究导论》第 4 版撰写序言。[2]通过这篇序言，读者了解到《但丁

---

① Babington, pp. 15-35.

② J. A. Symonds, *An Introduction to the Study of Dante*, Adam and Charles Black, 1899, "Prefatory Note to the Fourth Edition".

研究导论》是西蒙兹的第 1 部著作，而西蒙兹为《但丁研究导论》第 3 版写的序言则是作者最后的文稿。可见《但丁研究导论》在西蒙兹文化史研究中的地位。其三，1907 年，布朗还为西蒙兹的论文集《论文、思索与设想》第 3 版 ① 撰写序言。这个第 3 版增加了索引，成为学界通常引用的版本。以上布朗为西蒙兹文稿整理出版方面的贡献成了两位心心相印朋友间友情的佳话，而布朗整理的资料也成为后人继续编撰西蒙兹文稿的必备原始资料。顺便提及，鉴于布朗与西蒙兹的友情，后来又有学者编撰两人诗歌的合编本《漂流的情感》。② 这可以算作对两位文心相通者的一种特殊纪念。

● 同年：《圣洁》（The Blest）、《人观》（The Human Outlook）两首诗歌被收入诗歌集《人伦之歌》。③

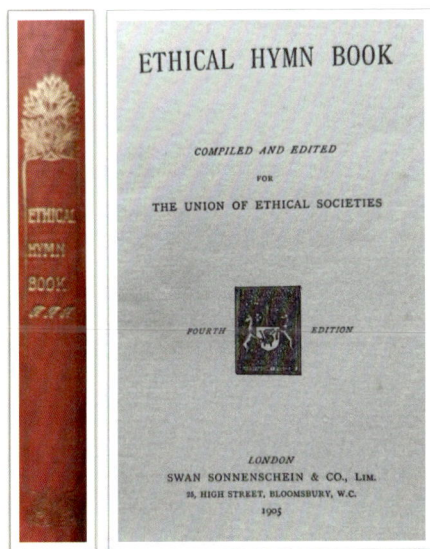

左：《人伦之歌》第 4 版书脊；右：该书书名页（笔者藏）

---

① J. A. Symonds, *Essays, Speculative and Suggestive*, Third edition, Smith, Elder, & Co., 1907.

② *Drifting Moods, Poems by John Addington Symonds and Horatio Forbes Brown*, selected and introduced by Noel Lloyd, Hermitage Books, 1996. 此诗集只印了 50 本。

③ Stanton Coit and Gustav Spiller, *Ethical Songs*, Second and enlarged edition, Swan Sonnenschein & Company,1898.

结篇语

西蒙兹53年的人生旅程是一次探索自我困境、构筑文化自我的历险，在其旅程终点线上簇拥摆放着耀眼的学术花环，令人无限感慨……

附录1　西蒙兹家庭主要成员[①]

年谱主人公：约翰·阿丁顿·西蒙兹（John Addington Symonds, 1840－1893）

上辈——

- 父亲：约翰·阿丁顿·西蒙兹博士（Dr. John Addington Symonds, 1807－1871）
- 母亲：哈丽雅特·赛克斯（Harriet Sykes, 1809－1844）
- 大姨：玛丽·安·赛克斯（Miss Mary Ann Sykes，生卒年不详）
- 叔叔：弗雷德里克·西蒙兹（Frederick Symonds，？－1881）
- 姑姑：克莱门特·斯特朗夫人（Mrs. Clement Strong, Charlotte Symonds，生卒年不详）
- 姑父：克莱门特·道森·斯特朗（Clement Dawsonne Strong，生卒年不详）

平辈——

- 夫人：珍妮特·凯瑟琳·诺思（Mrs. John Addington Symonds, Janet Catherine North, 1837－1913）
- 大姨子：玛丽安娜·诺思（Marianne North, 1830－1890）
- 大姐：伊迪丝·哈丽雅特·西蒙兹（Edith Harriet Symonds, 1834－1912）
- 大姐夫：查尔斯·丹尼尔·凯夫爵士（Sir Charles Daniel Cave, 1832－1922）
- 二姐：玛丽·伊莎贝拉·西蒙兹（Mary Isabella Symonds, 1837－1883）
- 二姐夫：爱德华·斯特雷奇爵士（Sir Edward Strachey, 1812－1901）

[①]　西蒙兹家庭成员庞杂，此处所列家庭主要成员以年谱涉猎者为限。

- 妹妹：夏洛特·西蒙兹（Charlotte Byron Symonds, 1842-1929）
- 妹夫：托马斯·希尔·格林（Thomas Hill Green, 1836-1882）
- 表妹：克莱门蒂娜·斯特朗（Clementina Strong，生卒年不详）
- 堂妹：埃米莉·莫尔斯·西蒙兹（Emily Morse Symonds, George Paston, ?-1936）

下辈——
- 长女：珍妮特·哈丽雅特·西蒙兹（Janet Harriet Symonds, 1865-1887）
- 二女：夏洛特·玛丽·西蒙兹（Charlotte Mary Symonds, 即洛塔 Lotta, 1867-1934）
- 二女婿：沃尔特·利夫（Walter Leaf, 1852-1927）
- 三女：玛格丽特·西蒙兹（Margaret Symonds, 即玛琪 Madge, 1869-1925）
- 三女婿：威廉·沃恩（William Wyamar Vaughan, 1865-1938）
- 小女：凯瑟琳·西蒙兹（Katharine Symonds, 1875-1952）
- 小女婿：查尔斯·韦林顿·弗斯（Charles Wellington Furse, 1868-1904）

附录Ⅱ 西蒙兹与亲友通信名录 [①]

姓名（按英文姓氏排序）	备 注 [②]
Bainton, George（？）—— G. 班顿	曾编辑发表西蒙兹书信。
Battersby, Harford（？）—— H. 巴特斯比	牧师。
Biagi, Guido（1855-1925）—— G. 比亚吉	佛罗伦萨劳伦斯图书馆馆员，珍妮特·罗斯的朋友。西蒙兹的《米开朗基罗传》就是献给比亚吉的。
Blackwood, Alexander（？）—— A. 布莱克伍德	在达沃斯的苏格兰客人。
Bosanquet, Cecil（？）—— C. 博赞基特	G. 博赞基特兄弟。年谱"1863 年"条。
Bosanquet, Gustavus（1840-1932）—— G. 博赞基特	西蒙兹年轻时的伙伴。
Boyle, Cecil William（1853-1900）—— C. W. 博伊尔	板球运动员。后经西蒙兹和戴金斯介绍入职牛津大学。
Boyle, Eleanor Vere（1825-1916）—— E. V. 博伊尔	作家、艺术家、插图画家。年谱"1885 年"条。
Bradley, Katherine（1848-1914）—— K. 布拉德利	女诗人、作家。年谱"1882 年"条。

---

① 为了匹配年谱，也为了更全面反映西蒙兹的生平历程，特做"西蒙兹与亲友通信名录"一栏。名录所选对象指西蒙兹发函寄送的收信人。虽然还会有些遗漏，但主要亲朋好友已直接或间接体现其中；名录重点参考 3 卷本《西蒙兹书信集》提供的信息；名录中"年谱'××××年'条"表示年谱该年的相关事项可供参考；名录中一些生卒年不清楚者以"？"存疑。
② "备注"栏是对西蒙兹亲朋好友情况的简略提示，极个别情况不明者缺如。

姓名（按英文姓氏排序）	备　注
Bronson, Mrs. Arthur or Katharine de Kay Bronson（1834-1901）—— A. 布朗森夫人	在威尼斯的英美文化圈召集人，《布朗宁在威尼斯》一书作者。
Brown, Horatio Forbes（1854-1926）—— H. F. 布朗	挚友，西蒙兹遗著执行人，威尼斯史研究学者。年谱"1876年"条等。
Brown, T. E.（1830-1897）—— T. E. 布朗	曾任克利夫顿学院院长（1864至1892年间），有诗集留世。
Browning, Sarina（1814-1903）—— S. 布朗宁	诗人兼戏剧家布朗宁（Robert Browning, 1812-1889）妹妹。
Bruce, Henry Austin（1815-1895）—— H. A. 布鲁斯	勋爵。
Bullen, A. H.（1857-1920）—— A. H. 布伦	剧作研究学者，尤其擅长伊丽莎白时代剧作研究。
Bunting, Percy William（1836-1911）—— P. W. 邦廷	《当代评论》杂志主编。
Burton, Richard Francis（1821-1890）—— R. F. 伯顿	英国探险家、语言学家和人类学家。年谱"1885年"条。
Caine, T. Hall（1853-1931）—— T. H. 凯恩	作家、评论家。
Carpenter, Edward（1844-1929）—— E. 卡彭特	英国诗人、社会活动家。年谱"1882年"条。
Cave, Sir Charles Daniel（1832-1922）—— C. H. 凯夫爵士	大姐夫。年谱"1834年"条。
Clifford, Edward（1844-1907）—— E. 克利福德	喜好艺术、旅游。
Clough, Mrs. Arthur Hugh or Blanche Smith Clough（1854年嫁给克劳夫）—— A. H. 克劳夫夫人。	西蒙兹曾协助克劳夫夫人编订其丈夫的诗文集。年谱"1869年"条。
Cluer, Albert Rowland（1852-1942）—— A. R. 克卢尔	西蒙兹好友布朗在克利夫顿学院的学长，后在伦敦任法官等职。在《半月评论》杂志发表过回忆西蒙兹的文章。

姓名（按英文姓氏排序）	备　注
Colvin, Sidney（1845-1927）——S. 科尔文	斯蒂芬森朋友，编辑出版《斯蒂芬森书信集》，参见年谱"1881 年"条。
Conway, Moncure Daniel（1832-1907）——M. D. 康韦	美国牧师、作家。
Cooper, Edith Emma（1862-1913）——E. E. 库珀	女诗人，与其姑妈凯瑟琳·布拉德利共同创作诗歌。年谱"1882 年"条。
Cotton, James Sutherland（1847-1918）——J. S. 科顿	《学院》杂志主编。
Courthope, W.（？）——W. 考托普	笔友。
Dakyns, Henry Graham（1838-1911）——H. G. 戴金斯	好友，希腊语学者。年谱"1863 年"条等。
Des Voeux, Miss（？）——狄芙小姐	贵族后代。
Dobell, Bertram（1843-1914）——B. 多贝尔	书商。
Douglas, Lord Alfred（1870-1945）——L. A. 道格拉斯	《心灵之灯》（The Spirit Lamp）主编。
Ellis, Havelock（1859-1939）——H. 埃利斯	心理学家。年谱"1896 年"条。
Fox, Mr.（？）——福克斯先生	学友。
Freshfield, Douglas William（1845-1934）——D. W. 弗雷什菲尔德	作家。
Furse, Charles Wellington（1868-1904）——C. W. 弗斯	西蒙兹小女婿。年谱"1875 年"条。
Gallienne, Richard Le（1866-1947）——R. Le 加利纳	美国作家。
Galton, Arthur Howard（1852-1921）——A. H. 高尔顿	《世纪行会玩具马》杂志撰稿人，西蒙兹文艺复兴著述评论者。
Gilchrist, Herbert Harlakenden（1857-1914）——H. H. 吉尔克里斯特	美国诗人惠特曼的朋友。
Gilder, Richard Watson（1844-1909）——R. W. 吉尔德	美国诗人，《世纪杂志》主编。

续　表

姓名（按英文姓氏排序）	备　注
Gill, Wilfred Austin（1856–1899）—— W. A. 吉尔	勒弗罗伊遗著执行人。年谱"1892 年"条。
Girdlestone, Robert Baker（1836–1923）—— R. B. 格德尔斯通	曾任英国国际圣公会干事，《不列颠百科全书》撰稿人。
Gladstone, William Ewart（1809–1898）—— W. E. 格拉德斯通	曾 4 次任英国首相（1868—1874, 1880—1885, 1886, 1892—1894）。
Goodman, Alfred W.（？）—— A. W. 古德曼	英国肯特郡希思家族（Heath House）成员。
Gordon-Duff, Thomas Duff（1848–1923）—— T. D. 戈登–达夫	坦南特（Margot Tennant, 1864–1945）姐姐。
Gosse, Edmund（1849–1928）—— E. 戈斯	诗人。年谱"1875 年"条。
Gower, Lord Ronald（1845–1916）—— L. R. 高尔	雕塑家、作家，西蒙兹与布朗共同的朋友。
Green, Thomas Hill（1836–1882）—— T. H. 格林	西蒙兹妹夫。年谱"1842 年"条、"1859 年"条等。
Hamilton, Edward Walter（1847–1908）—— E. W. 汉密尔顿	曾担任首相格拉德斯通政府的财政部部长。
Herbert, Arthur（？）—— A. 赫伯特	在达沃斯不少部门任职的英国人。
Horne, Herbert P.（1864–1916）—— H. P. 霍恩	作家、建筑师、鉴赏家。
Jessop, Augustus（1823–1914）—— A. 杰索普	牧师、作家。
Johnson, Dr. John（？–1927）—— J. 约翰逊博士	医生。
Jowett, Benjamin（1817–1893）—— B. 乔伊特	巴利奥学院院长，西蒙兹的导师。年谱"1858 年"条。
Kay-Shuttleworth, Ughtred（？）—— U. 凯–沙特尔沃思	学友。
Kennedy, William Sloane（1859–1920）—— W. S. 肯尼迪	美国作家、翻译家。

续 表

姓名（按英文姓氏排序）	备 注
Layard, Sir Austen Henry（1817-1894）—— A. H. 莱亚德爵士	考古学家、旅行家。1845 年在两河流域尼尼微遗址进行考古发现。
Leaf, Walter（1852-1927）—— W. 利夫	西蒙兹二女婿。年谱"1867 年"条。
Lee-Hamilton, Eugene（1845-1907）—— E. 李-汉密尔顿	曾在英国外事部门服务。
Lodge, Sir Richard（1855-1936）—— R. 洛奇爵士	曾在牛津大学、爱丁堡大学等大学任教。
Longbridge, F.（？）—— F. 隆布里奇	
Marzials, Frank Thomas（1840-1912）—— F. T. 马尔齐亚斯	主编、翻译家。
Mathews, Elkin（1851-1921）—— E. 马修斯	书商、出版商。
Miller, George（？）—— G. 米勒	笔友。
Monkhouse, William Cosmo（1840-1901）—— W. C. 蒙克豪斯	诗人、评论家。
Moor, Norman（1851-1895）—— N. 穆尔	西蒙兹的"同志"好友。年谱"1869 年"条。
Murray, John（1808-1892）—— J. 默里	出版家。年谱"1864 年"条。
Myers, Frederick William Henry（1843-1901）—— F. W. H. 迈尔斯	诗人、文论家。
Nicholson, John Gambril Francis（1866-1931）—— J. G. F. 尼科尔森	诗人。
Noel, Roden（1834-1894）—— R. 诺埃尔	诗人。
North, Marianne（1830-1890）—— M. 诺思	大姨子。年谱"1892 年"条等。
Nutt, Albert Trubner（1856-1910）—— A. T. 纳特	Trubner 出版公司首脑。
Paget, Violet or Vernon Lee（1856-1936）—— V. 佩吉特	散文家、小说家和文艺评论家。年谱"1880 年"条等。
Parkes, W. Kineton（1865-1938）—— W. K. 帕克斯	杂志主编、小说家、文论家。

续　表

姓名（按英文姓氏排序）	备　注
Payn, James（1830-1898）—— J. 佩恩	作家、诗人，《康希尔杂志》等主编。
Pearson, James Edward（1850-1931）—— J. E. 皮尔逊	曾任克利夫顿学院院长（1874—1877；1881—1909）。1874 年，西蒙兹"同志"好友穆尔担任克利夫顿院长助理。
Perkins, Charles Callahan（1823-1886）—— C. C. 珀金斯	文艺复兴雕塑史研究学者。年谱"1881 年"条。
Perry, Thomas Sergeant（1845-1928）—— T. S. 佩里	美国教育家、文学史家。
Poole, Reginald Stuart（1832-1895）—— R. S. 普尔	曾在英国美术馆任职。
Poynter, Eleanor Frances（1840-1929）—— E. F. 波因特	作家，西蒙兹家的常客。
Rea, George（？）—— G. 雷	女诗人玛丽·罗宾森的侄儿。
Robinson, Agnes Mary Francis（1857-1944）—— A. M. F. 罗宾森	女诗人、文论家。年谱"1880 年"条。
Ross, Janet Anne（1842-1927）—— J. A. 罗斯	作家。年谱"1875 年"条。
Rossetti, William Michael（1829-1919）—— W. M. 罗塞蒂	评论家、传记作家，D. G. 罗塞蒂（年谱"1869 年"条）的兄弟。
Russell, Matthew. S. J.（1834-1912）——S. J. M. 罗素	《爱尔兰月刊》（The Irish Monthly）杂志创始人。
Rutson, Albert O.（1836-1890）—— A. O. 罗森	牛津学友，律师。
Salaman, Charles Kensington（1814-1901）—— C. K. 萨拉曼	钢琴家、作曲家、作家。
Sayle, Charles Edward（1864-1924）—— C. E. 塞尔	剑桥大学图书馆馆员。
Scherer, Edmond（1815-1889）—— E. 舍雷尔	法国评论家。

续 表

姓名（按英文姓氏排序）	备 注
Sharp, William（1855-1905）—— W. 夏普	作家。
Sidgwick, Arthur（1840-1920）—— A. 西季威克	学者。H. 西季威克兄弟。年谱"1863年"条。
Sidgwick, Henry（1838-1900）—— H. 西季威克	伦理学家。年谱"1867年"条。
Squire, William Barclay（1855-1927）—— W. B. 斯夸尔	音乐研究学者。
Stephens, William Richard Wood（1839-1902）—— W. R. W. 斯蒂芬斯	学友，好友。
Stevenson, Robert Louis（1850-1894）—— R. L. 斯蒂芬森	作家。年谱"1881年"条等。
Stevenson, Mrs. Robert Louis（1840-1914）—— R. L. 斯蒂芬森夫人	好友。年谱"1881年"条等。
Story, William Wetmore（1819-1895）—— W. W. 斯托里	美国雕塑家、法学家、作家。
Strachey, Sir Edward（1812-1901）—— E. 斯特雷奇爵士	西蒙兹二姐夫。年谱"1837年"条。
Strong, Clement Dawsonne（1833年娶夏洛特·西蒙兹为妻）—— C. D. 斯特朗	西蒙兹姑父。
Strong, Mrs. Clement or Charlotte Symonds（1809-1880）—— C. 斯特朗夫人	西蒙兹姑姑。
Strong, Clementina（？）—— C. 斯特朗	西蒙兹姑姑斯特朗夫人的女儿，与西蒙兹交谊颇深。
Swinburne, Algernon Charles（1837-1909）—— A. C. 斯温伯恩	诗人、文论家。年谱"1872年"条。
Sykes, Harriet（1809-1844）—— H. 赛克斯	西蒙兹母亲。年谱"1834年"条、"1844年"条等。
Sykes, Miss Mary Ann（？）——M. A. 赛克斯小姐	西蒙兹大姨。年谱"1844年"条。

姓名（按英文姓氏排序）	备　注
Symonds, Arthur（1865-1945）—— A. 西蒙斯	西蒙兹远亲，诗人、文学批评家。年谱"1885 年"条。
Symonds, Charlotte Byron（1842-1929）—— C. B. 西蒙兹	西蒙兹妹妹。年谱"1842 年"条、"1855 年"条等。
Symonds, Charlotte Mary or Lotta（1867-1934）—— C. M. 西蒙兹	西蒙兹二女儿。年谱"1867 年"条。
Symonds, Edith Harriet（1834-1912）—— E. H. 西蒙兹	西蒙兹大姐。年谱"1834 年"条。
Symonds, Frederick（？-1881）—— F. 西蒙兹	西蒙兹叔叔，医生。
Symonds, Janet Harriet（1865-1887）—— J. H. 西蒙兹	西蒙兹长女。年谱"1865 年"条等。
Symonds, Dr. John Addington,（1807-1871）—— J. A. 西蒙兹博士	西蒙兹父亲。年谱"1834 年条"、"1850 年"条、"1857 年"条、"1871 年"条等。
Symonds, Mrs. John Addington, or Janet Catherine North（1837-1913）—— J. A. 西蒙兹夫人	西蒙兹夫人。年谱"1864 年"条等。
Symonds, Katharine（1875-1952）—— K. 西蒙兹	西蒙兹小女儿。年谱"1875 年"条。
Symonds, Margaret, or Madge（1869-1925）—— M. 西蒙兹	西蒙兹三女儿。年谱"1869 年"条、"1892 年"条等。
Symonds, Mary Isabella（1837-1883）—— M. I. 西蒙兹	西蒙兹二姐。年谱"1837 年"条。
Tennant, Margot, or Margot Asquith（1864-1945）—— M. 坦南特	作家。年谱"1887 年"条。
Tennyson, Mrs. Alfred（？-1896）—— A. 丁尼生夫人	诗人丁尼生夫人。年谱"1864 年"条。
Todhunter, John（1839-1916）—— J. 托德亨特	作家、医生。
Tompson, Henry Yates（1838-1928）—— H. Y. 汤普森	西蒙兹哈罗公学就学时的校友。其希腊语诗歌曾获 Porson 奖。后成为《帕尔-摩尔公报》的拥有者。

续　表

姓名（按英文姓氏排序）	备　注
Tompson, Mrs. Henry Yates or Elizabeth Smith Yates Tompson——H. Y. 汤普森夫人	1878 年与 H. Y. 汤普森成婚。
Traubel, Horace Logo（1858–1910）——H. L. 特劳贝尔	美国诗人惠特曼的遗著执行人。
Tuke, Daniel Hack（1827–1895）——D. H. 图克	医生。
Tuke, Henry Scott（1858–1929）——H. S. 图克	画家。
Unwin, Fisher（1848–1935）——F. 昂温	出版商。
Vaughan, William Wyamar（1865–1938）——W. W. 沃恩	西蒙兹三女婿。年谱"1869 年"条。
Wallace, J. W.（1853–1926）—— J. W. 华莱士	惠特曼研究学者。
Watts, Walter Theodore（1832–1914）——W. T. 沃茨	诗人、评论家。
White, Gleeson（1851–1898）——G. 怀特	美国电影制片公司编导。
Whitman, Walt（1819–1892） —— W. 惠特曼	美国诗人。年谱"1871 年"条、"1872 年"条、"1890 年"条等。
Whitney, Stephen（？）——S. 惠特尼	达沃斯的美国客人。
Wilde, Oscar（1854–1900）——O. 王尔德	诗人、剧作家。
Wilkinson, George C.（1867–?）——G. C. 威尔金森	医生，擅长耳科、喉科。
Wilson, Henry Austin（1854–1927）——H. A. 威尔逊	马格达伦学院研究员。
Zimmern, Helen（1846–1934）—— H. 齐默恩	英国作家、翻译家、艺术评论家。

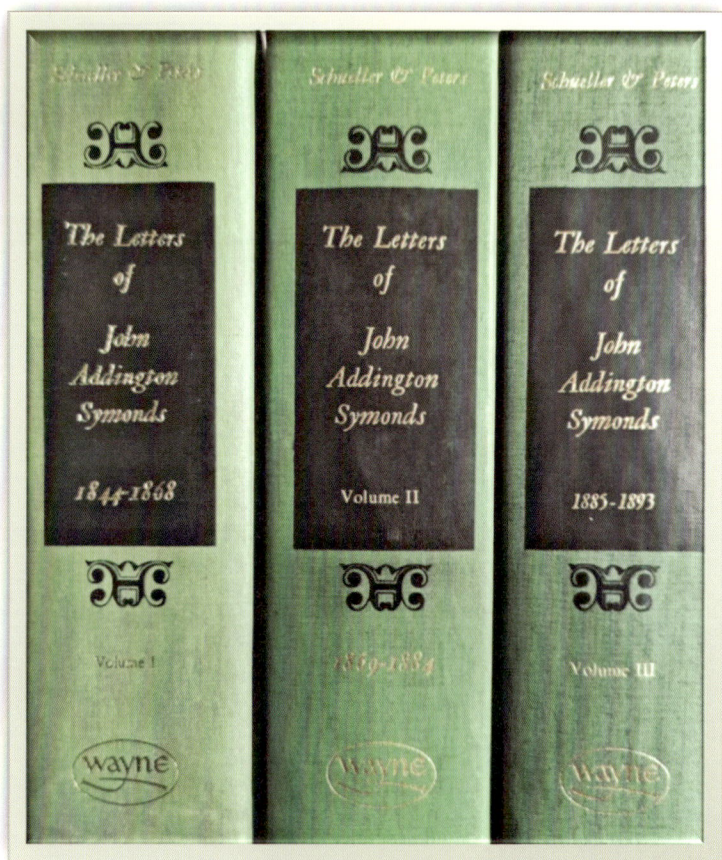

《西蒙兹书信集》3卷书影（笔者藏）

附录III　29卷本《约翰·阿丁顿·西蒙兹文集》图像

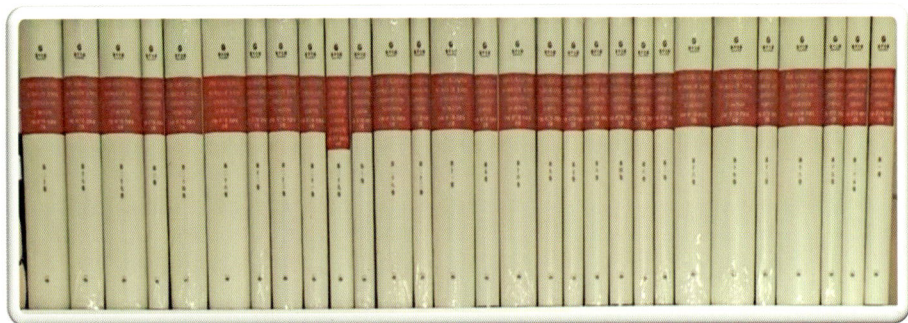

29卷本《约翰·阿丁顿·西蒙兹文集》书影（笔者藏）。文集由周春生编，上海三联书店2023年整套出版。该文集是世界范围内首部西蒙兹著作集。不过仍有个别著述因为版权原因未能辑入，留待今后增补

图书在版编目(CIP)数据

约翰·阿丁顿·西蒙兹文集：英文、汉文/周春生
编.-上海：上海三联书店，2023.12
（贺宇文献）
ISBN 978-7-5426-8268-0

Ⅰ.①约… Ⅱ.①周… Ⅲ.①文艺复兴-意大利-文
集-英、汉 Ⅳ.①K546.32~53
中国国家版本馆CIP数据核字(2023)第193887号

约翰·阿丁顿·西蒙兹文集

编　　　者：周春生
责任编辑：王　建
特约编辑：许　倩
装帧设计：祺　明
监　　制：姚　军
出版发行：上海三联书店
(200030)上海市漕溪北路331号A座6楼
邮购电话：021-22895540
印　　刷：上海世纪嘉晋数字信息技术有限公司
开　　本：700×1000毫米　16开
印　　张：1236.75
字　　数：15840千字
版　　次：2023年10月第1版
印　　次：2023年10月第1次印刷
书　　号：ISBN 978-7-5426-8148-0/K·745
定　　价：24000.00元（全29卷）

联系读者，如发现本书有印装质量问题，请与印刷厂联系021-69214195

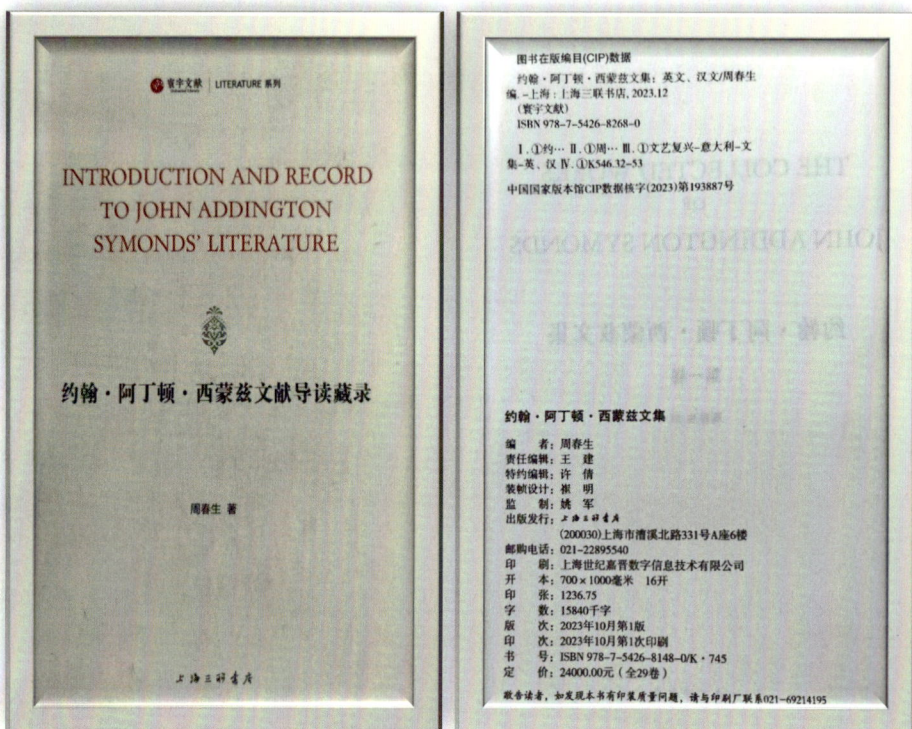

左：周春生著《约翰·阿丁顿·西蒙兹文献导读藏录》（即文集第29卷）封面；右：文集版权页（笔者藏）

参考文献

一、西蒙兹著述（专著、译著、编著、回忆录、书信、导读等，以出版年代为序）

1. Symonds, J. A., *The Escorial: A Prize Poem, Recited in the Theatre*, T. and G. Shrimpton, 1860.

2. Symonds, J. A., *The Renaissance: An Essay Read in the Theatre*, Henry Hammans, 1863.

3. *Miscellanies by John Addington Symonds, M. D.*, selected and edited, with an introductory memoir by his son., Macmillan and Co., 1871.

4. Symonds, J. A., *An Introduction to the Study of Dante*, Smith, Elder, & Co., 1872.

5. Conington, J., *Miscellaneous Writings of John Conington*, 2 Vols, Ed. J. A. Symonds, with a memoir by H. J. S. Smith, Longmans, Green and Co., 1872.

6. Symonds, J. A., *Studies of the Greek Poets*, Smith, Elder, & Co., 1873.

7. Symonds, J. A., *Sketches in Italy and Greece*, Smith, Elder, & Co., 1874.

8. Symonds, J. A., *Renaissance in Italy*, 7 Vols, Smith, Elder, & Co. 1875−1886.

9. Symonds, J. A., *Studies of the Greek Poets*, Second series, Smith, Elder, & Co., 1876.

10. Symonds, J. A., *Many Moods: A Volume of Verse*, Smith, Elder, & Co., 1878.

11. Symonds, J. A., *Shelley*, Macmillan and Co., 1878.

12. Buonarroti, Michael Angelo and Tommaso Campanella, *The Sonnets of Michael Angelo Buonarroti and Tommaso Campanella*, Tr. J. A. Symonds, Smith, Elder, & Co., 1878.

13. Symonds, J. A., *Sketches and Studies in Italy*, Smith, Elder, & Co., 1879.

14. Symonds, J. A., *New and Old: A Volume of Verse*, Smith, Elder, & Co., 1880.

15. Symonds, J. A., *Animi Figura*, Smith, Elder, & Co., 1882.

16. Symonds, J. A., *Italian Byways*, Smith, Elder, & Co., 1883.

17. Symonds, J. A., *A Problem in Greek Ethics: Being an Inquiry into the Phenomenon of Sexual Inversion, Addressed Especially to Medical Psychologists and Jurists*, privately printed in 1883.

18. Symonds, J. A., *Vagabunduli Libellus*, Kegan Paul, Trench and Co., 1884.

19. *Wine, Women, and Song: Mediaeval Latin Students' Songs*, now first translated into English verse with an essay by John Addington Symonds, Chatto & Windus, 1884.

20. Symonds, J. A., *Shakespere's Predecessors in the English Drama*, Smith, Elder, & Co., 1884.

21. Symonds, J. A., *Ben Johnson*, Longmans, Green and Co., 1886.

22. *The Dramatic Works and Lyrics of Ben Jonson*, selected with an Essay, Biographical and Critical by J. A. Symonds, Walter Scott, 1886.

23. Symonds, J. A., *Sir Philip Sidney*, Macmillan and Co., 1886.

24. *Sir Thomas Browne's Religio Urn Burial, Christian Morals, And Other Essays*, edited with an introduction by J. A. Symonds, Walter Scott, 1886.

25. *Christopher Marlowe*, Ed. Havelock Ellis, with a general introduction on the English drama during the reigns of Elizabeth and James I by J. A. Symonds, Vizetelly & Co., 1887.

26. *Webster & Tourneur*, Ed. Havelock Ellis, with an introduction and notes by J. A. Symonds, Vizetelly & Co., 1888.

27. Benvenuto Cellini, *The Life of Benvenuto Cellini*, 2 Vols, Tr. J. A. Symonds, John C. Nimmo, 1888.

28. Carlo Gozzi, *The Memoirs of Count Carlo Gozzi*, 2 Vols, Tr. John Addington Symonds, John C. Nimmo, 1890.

29. Symonds, J. A., *Essays, Speculative and Suggestive*, Chapman & Hall, 1890.

30. Symonds, J. A., *A Problem in Modern Ethics*, privately printed in 1891.

31. Symonds, J. A., and His Daughter Margaret, *Our Life in the Swiss Highlands*, Adam and Charles Black, 1892.

32. Symonds, J. A., *The Life of Michelangelo Buonarroti: Based on Studies in the Archives of the Buonarroti Family at Florence*, 2 Vols, John C. Nimmo, 1893.

33. Symonds, J. A., *In the Key of Blue and Other Prose Essays*, Elkin Mathews & John Lane, 1893.

34. Symonds, J. A., *Walt Whitman: A Study*, John C. Nimmo, 1893.

35. *A Short History of the Renaissance in Italy: Taken from the Works of John Addington Symonds*, by Lieut-Colonel A. Pearson, Smith, Elder, & Co., 1893.

36. Symonds, J. A., *On the English Family of Symonds*, privately printed in 1894.

37. Symonds, J. A., *Giovanni Boccaccio: As Man and Author*, John C. Nimmo, 1895.

38. *Edward Cracroft Lefroy: His Life and Poems, including a Reprint of Echoes from Theocritus*, by Wilfred Austin Gill, with a critical estimate of the sonnets by the late John Addington Symonds, John Lane, 1897.

39. Symonds, J. A., *Fragilia Labilia*, Thomas B. Mosher, 1902.

40. Symonds, J. A., *Last and First—Being Two Essays: The New Spirit and Arthur Hugh Clough*, Nicholas L. Brown, 1919.

41. *Letters and Papers of John Addington Symonds*, Ed. Horatio F. Brown, John Murray, 1923.

42. *The Letters of John Addington Symonds*, Eds. Herbert M. Schueller and Robert L. Peters, Wayne State University Press, Vol. I, 1967; Vol. II, 1968; Vol. III, 1969.

43. Symonds, J. A., *Male Love: A Problem in Greek Ethics and Other Writings*, Foreword by R. Peters, Ed. J. Lauritsen, Pagan Press, 1983.

44. *The Memoirs of John Addington Symonds: The Secret Homosexual Life of a Leading Nineteenth-Century Man of Letter*, Ed. and intro. Phyllis Grosskurth, Random House, Inc., 1984.

45. *Sexual Inversion: A Critical Edition, Havelock Ellis and John Addington Symonds*, Ed. Ivan Crozier, Palgrave Macmillan, 2008.

46. *The Memoirs of John Addington Symonds: A Critical Edition*, Ed. A. K. Regis, Palgrave Macmillan, 2017.

二、西蒙兹生平、思想研究参考文献（以姓氏为序）

1. Abbott, E. and L. Campbell, *The Life and Letters of Benjamin Jowett, M. A.*, 2 Vols, John Murray, 1897.

2. Asquith, M., *An Autobiography*, George H. Doran Company, 1920.

3. Babington, P. L., *Bibliography of the Writings of John Addington Symonds*, John Castle, 1925.

4. Blodgett, H., *Walt Whitman in England*, Russell & Russell, 1973.

5. Brooks, Van W., *John Addington Symonds: A Biographical Study*, Grant Richards Ltd., 1914.

6. Brown, H. F., *John Addington Symonds: A Biography*, John Murray, 1903.

7. Buckton, O. S., *Secret Selves: Confession and Same-Sex Desire in Victorian Autobiography*, The University of North Carolina Press, 1998.

8. Burckhardt, J., *Die Kultur der Renaissance in italien: Ein Versuch*,Verlag von E. A. Seemann, 1869; Burckhardt, *The Civilization of the Period of the Renaissance in Italy*, Tr. S. G. C. Middlemore, C. Kegan Paul & Co., 1878.

9. Burckhardt, J., *Der Cicerone,* Benno Schwabe & Co., 1955.

10. Burton, I., *Life of Sir Richard Burton*, Chapman & Hall, LD., 1893.

11. Colvin, S. (Ed.), *The Letters of Robert Louis Stevenson*, 4 Vols, Methuen & Co. Ltd, 1911.

12. Croft-Cooke, P., *Feasting with Panthers: A New Consideration of Some Late Victorian Writers*, Holt, Rinehart and Winston, 1967.

13. Fone, B. R. S., *Hidden Heritage, History and the Gay Imagination: An Anthology*, Avocation Publishers, Inc., 1980.

14. Freeman, A. B., *Bristol Worthies and Notable Residents in the District*, 2 Vols, Burleight Ltd, First series, 1907; Second series, 1909.

15. Furse, D. K., *Hearts and Pomegranates: The Story of Forty-Five Years, 1875 to 1920*, Peter Davies, 1940.

16. Gould, G. M., *Biographic Clinics, Volume III: Essays Concerning the Influence of Visual Function Pathologic and Physiologic upon the Health of Patients*, P. Blakiston's Son & Co., 1903.

17. Grosskurth, P., *The Woeful Victorian: A Biography of John Addington Symonds*, Holt, Rinehart and Winston, 1964.

18. Harrison, F., *John Addington Symonds*, Macmillan and Co., 1896.

19. Harrison, F., *Tennyson, Ruskin, Mill and Other Literary Estimates*, Macmillan and Co., 1899.

20. Hutton, S., *Bristol and Its Famous Associations*, J. W. Arrowsmith, 1907.

21. Jacobus, *Untrodden Fields of Anthropology; Based on the Diaries of His Thirty Years' Practice As a French Government Army Surgeon and Physician in Asia, Oceania, America, Africa Recording His Experiences, Experiments and Discoveries in the Sex Relations and Racial Practices of the Arts of Love in the Sex Life of the Strange Peoples of Four Continents (Two Volumes in One)*, Falstaff Press Inc., 1937.

22. Miller, E. H. (Ed.), *The Correspondence*, 6 Vols, New York University Press, 1961–1977.

23. Minchin, J. G. C., *Old Harrow Days*, Methun & Co., 1898.

24. Myerson, J. (Ed.), *Whitman in His Own Time*, University of Iowa Press, 1991.

25. Norton, R., *Myth of the Modern Homosexual: Queer History and the Search for Cultural Unity*, UNKNO, 1998.

26. Paston, G., *At John Murray's Records of a Literary Circle: 1843–1892*, John Murray, 1932.

27. Pemble, J., *John Addington Symonds: Culture and the Demon Desire*, Palgrave Macmillan, 2000. Collection of essays from a conference on Symonds, 2000.

28. Reade, B. (Ed.), *Sexual Heretics: Male Homosexuality in English Literature from 1850 to 1900*, an antholoogy selected with an introduction, Coward-McCann, Inc., 1971.

29. Robinson, P., *Gay Lives: Homosexual Autobiography from John Addington Symonds to Paul Monette*, University of Chicago Press, 1999.

30. Sambrook, J. (Ed.), *Pre-Raphaelitism: A Collection of Critical Essays*, with an introduction, The University of Chicago Press, 1974.

31. Shute, H. J. H., *A Study of the Critical Theory and Practice of John Addington*

Symonds, University of California Libraries, 1903.

32. Symonds, Mrs. John Addington (Ed.), *Recollections of a Happy Life Being the Autobiography of Marianne North*, 2 Vols, Macmillan and Co., 1892.

33. Symonds, Mrs. John Addington (Ed.), *Some Further Recollections of a Happy Life*, Macmillan and Co., 1893.

34. Symonds, J. A., M. D., *Our Institution and Its Studies; An Introductory Lecture, Delivered at the Bristol Institution for the Advancement of Science, Literature and the Arts, on Monday, September 23, 1850*, J. Churchill, 1850.

35. Symonds, J. A., M. D., *Sleep and Dreams; two lectures delivered at the Bristol Library and Philosophical Institution*, John Murray, 1851.

36. Symonds, J. A., M. D., *Principle of Beauty*, Bell and Daldy, 1857.

37. Symonds, J. A., M. D., *Verses*, privately published in 1871.

38. Symonds, M., *Days Spent on A Doge's Farm*, T. Fisher Unwin, 1893.

39. Symonds, M. and L. D. Gordon, *The Story of Perugia*, J. M. Dent & Co., 1900.

40. Symonds, M., *A Child of the Alps*, T. Fisher Unwin, Ltd., 1920; Frederick A. Stokes Company, 1920.

41. Symonds, M., *Out of the Past*, John Murray, 1925.

42. Symons, A., *Studies in Two Literatures*, Leonard Smithers, 1897.

43. Titlebaum, R., *Three Victorian Views of the Italian Renaissance*, Garland Publishing, Inc., 1987.

44. Whitman, W., *Leaves of Grass, Comprehensive Reader's Edition*, New York University Press, 1965; W. W. Norton & Co., Inc, 1965.

45. *Encyclopaedia Britannica*, 9th and 10th Editions.[1]

三、西蒙兹生平、思想研究论文（以姓氏为序）

1. Cook, M., "'A New City of Friends': London and Homosexuality in the 1890s", *History Workshop Journal*, No. 56（Autumn, 2003）, Oxford University Press.

2. Dixon, J., "Havelock Ellis and John Addington Symonds（1897）, Sexual

---

[1] 此百科全书并不为某一人所著，故不计其姓氏顺序。

Inversion", *Victorian Review*, Vol. 35, No. 1（Spring, 2009）, Victorian Studies Association of Western Canada.

3. Going, W. T. "John Addington Symonds and the Victorian Sonnet Sequence", *Victorian Poetry*, Vol. 8, No. 1（Spring, 1970）, West Virginia University Press.

4. Heidt, S. J. "'Let JAS Words Stand': Publishing John Addington Symonds' Desires", *Victorian Studies*, Vol. 46, No. 1（Autumn, 2003）, Indiana University Press.

5. Jolly, R., "Nympholepsy, Mythopoesis, and John Addington Symonds", *Victorian Review*, Vol. 34, No. 2（Fall, 2008）, Victorian Studies Association of Western Canada.

6. Maxwell, C. "Whistlerian Impressionism and the Venetian Variations of Vernon Lee, John Addington Symonds, and Arthur Symons", *The Yearbook of English Studies*, Vol. 40, No. 1/2, The Arts in Victorian Literature（2010）.

7. Orsini, G. N. G., "Symonds and De Sanctis：A Study in the Historiography of the Renaissance", *Studies in the Renaissance*, Vol. 11（1964）.

8. Pencak, W., "The Peirce Brothers, John Addington Symonds, Horatio Brown, and the Boundaries of Defending Homosexuality in Late-Nineteenth-Century Anglo-America", *Journal of the History of Sexuality*, Vol. 16, No. 2（May, 2007）, University of Texas Press.

9. Remnant, P., "Symonds on Bruno—An Early Draft", *Renaissance News*, Vol. 16, No. 3（Autumn, 1963）, The University of Chicago Press.

10. Schueller, H. M., *John Addington Symonds as a Theoretical and as a Practical Critic*, University of Michigan Press, 1941.（此为博士论文。）

四、里克特·诺顿所撰西蒙兹学术资料选（以发表年代为序）

1. "Ten Unpublished Letters by John Addington Symonds [to Edmund Gosse] at Duke University", Ed. John G. Younger. *The Victorian Newsletter*, 95（Spring）, 1–10, 1999.[①]

2. Robert L. Peters, "Athens and Troy: Notes on John Addington Symonds'

---

① 此为未发表过的西蒙兹书信，故不计其年代顺序。

Aestheticism", *English Fiction in Transition 1880–1920*, 5 (5), 14–26, 1962.

3. Timothy d'Arch Smith, *Love in Earnest: Some Notes on the Lives and Writings of English "Uranian" Poets from 1889 to 1930* (Routledge & Kegan Paul), 1970.

4. H. Montgomery Hyde, *The Other Love: An Historical and Contemporary Survey of Homosexuality in Britain* (William Heinemann), 1970.

5. Carl Markgraf, "John Addington Symonds: An Annotated Bibliography of Writings About Him", *English Literature in Transition 1820–1920*, 18 (2), 79–138, 1975.

6. Jeffrey Weeks, *Coming Out: Homosexual Politics in Britain from the Nineteenth Century to the Present* (Quartet Books), 1977.

7. Carl Markgraf, "John Addington Symonds: Update of a Bibliography of Writings About Him", *English Literature in Transition 1880–1920*, 28 (1), 59–78, 1985.

8. Peter Allan Dale, "Beyond Humanism: J. A. Symonds and the Replotting of the Renaissance", *CLIO*, 17 (2)(Winter), 109–37, 1988.

9. Joseph Cady, "What Cannot Be: John Addington Symonds' Memoirs and Official Mappings of Victorian Homosexuality", *Victorian Newsletter*, 81 (Spring), 47–51, 1992.

10. Privately Printed Poetry[①]

"Callicrates"

"Crocuses and Soldanellas"

"Gabriel"

"Genius Amoris Amari Visio" (including "Midnight at Baiae")

"The Lotos Garland of Antinous"

"Love and Death: A Symphony"

"The Love Tale of Odatis and Prince Zariadres"

"Lyra Viginti Chordarum"

"Pantarkes"

"Tales of Ancient Greece 1 & 2" (including "Eudiades")

① 这部分是私下刊印的西蒙兹诗歌作品。

后 记

　　也许读者花半小时就能将这本如同连环画般的年谱浏览一过，但笔者从收集资料到完成此年谱所花费的时间、精力等则难以用某种尺度衡量。

　　大概 20 世纪 80 年代听闻西蒙兹的名声，而从 90 年代起接触到西蒙兹的书籍，有目的地收集各种版本的西蒙兹著作和相关文献则始于 21 世纪初。2016 年着手创作《西蒙兹文化观研究》时，藏书已形成规模。这些藏书中不乏图像资料，于是萌生日后用丰富的图像资料来撰写西蒙兹年谱的想法。随着岁月流逝，那些 19 世纪书籍中的图像留有斑斑驳驳的年代印痕，好在有些图像在不同的著述中反复出现，方便自己挑选最佳者。

　　针对专业读者的需求，本年谱提供了许多不易找到的第一手史料，并且一一标明其出处，还给出解答某些学术难题的线索。这其中不乏诸多只有笔者能够提供的原始文献和指引。例如，西蒙兹自己的藏书、私印本和给好友的赠书；西蒙兹父亲的讲演稿、自印本和给好友的赠书等；西蒙兹传记作者留下的珍贵藏本等；还有其他不易得到的相关研究资料，这些是笔者努力搜罗辑佚的结果。至于那些藏于伦敦图书馆的珍本，藏于布里斯托尔大学、克利夫顿大学和英美各机构的资料，面对这些只能做可望而不可即之感叹。今后有心者可能出更全面的"图录"，但相信本年谱图录将来仍有存在的一席之地。

　　更需要在后记中加以说明的是，自己随着年岁的增长，视力大不如前，有时一不留神就会发生啼笑皆非的错讹，例如《约翰·阿丁顿·西蒙兹文献导读藏录》（第 437 页）将 Rictor 写成 Victor，并将 Rictor 译成"维克多"，应为"里克特"；《约翰·阿丁顿·西蒙兹文献导读藏录》（第 251 页第 3 行）、《西蒙兹文化观研究》（第 16 页倒数第 3 行）将西蒙兹堂妹帕斯顿误写为"外甥女帕斯顿";等等。更不能容忍的是,《西蒙兹文化观研究》(第 23—24 页)将 "The Century Guild Hobby Horse" 译为《世纪民族服饰行会杂志》。原来自己想说明 "Hobby Horse" 这个词语不能随意译之,哪料在生疑、发联想、查资料、得结论过程中发生了偏差,将一个原本是简单的事实弄复杂了。其实简单译为《世纪行会玩具马》即可(详见本年谱 "1887 年" 条)。现在予以 "纠错之纠错",这不免学术脸红,但求得了学术良心的慰藉。还有个别属于电脑时代容易发生的错误如复制混淆等。当然还有极少数编辑误读发生的错讹。在《西蒙兹文化观研究》《约翰·阿丁顿·西蒙兹文献导读藏录》两书近 80 万字的篇幅下发生上述几例错讹,可能无法避免,且一般读者不易发现。但在学术严谨态度下,任何错讹都必须纠正,期待将来上述两书再版时一并处理。当然,上述问题在这次年谱撰写过程中均做了修正,某些表述亦做了较为恰当的调整,总之凡遇前后抵牾之处则以此次的文字为准。

但愿西蒙兹这位在 19 世纪曾有非凡学术业绩的文人能够在今天中国的学术苑地里赢得知音,也期盼 "图录" 式年谱能够为读者喜欢并从中受益。

最后,诚挚谢谢交通大学出版社雅意接纳并出版拙稿,亦谢谢常秋菊和崔霞编辑出色的编校工作。

周春生
2024 年 9 月

邮箱地址:zhoucs_43@sina.com